太陽帝國的最後一塊拼圖

隱藏地圖中的日治臺灣眞相

典藏修訂版

陸傳傑 著

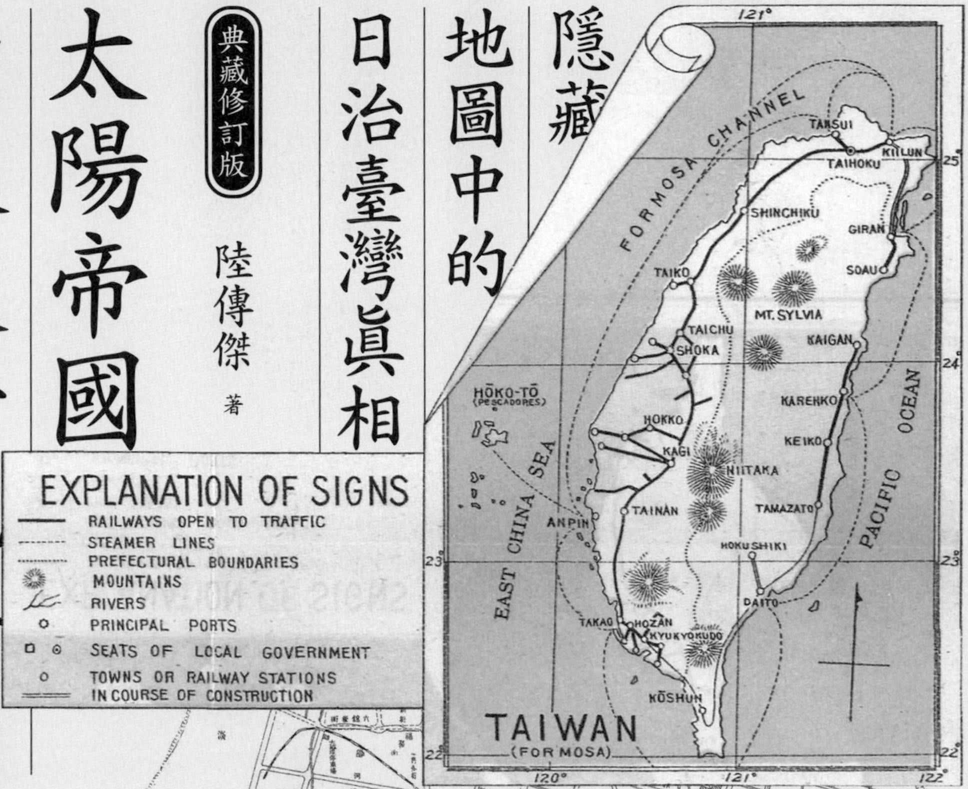

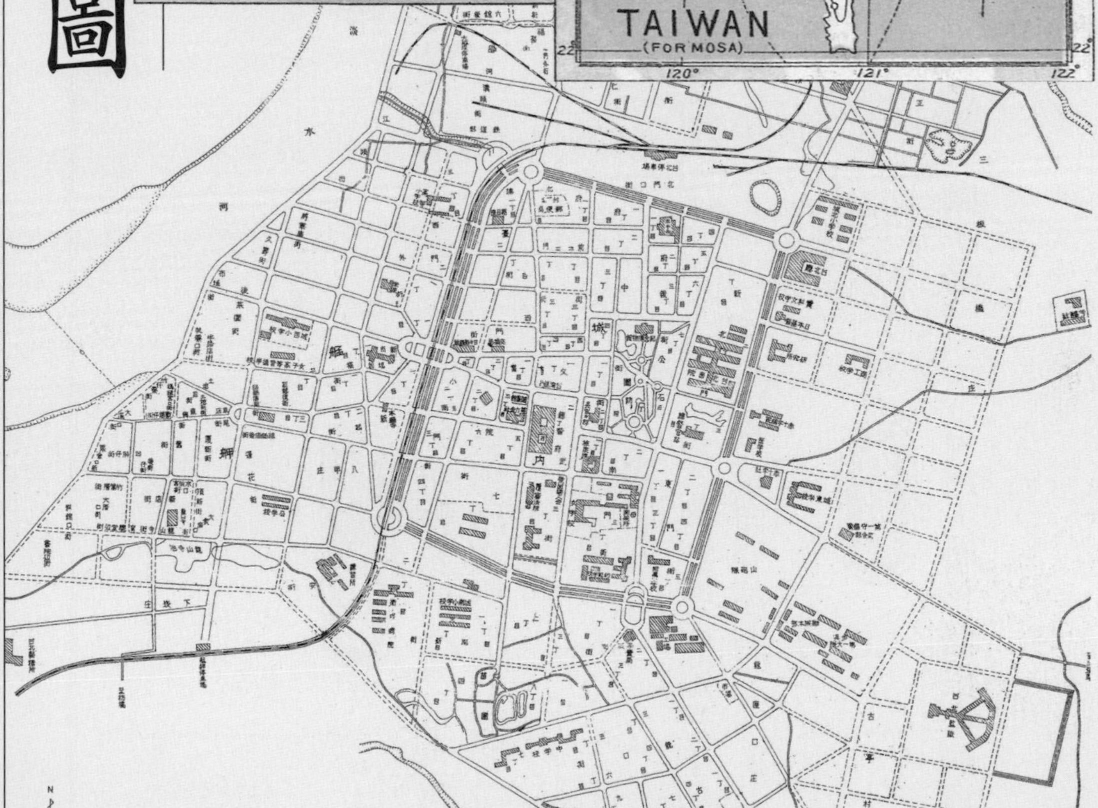

目次

Table of contents

追尋日本時代臺灣老地圖的起點

從那一刻起我對「瑠公圳分屍案」所衍伸的
法治、人權、媒體道德等等問題完全失去了興趣
一個社會連對自己生活的土地都了無認知
還有什麼資格談人權、道德之類的抽象問題？
此後我把所有關注完全放在土地的認識上
田野查踏、閱覽文獻、搜索老地圖是我認識土地的主要方法
當時老地圖在臺灣是非常稀有的資源，對此有所認知的人更少
為了瞭解瑠公圳的路線，我用盡各種手段尋找相關的地圖
瑠公圳是我進入日本時代繪製的臺灣地圖領域的起點……

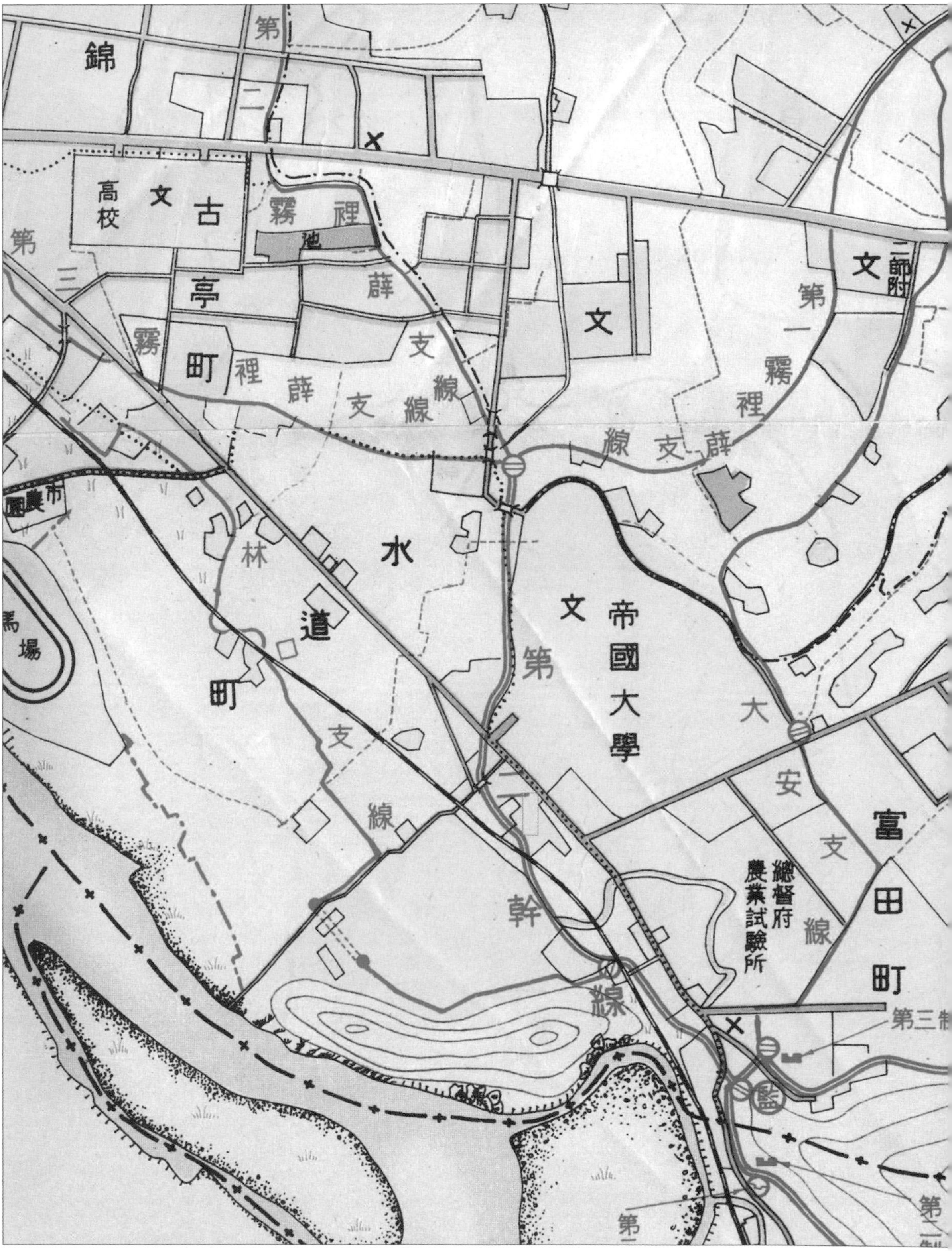

上｜瑠公水利組合區域圖（部分）｜縮尺一萬二千分之一｜昭和14年（1939）｜瑠公圳靠近臺灣大學附近的原有圳路和後來的新生南路大排水溝是兩套完全不同的系統，但是因為錯誤的認知，至今仍有人將新生南路大排誤為瑠公圳。

一九八〇年代，我在《人間雜誌》擔任採訪編輯，寫過一篇軍人專輯報導，引起了軍界的注意。柳哲生將軍透過朋友的介紹，要求接受我的採訪。

我對柳將軍的印象來自兩個方面，一是中日戰爭時代的空戰英雄，另一個是「瑠公圳分屍案」的受害者。柳將軍主動要求接受我的採訪，並不是為「瑠公圳分屍案」曾經受到的屈辱，尋求「平反」，而是要我為他發聲，要求軍方更正他擊落日本戰機的紀錄。

當時軍方的正式紀錄，他擊落了九又二分之一架日本戰機，但他提出國內外的報導、檔案，證明自己真實的擊墜紀錄至少是十一又二分之一架。

其實國內外的軍事歷史學界早已公認柳將軍是中國空軍無人能及的「擊墜王」，再增加個兩架，對他的榮譽並無實質的增益。當時我並不明白柳將軍真正的想法，只覺得他的思維、語言能力已經處於衰退狀態，像是一個受到冤屈，卻沒有能力為自己申訴的幼童，只是反覆訴說著相同的說詞。最後，我未能作成報導，刊登在報刊上，為柳將軍「申冤」。不久，他到加拿大探親，竟然突發腦溢血，魂喪異邦，令我感到一種無法釋懷的

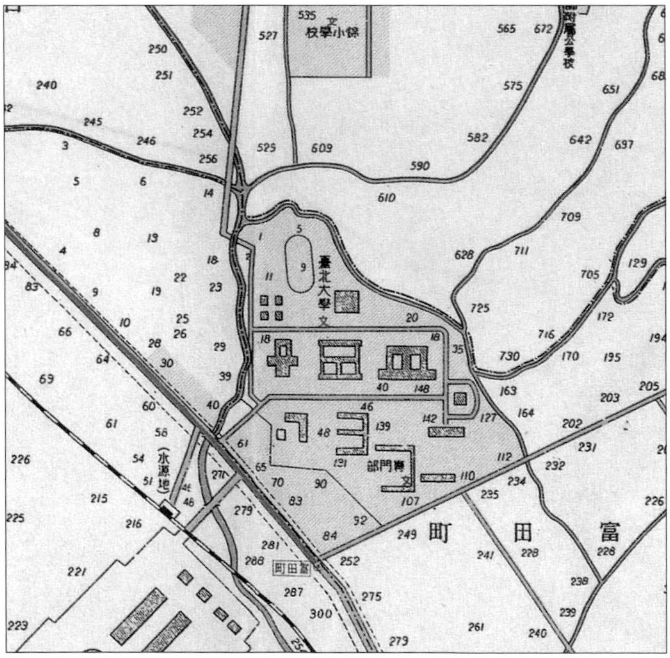

上／左｜臺北市街圖｜縮尺一萬三千分之一｜昭和7年(1932)｜
1932年新生南路尚未開闢，臺灣大學右側的水道為瑠公圳的支線。其它的水路，有些並非瑠公圳的水道，顯然當時的地圖繪製者並未詳細區分。

臺北市街圖

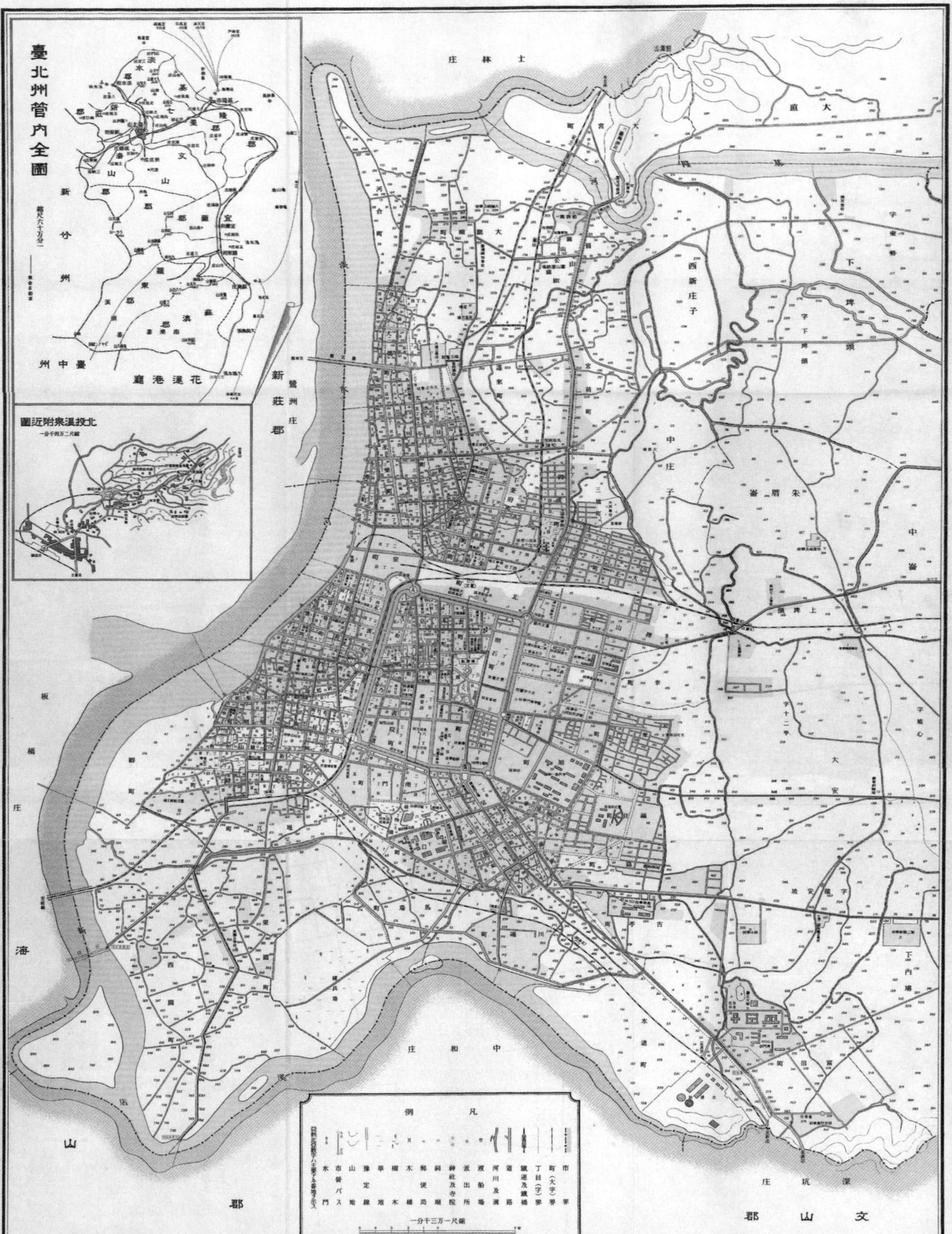

昭和七年五月二十日印刷 昭和七年五月二十五日發行 昭和八年一月三日第二版發行 昭和九年七月十五日修正第三版發行
編纂者 新高堂編輯部
臺北州臺北市榮町一丁目二十番地 發行者 村崎長昶
臺北州臺北市榮町一丁目二十番地 發行所 新高堂書店
東京市麹町區隼町二十一番地 印刷所 小林印刷所

「臺北市街圖」(1932年)，原圖為臺北・南天書局所藏　史料調查：臺灣都市史研究室　1997年 複刻出版

基
隆
河
公六
公七
師範學院

虧欠。

因為這份虧欠，使我開始注意「瑠公圳分屍案」中柳將軍所受到的屈辱。當年新聞媒體在此案發生後，幾乎成了「謠言散布中心」、「謊言加工製造中心」，再加上軍警顢頇無能的辦案能力，差一點導致柳將軍家破人亡。雖然最後案情宣告偵破，還其清白，但柳將軍卻斷送了原本看好的前程，被迫提早離開軍職。

在閱讀「瑠公圳分屍案」的檔案資料時，我發現當年軍警、媒體的顢頇與荒唐不但表現在偵辦、報導上，甚至連屍體發現的現場都沒搞清楚。一份命案發生多年後撰寫的回憶錄報導，在結尾時提到，瑠公水利會的工作人員說屍體的發現地點根本就不是瑠公圳，而是一條「無名大溝」。

說瑠公圳是早期影響臺北發展最重要的因素之一，沒人會否認，但要臺北住民指出瑠公圳的具體位置，卻沒有幾個人能說得清楚。我認為這才是「瑠公圳分屍案」最顢頇與荒謬的部分。我們對生活環境的無知程度達到了「令人髮指」的水平。

由於受韓國清溪川整治成功的鼓舞，臺北的學界也發出恢復瑠公圳的呼籲，甚至曾有一位臺北市長候選人還以此為政見。當時我想這些學者、政客真的了解瑠公圳在哪裡

右｜臺北市都市計畫圖民國40年（1951）｜民國40年公布的臺北市都市計畫圖幾乎完全沿用昭和7年（1932）公布的《臺北市區計畫街路及公園圖》。但是新生南路部分，兩者並不完全一致。昭和7年版的特一號道路較新生南路筆直。民國40年版的路線，顯然受到路線上住戶的干擾，作了某些妥協，路線也變得曲折了，但仍沿用昭和7年版的特一號大排設計。因為特一號大排某些地段與瑠公圳重疊，所以被後人誤認為瑠公圳。

嗎？

從那一刻起，我對「瑠公圳分屍案」所衍伸的法治人權、媒體道德等問題完全失去了興趣。一個對自己生活的土地，了無認知的社會，還有什麼資格談人權、道德之類的抽象問題？

作為一個媒體人，此後我把所有關注完全放在土地的認識上，田野查踏、閱覽文獻、蒐集老地圖成了我認識土地的主要方法。尤其是地圖，老地圖在臺灣是非常稀有的資源，不但稀有，對此有所認知的人更少。一九八〇年代沒有幾個人了解臺灣的老地圖，所以也談不上重視。

為了瞭解真實的瑠公圳，我用盡各種手段尋找相關的地圖。瑠公圳是我進入日本時代繪製的臺灣地圖領域的起點。

瑠公圳到底在哪裡？

新生南路中間的大溝比較好理解。從一九三〇年代日本殖民政府出版的都市計畫圖可以清楚的了解，新生南路中間的那條大溝，其實是當時開闢的特一號道路中間的大

上｜瑠公圳引水原址位於新店碧潭。

排水溝，特一號道路就是後來的新生南路。大排水溝的主要功能是用來排除臺北市中心的雨水，當初並沒有正式的名稱，有些資料稱為「崛川」，我還無法確認這個名稱的由來。如果真要找個稱呼，「特一號大排」大概是比較合適。

為什麼一般市民會將「特一號大排」誤以為是瑠公圳？

要回答這問題，首先還是要釐清瑠公圳的線路，要釐清瑠公圳的線路則要先找到瑠公圳最完整的線路圖。

為了要弄清楚瑠公圳的具體路線，二十年前我曾到臺北市文獻會查詢有關瑠公水利會的資料，閱遍無數資料，發現大都是文字敘述，地圖很少，而且相關地圖繪製的精緻度也很差，根本無法有效利用。

文獻會一位資料管理員冷眼旁觀，看我連日苦尋無果，便告訴我，他們那兒還特藏了一幅昭和年間出版的瑠公圳地圖，平常並不對公眾公開，我一聽大喜過望，立即拜託他取來一閱。

臺北市文獻會大概很重視那張地圖，像國畫一樣將它裱裝在卷軸上。可這位管理員剛剛攤開地圖的卷軸，我還沒來得及看清圖面，便連人帶地圖被文獻會一名高階的研究員叫到一旁厲聲痛斥，那張瑠公圳地圖當下也被研究員「沒收」了。

這位老實的資料管理員無奈的回到我跟前，滿臉尷尬，手足無措，不知說什麼好。那張瑠公圳地圖難道是那位研究員的私產？還是有什麼軍事機密，限制民眾閱圖？我認為真正的原因是繪製精密的瑠公圳地圖非常稀有，那張地圖本身已足以成為一篇學術論文的題材，那位研究員大概是想將這幅地圖納入自己的研究題材吧。

這張瑠公圳地圖比例尺為一萬兩千分之

一，屬於大比例尺地圖，是稀有品種中的精品。地圖雖然已經裱褙，但保存的狀況並不好，印刷嚴重褪色、圖面顯得十分黯淡，許多細部內容已無法辨識。但因為緣慳一面，令我許久無法忘懷。

後來我在《大地地理雜誌》服務期間，因為負責一篇瑠公圳的報導，拜會瑠公水利會的會長，尋求參考資料的支援。會長很熱心，立即送我一套瑠公水利會剛出版的紀念刊物，內容相當豐富，還附錄不少地圖。

但是這些地圖既不是實測地圖，也非舊地圖的複刻，而是手繪稿，精確度稍嫌不足。我便詢問會長是否還有其他的地圖資料？會長略為思考之後，請工作人員取出一份庫存地圖，說：「這應該是瑠公圳所有主幹、支線最詳盡的資料了！」然後轉手遞交給我。

我一看，整整好幾分鐘說不出一句話來，這不正是在臺北市文獻會緣慳一面的那張大地圖嗎？不同的是，這張地圖幾乎仍保持全新的狀態，品相與臺北市文獻會收藏的那張相較，可謂雲泥之別，地圖右下角還有日本憲兵隊核可發行的戳記與簽字。之後會長還說些什麼，我完全聽不進去，一心只想趕快離開瑠公水利會的辦公大樓，深怕會長萌生悔意，收回這張地圖。

如今一萬兩千分之一，超大的《瑠公水利組合區域圖》是我最珍貴的收藏。

左｜瑠公水利組合區域圖｜縮尺一萬二千分之一｜昭和14年（1939）｜這張瑠公圳地圖比例尺為一萬兩千分之一，屬於大比例尺地圖，是稀有品種中的精品，也是研究瑠公圳最重要的參考文獻之一。

瑠公水利組合區域圖

縮尺壹萬二千分之壹

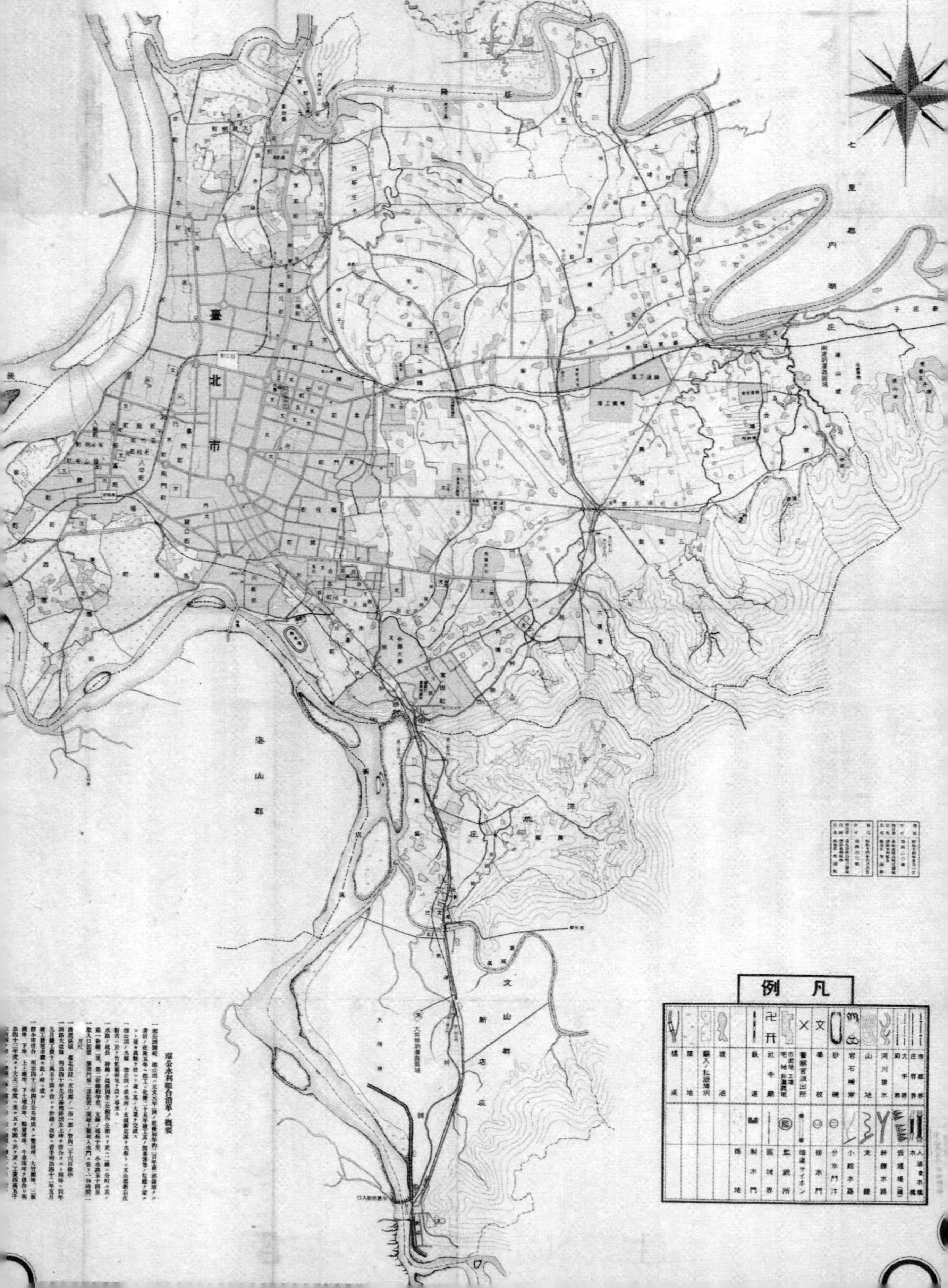

靖臺篇

記錄臺灣農村原始布局的日清戰爭地圖

民國八十五年，遠流出版公司出版《攻臺戰紀——日清戰史．臺灣篇》，此書是從日本陸軍參謀本部編著的《明治廿七、八年日清戰史》第八篇三五章、第十篇三九、四〇、四一、四二章選譯而成。文字是日本軍部靖臺作戰的第一手資料，自然有其參考價值，難能可貴的是，還隨書附錄了三十一幅複刻版的戰鬥地圖。

日本陸軍參謀本部編著的《明治廿七、八年日清戰史》，作戰地圖是附在內文之中，遠流版的《攻臺戰紀——日清戰史．臺灣篇》則是抽印成單張，另裝一盒，閱讀文字時，便於參考對照，當時算是別出一格的出版案例。精心的設計，精緻的印刷、合理的裝幀，價格自然也不可能太低，定價七〇〇元，在當時不算是很「親民」的價格。

因為此書的出版，使得一般大眾，甚至專業的臺灣史研究學者能夠方便取得第一手的地圖資料，以補充文字資料的不足。我便是在這種情況下「忍痛」購買，現在回頭看來還是物超所值的。

此套地圖是日本陸軍陸地測量部臨時測圖部於明治二十八年（一八九五）前後繪製的，嚴格的說，這還不能算是臺灣第一套現代測量技術繪製的地形圖。光緒十年（一八八四）中法戰爭時，法國遠東艦隊入侵雞籠港，基於作戰的需求，曾繪製十餘幅基隆、淡水一帶的地形圖。巧合的是，日本陸軍陸地測量部的地圖

上｜**《基隆附近賊軍配置圖》二十萬分之一**｜原圖引自《明治廿七、八年日清戰史》，圖中標示基隆港周圍清軍各營的守備位置。
右下｜日軍登船攻臺。
左下｜日軍占領基隆。

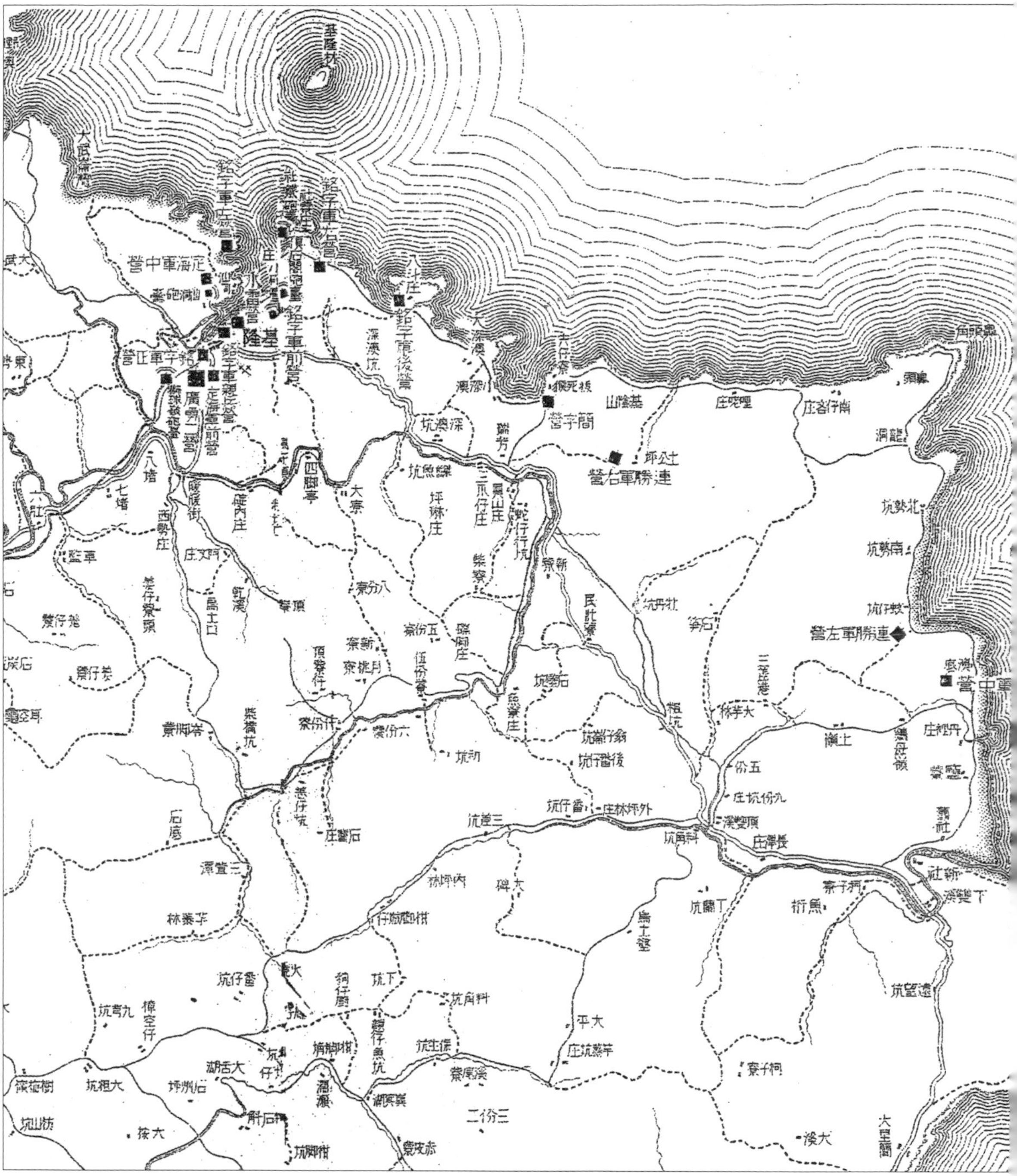

銘字軍左營
銘字軍右營
定海軍中營
銘字軍前營
銘字軍後營
簡字營
連勝軍右營
連勝軍左營
四腳亭
大寮
暖暖街
八堵
七堵
六堵
深澳坑
三貂嶺
頂雙溪
遠望坑
大溪

測量技術，正是從法國學習來的，兩者皆是採用迅速測量圖類的測量方式繪圖，只不過法國地圖顏色較豐富，是以不同顏色表現不同的地形地貌，而日本陸軍陸地測量部則改用德國式單一的黑色墨線繪製而成。

明治二十八年六月一日，日本依據中日簽訂的馬關和約接收臺灣，但為了防範中方毀約，以及臺灣人民的反抗，在和約簽定之前，日本海、陸軍已先行占領澎湖。正式交接時，日方更是作好了充分的軍事準備。隨同第一任總督樺山資紀陸軍大將一同前來接收的，是日軍的精銳部隊近衛師團。近衛師團簡單的說就是日本天皇的衛隊、御林軍，近衛師團的師團長也是皇室的成員北白川宮能久親王，他曾到德國留學學習軍事。

為了有效的協同作戰，日本陸軍參謀本部陸地測量部特別成立臨時測圖部，隨同登陸作戰部隊，同步進行地形圖的測繪，支援作戰部

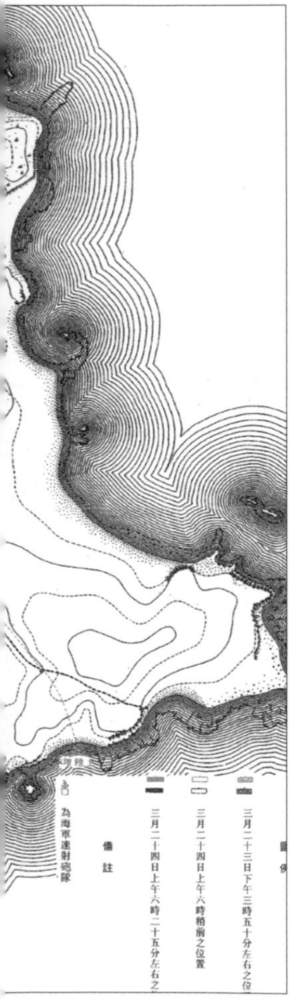

右｜日軍登陸澎湖紀念碑。

左｜**《太武山及拱北山砲臺附近之戰鬥圖》**｜光緒13年（1887），清廷鑑於中法戰爭的教訓，李鴻章於西嶼鄉內垵、外垵二村間興建西嶼東及西嶼西兩砲臺，並改建金龜頭及拱北二砲臺。甲午戰爭末期，清廷主動尋求和談，此時日相伊藤博文主張武力占領臺澎，以增加談判籌碼。

攻打澎湖的日艦由佐世保出發，繞經臺灣南方海域，開進裡正角（湖西鄉隘門村）海灣，拱北砲臺發砲拒敵。日軍在艦砲的轟擊及步兵的猛攻下，拱北砲臺旋即宣告陷落。是役日軍陣亡2人，負傷17人，算得上是澎湖攻防戰中激烈戰鬥之一。

隊作戰的需求。陸地測量部臨時測圖部測繪的一系列地形圖，開啟了日本帝國在臺灣地圖繪製事業的先聲。

從目前所能找到的資料，日本陸軍陸地測量部臨時測圖部依據一八九五年至一八九八年間實測的地理資訊、數據，至少繪製了五套不同比例尺的地圖。分別是①《日清戰爭（臺灣）圖》三一幅、②《(臺灣）二萬分之一迅速測圖》一〇一幅、③《臺灣五萬分之一圖》一〇三幅、④《臺灣假製二十萬分之一圖》一四幅與⑤《一百萬分之一東亞輿地圖——臺灣》等。

其中，小比例尺的《一百萬分之一東亞輿地圖——臺灣》、《臺灣假製二十萬分之一圖》是根據《臺灣五萬分之一圖》拼繪而成的。

遠流出版社複刻的戰鬥地圖應該就是《日清戰爭（臺灣）圖》。建築師黃武達也曾經從日本國會圖書館複製了一部分《(臺灣）二萬

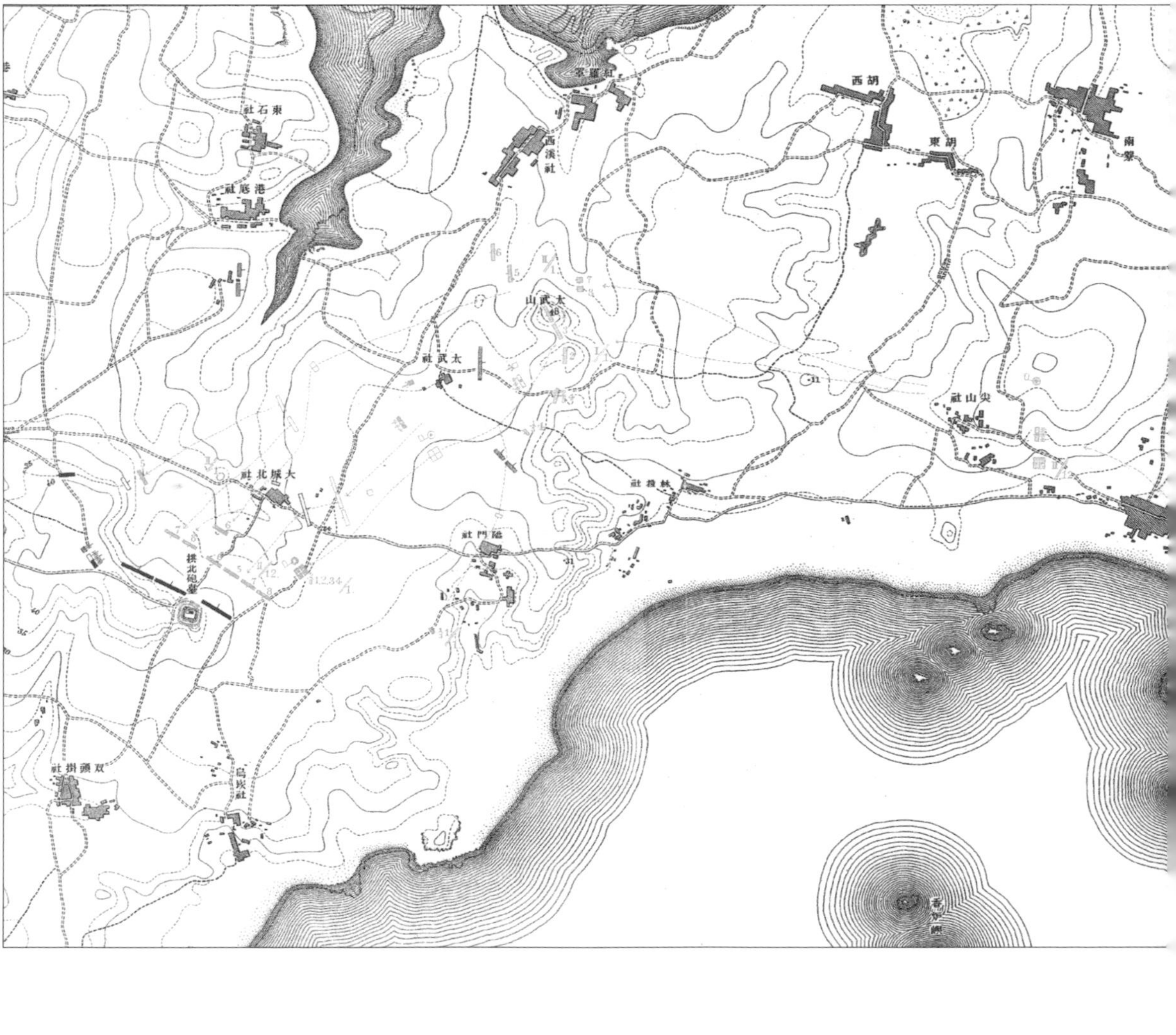

砲隊
到達崁仔脚庄附近：第
位置
直（第一階段）
直（第二階段）
中寮庄
船頭庄
營仔埔庄
大
后竹圍仔
東四頭
蔗埔
二十張犁庄
斗炮庄
三塊庄
茄苳脚庄
蒙仔厝
茂成厝庄
阿夷庄
新庄仔
加祭庄
照安庄
下廍
下廍庄
皮寮
過溝庄
水涵口
牛稠仔庄
西勢庄
下厝
竹仔脚庄
西勢尾
西門口
彰化
八卦山
下山脚庄
頂山脚庄
九甲埔
番社
三角埔
南庄
坑仔內庄
西庄
媽祖宮庄
南門口
崙仔平庄
三塊厝
平和厝
後港仔庄
大岸頭庄
滴尾庄
大埔
莿桐脚
中庄

分之一迅速測圖》。這些一百多年前實測的地形圖，雖然屬於迅速測量圖類地圖，並非按照嚴格定義的基本地形圖測繪規範繪製的，但在臺灣人抗日戰爭的歷史事件，這些地圖提供了十分寶貴的佐證資料，在臺灣地圖史上占有重要的地位。

首先這套地圖是繼一八八四年法國遠東艦隊之後，最早繪製的地形圖。法國遠東艦隊測繪的地方僅限於基隆一帶，而臨時測圖部測繪的，除了少數中央山脈地區之外，已遍及臺灣各地。

其次，此次測繪的地圖記錄了《臺灣堡圖》繪製之前更原汁原味的臺灣晚清時期的聚落與城市地貌。經過戰爭的破壞與日本人行政區域的改造，有些聚落被併到其他村落，甚至消失，幾年之後便已不復舊貌了，所以割讓之初陸地測量部臨時測圖部繪製的地形圖，蘊含的地理資訊便十分珍貴了。

比較明顯的例子是，這個時代繪製的地形圖，清代臺灣城市的城牆幾乎被完整的描繪下來，而《臺灣堡圖》繪製時，有些城牆已被拆除，已看不出完整的晚清臺灣城市布局。

更為難得的是，《日清戰爭（臺灣）圖》不僅描繪出完整的城牆，還標示出城牆外圍的防禦設施，這是以前文獻資料較少提到的。另外，《日清戰爭（臺灣）圖》對一些小聚落的描繪，幾乎可以分辨出每一座家屋。還有一些河川、溪流等自然地理資訊也值得注意。

總之，將這套《日清戰爭（臺灣）圖》和《臺灣堡圖》參照判讀，一定可以得出新的發現與視角。只不過現在臺灣史的研究者較常引用《臺灣堡圖》，而《日清戰爭（臺灣）圖》被引用的要少得多。

民國九十年前後，我在北京琉璃廠購得一幅大約是三十萬分之一的《臺灣南部作戰地地圖》。這張地圖印製得十分精美，紙張很厚，像是手工紙。南天書局老闆魏德文先生認為這

右｜《彰化附近之戰鬥圖》｜ 8月8日近衛師團於新竹城郊戰勝義軍，14日占領苗栗，18日占領彰化，北部戰事告一段落。彰化八卦山一役是日本對臺作戰最慘烈的一幕，雙方死傷慘重。
日軍近衛師團，在北白川宮能久親王的帶領下，勢如破竹的進抵中部大肚溪。苗栗等地被擊垮的各路反抗軍，重新在彰化集結，在黑旗軍敵前正統吳彭年為總指揮下，準備和日軍進行大規模的決戰。吳彭年將重兵駐在大肚溪南岸、八卦山砲臺與彰化城下。但對於三塊厝一帶河岸疏於防範。日軍趁虛渡河成功後，由背後襲擊八卦山，而八卦山砲臺配備的舊式山砲，砲座固定無法迴旋，面對偷襲的敵軍，無力反抗，反抗軍只有落荒而逃。

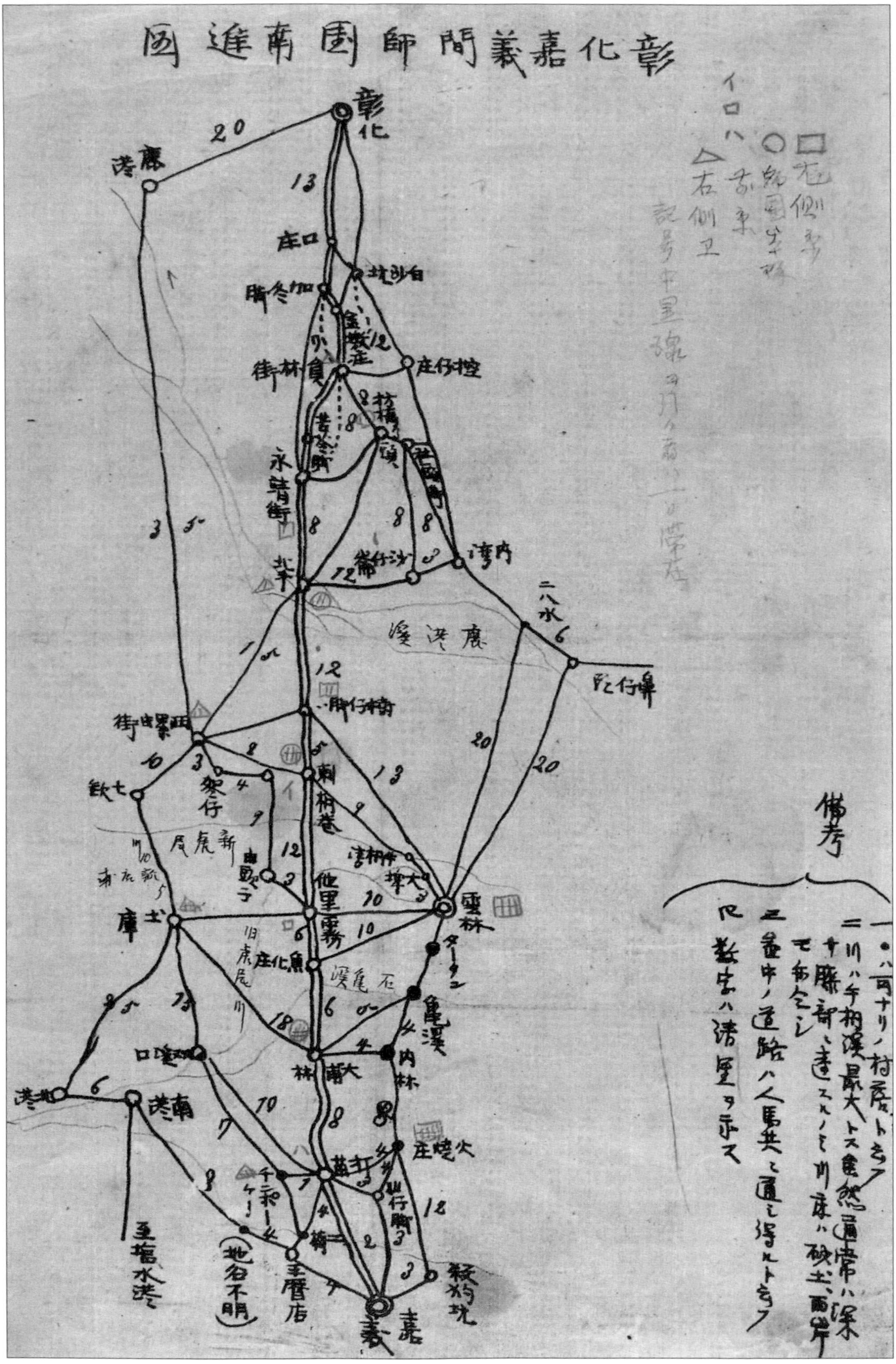
彰化嘉義間師團前進圖
彰化
鹿港
永靖街
北斗
雲林
他里霧
打貓
嘉義
備考

是成套《日清戰爭圖》中的其中一張，他本人藏有盒裝成套的《日清戰爭圖》。不同的是，他的《日清戰爭圖》並非較厚的手工紙，而是由一般紙張印刷而成。

《臺灣南部作戰地地圖》圖中描繪的是臺灣嘉義以南地區。臺灣西部平原的村落幾乎全被標示出來，訊息量十分巨大，當然誤植之處也不在少數。值得注意的是，這些村落的標示和《臺灣堡圖》有相當程度的差異，這是否能說明明治三十九年（一九〇六）「庄」與「土名」的行政劃分確立之前的聚落分布形態？

隨著「土地調查」結束後，殖民政府藉著「庄名」與「土名」的確立，實際上對當時臺灣農村聚落之間的從屬關係，以行政的力量，作了一次「強力的干預」，所以因「土地調查」而誕生的《臺灣堡圖》，所呈現的聚落等級、從屬關係，有相當一部分是政治力干預的結果，並非完全是自然形成的。或許《日清戰爭

右｜侵臺日軍在八卦山戰役後，便沒有遭遇有效的抵抗。於10月21日占領府城。
左｜臺灣民主國國旗「藍地黃虎旗」。

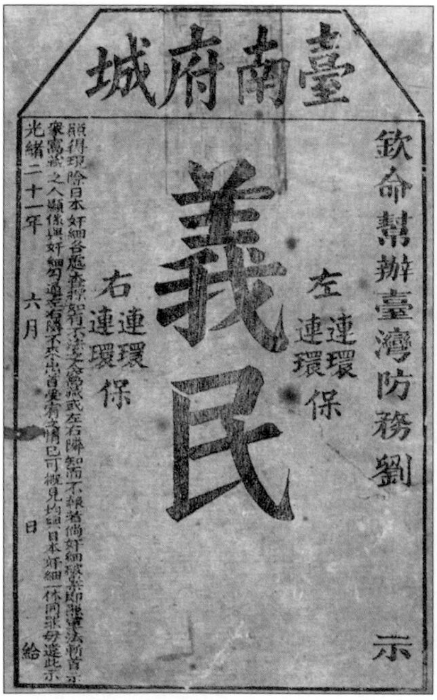

圖》，和同一時代日本陸軍陸地測量部臨時測圖部繪製的臺灣地形圖，比《臺灣堡圖》更能呈現臺灣農村聚落的原始面貌。

上｜圓頂山砲臺建在澎南半島紗帽山西南高地上，預備配備三門大砲，雖已安置八吋砲一門，但其他工程尚未完成，故未發生阻敵之效。
右下｜臺灣民主國防務幫辦劉永福的軍令督陣牌，作用類似「令箭」。
左下｜臺灣民主國防務幫辦劉永福核發的義民牌。

靖臺大事記

光緒21年｜1895

3月23日	日本陸軍大佐比志島義輝率5千餘名混成支隊於澎湖良文港（湖西鄉龍門村裡正角）登陸，翌日占領拱北砲臺，繼而占領媽宮城。
4月17日	中日雙方在日本馬關簽訂中日媾和條約。
5月25日	丘逢甲率紳民擁臺灣巡撫唐景崧為總統，劉永福為防務幫辦，宣布成立「臺灣民主國」。
5月31日	近衛師團由北白川宮親王率領由澳底登陸。
6月1日	中方代表李經方與日方代表樺山資紀完成交接。
6月3日	近衛師團攻陷基隆，6日樺山資紀上陸，發榜安民。
6月7日	近衛師團攻陷臺北城，唐景崧是日離臺。14日樺山資紀舉行入城式，17日正式施政。
7月27日	近衛師團發起靖臺第二階段作戰，29日由臺北出發，31日攻新竹城。
8月8日	於新竹城郊戰勝義軍，14日占領苗栗，18日占領彰化，北部戰事告一段落。彰化八卦山一役是日本對臺作戰最慘烈的一幕，雙方死傷慘重。
9月16日	鑒於彰化八卦山一役的重大傷亡，及近衛師團長北白川宮親王身受重傷之故，日本政府由本土增援新的軍隊來臺，由臺灣副總督高島鞆之助編成「南進軍」，並自任司令官。
10月9日	近衛師團占領嘉義。10日混成第4旅團登陸布袋嘴（嘉義布袋），11日乃木希典率領第二師團登陸屏東枋寮，16日占領鳳山，20日劉永福乘英籍輪船離臺。21日占領臺南城。28日近衛師團長北白川宮親王死於臺南羨仔林吳宅。
11月5日	日軍設壇於臺南北門外弔祭戰歿者。

明治29年｜1896

6月20日	臺灣總督府舉辦「全島平定祝賀會」，解散南進部隊，近衛師團分批返日。據麥迪遜之《過去與現在之臺灣》一書記載，日軍參戰部隊7萬6千餘名陣亡164名，傷員515名，病故4,642名。返日就醫21,748名，在臺就醫5,246名。另據殖民政府統計，抗日義軍大約3萬3千人，而在日軍「靖臺作戰」中死亡的臺灣人大約是7萬8千人。

右｜布袋嘴登陸紀念碑

理蕃篇

地圖上的賽德克巴萊

「山地管制」大概是臺灣歷史上實施最悠久的行政措施之一。我不知道還有什麼行政措施，也是如此的久遠和一貫。唯一可以和「山地管制」相提並論的，似乎只有「保甲制」，而「保甲制」在光復後已廢止，「山地管制」直到今天還存在。

「山地管制」歷經清代、日本時代、光復、戒嚴、解嚴，至今已超過兩百餘年，還未完全解除。當然現在「山地管制」的範圍比起戒嚴時代已經不可同日而語，不僅管制區域減少許多，管制的性質和戒嚴時代也有所轉變。

關於「山地管制」主題的地圖，比較少人關注，老地圖的愛好者似乎也很少注意到這方面的蒐藏，大概比較少人會將清代和日本時代的隘勇線和光復後的山地管制線聯繫在一起。

兩百多年來不同的政權，基於不同時代的需求，對隘勇線、山地管制線的控制有著不同的內容。至今我能找到的相關地圖有五張，一張是清代、兩張是日本時代，兩張是光復後繪製的。不同時代繪製的地圖，也能說明各自對山地地區的控制內容。

第一張是乾隆二十五年（一七六〇）繪製的《民番界址圖》。原圖寬四八公分，長達六六六公分。原為宮廷收藏之物，現藏於中央研究院歷史語言所，南天書局曾複刻出版。圖中以紅、藍標示漢人與高山地區原住民的界線，苗栗以北為藍線，屬新定界線，以南為紅線，是原定地界線。線上每隔一段距離，堆

左｜隘勇線前進圖｜縮尺四十萬分之一｜明治45年｜這張地圖是明治38年（1905）至明治44年（1911）間，日本人設置隘勇線的位置。這個時間段是第五任臺灣總督陸軍大將佐久間左馬太「理蕃事業」的高峰期。佐久間左馬太的「理蕃事業」起初和樟腦也有密切的關係。

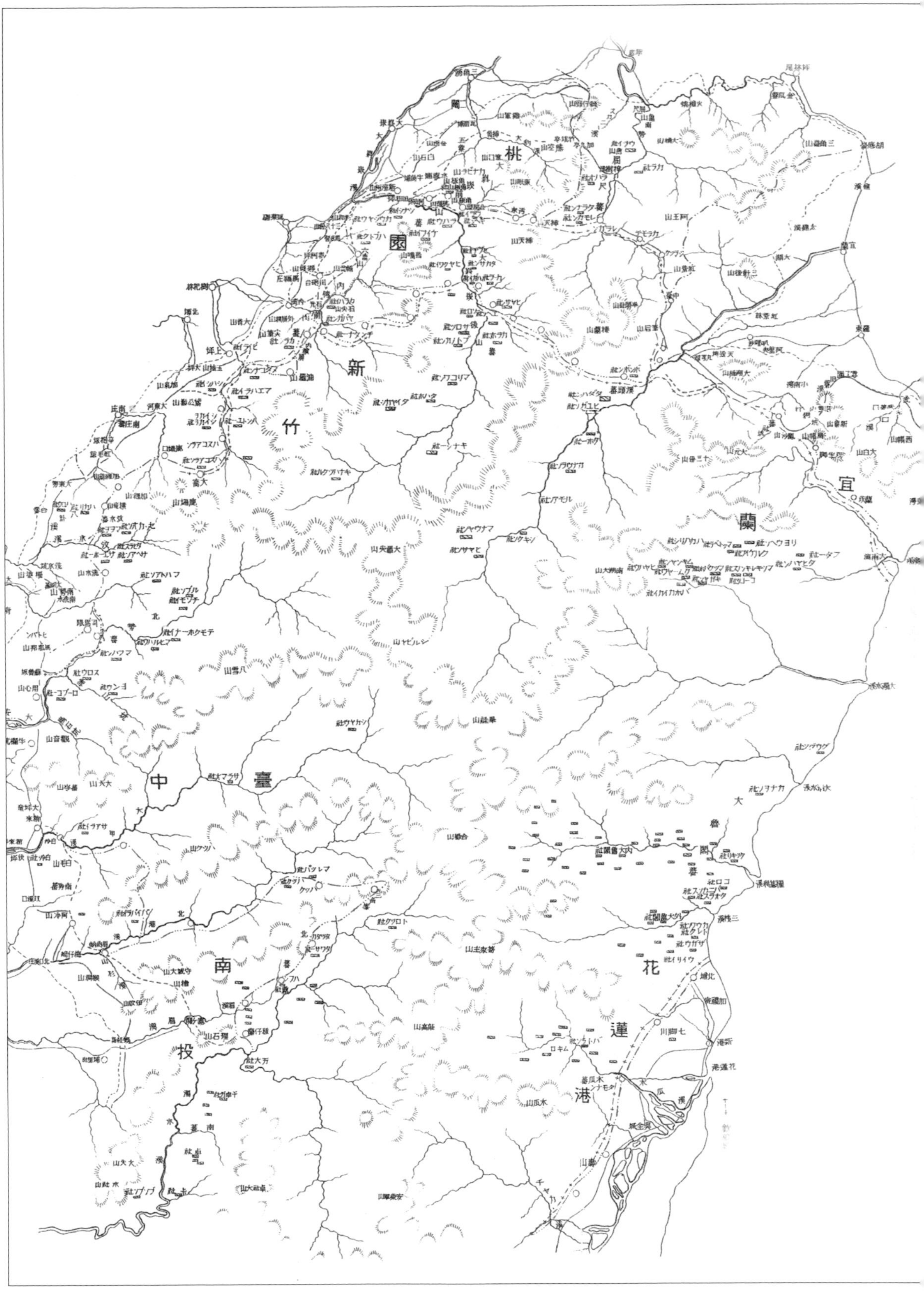
桃園
新竹
臺中
南投
花蓮港
宜蘭

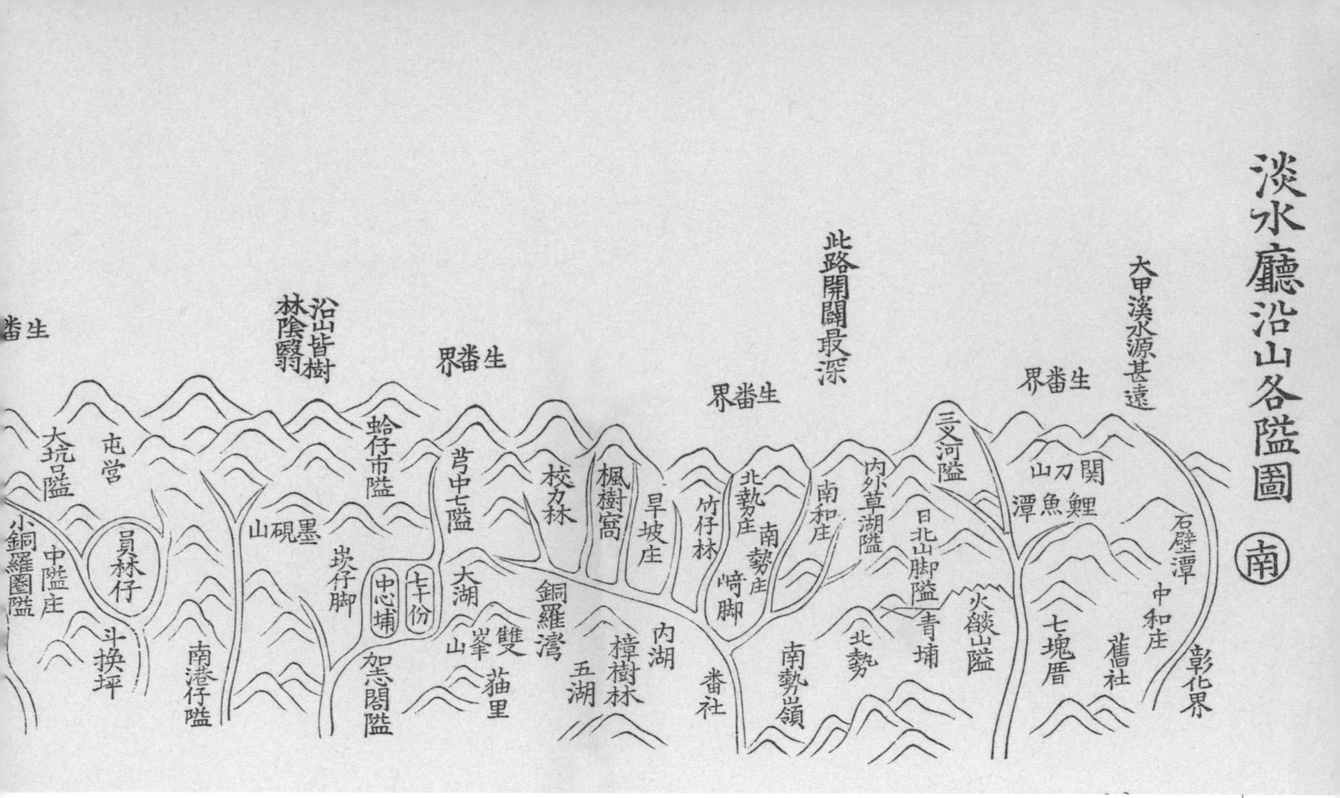

「土牛」為記，故又稱土牛線。

劃定民番界線的目的，是防止漢人侵入高山地區原住民的領域，避免引發糾紛。土牛線上有些地方設置望樓，派有隘丁把守。乾隆四十三年臺灣府尹蔣元樞主編的《重修臺郡各建築圖》中的第一〇、一一、一二、一三、一四、一五圖，分別標示了各廳、縣的望樓分布位置，但圖上沒有標示「土牛線」。

中央研究院歷史語言所研究員柯志明將《民番界址圖》圖上的紅藍界線轉繪在數位地形圖上，後來我將其對比民國四十二年臺灣省警務處山地警務室繪製的《臺灣省山地警察機構分布、重要交通道路圖》中的「山地界」時，發現時隔近兩百年，兩者竟然相去不遠，奇哉！

第二張是日本時代日籍學者伊能嘉矩根據同治年版《淡水廳志》附圖改繪的《淡水廳沿

上｜淡水廳沿山各隘圖｜伊能嘉矩根據同治年版《淡水廳志》改繪｜圖上標示的「各隘」，從竹東向南延伸到苗栗的三義一帶，大概是清末臺灣樟腦最主要的生產地，也是漢「番」關係最緊張的地區。清代中期的隘勇線除了「防番」之外，還有阻絕漢人進入「生番地」窩藏姦匿的作用。可是到了劉銘傳時代，隘勇線的作用開始具有侵略的性質。為了滿足現代化建設的經費需求，勢必加強樟腦的生產，所以隘勇線不斷向前推進，以採伐更多的樟樹。

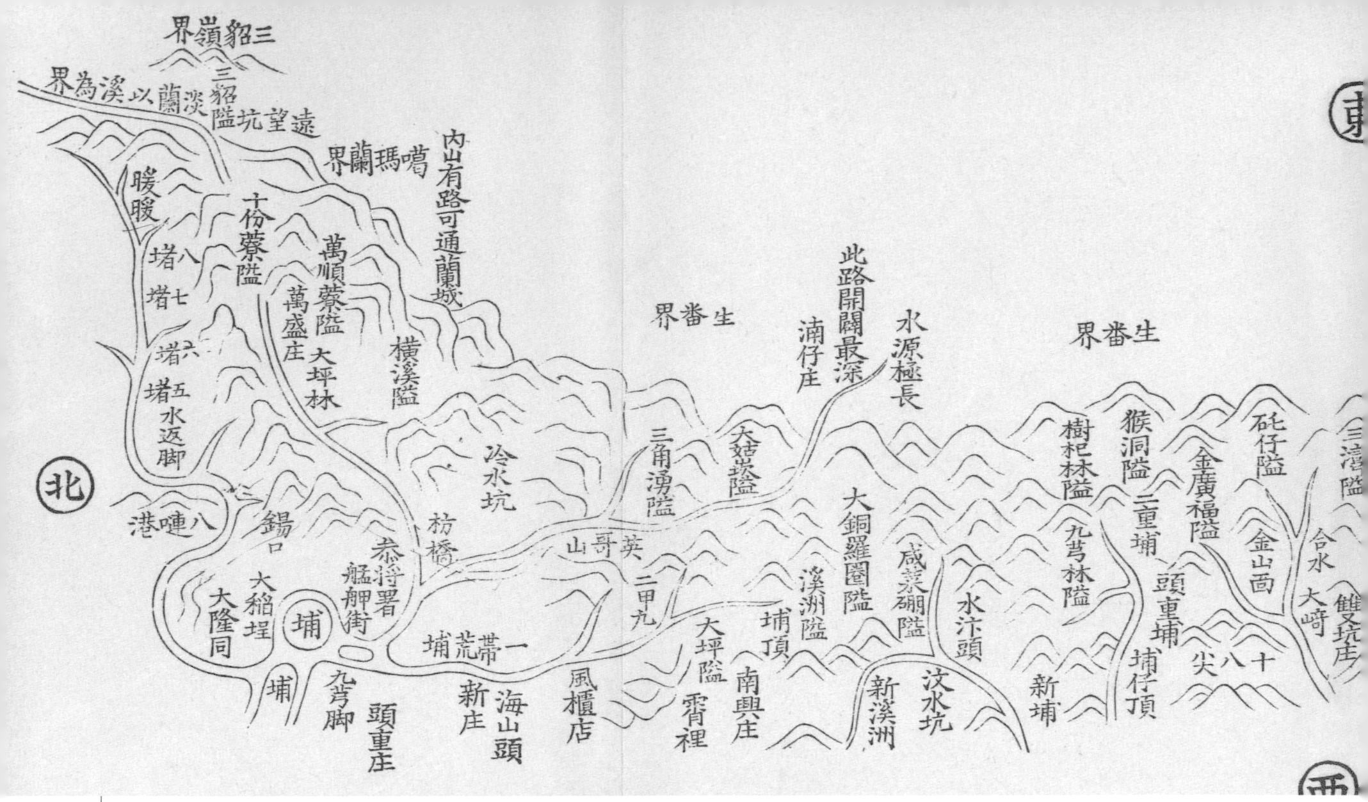

左中｜日本時代沿用清代以原住民為隘勇的政策，但隘勇（後改為警丁）改採在地原住民擔任，不再像清代以「熟番」專任。（鳥居龍藏攝）

左下｜清代的隘勇（或稱屯丁）。乾隆55年（1790）林爽文事件後，為了加強對丘陵地帶的管控，清政府在「土牛線」沿線的關隘之處設置隘寮，由「屯丁」把守。屯丁一律由「熟番」平埔族男子擔任。（馬偕牧師攝）

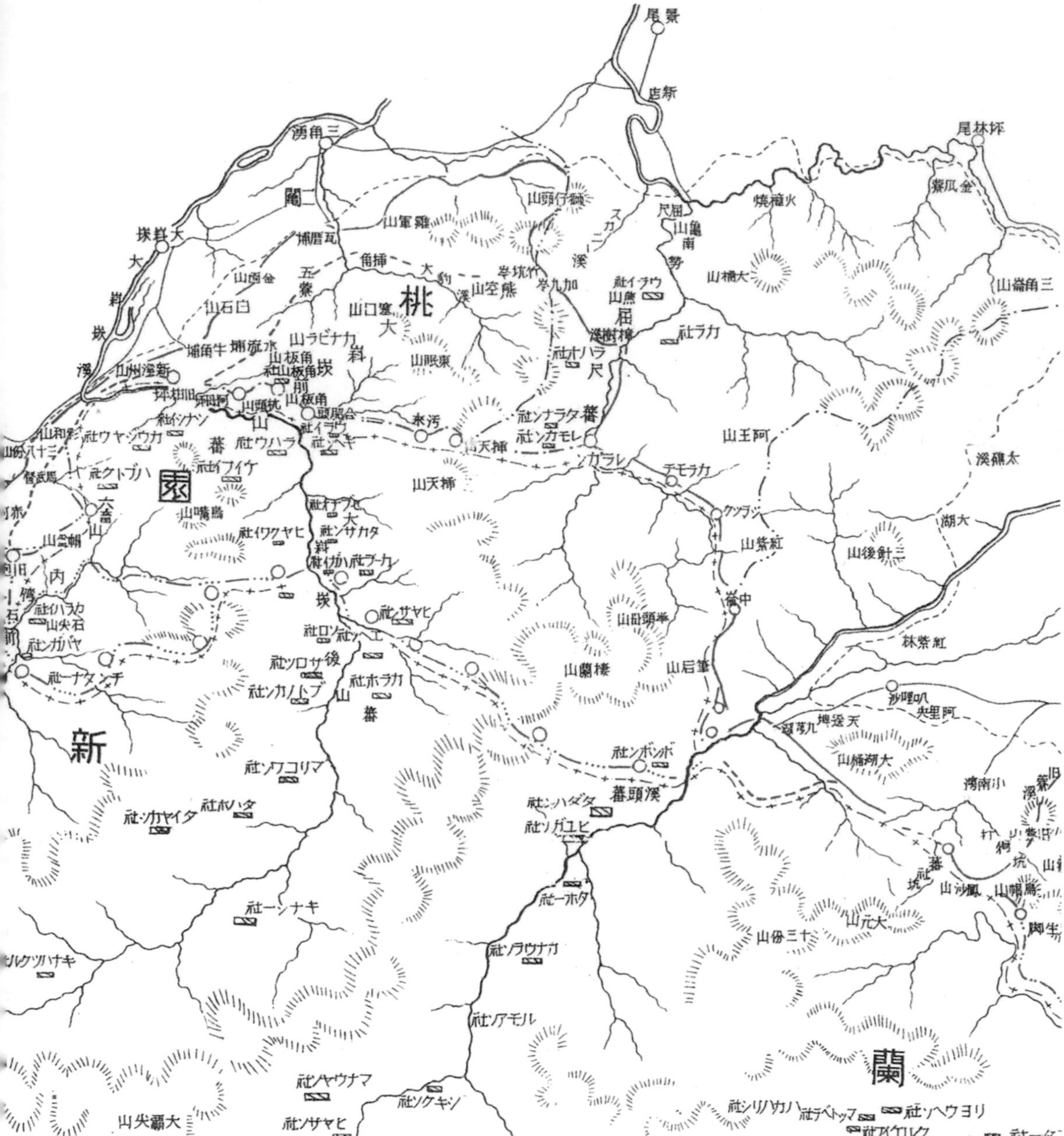

上｜隘勇線前進圖｜（新竹、桃園部分）｜縮尺四十萬分之一｜明治末年

山各隘圖》。《淡水廳沿山各隘圖》上標示的「各隘」，從竹東向南延伸到苗栗的三義。這一帶大概是臺灣最早設隘勇線的地方，隘勇線的設置源於道卡斯族竹塹社與漢人合作開發墾地的模式。

基本上，清代官方承認原住民的土地所有權，但大多數的平埔族農耕技術不如漢人，因此竹塹社族人在與漢人土地開發商合作開發農地時，採取分工的合作模式；由土地開發商負責到大陸招募農民入墾和與官府打交道，辦理官文書等事宜；竹塹社族人則負責「保全」工作，確保土地開發時不受「生番」的干擾。等土地開發完成，農作開始收成時，竹塹社的族人可收取「番大租」作為收入。

依此模式，漢人拓墾的土地由西而東逐漸向丘陵地擴展，竹塹社的男丁則在新墾地的前沿設置「隘寮」，保障後方漢人開墾的安全。所以竹塹社的族人在此合作模式下，有了穩定的收入，和其他地方的平埔族命運比起來算是不錯的。後來這套辦法也被清政府加以利用，形成了「屯丁制」。

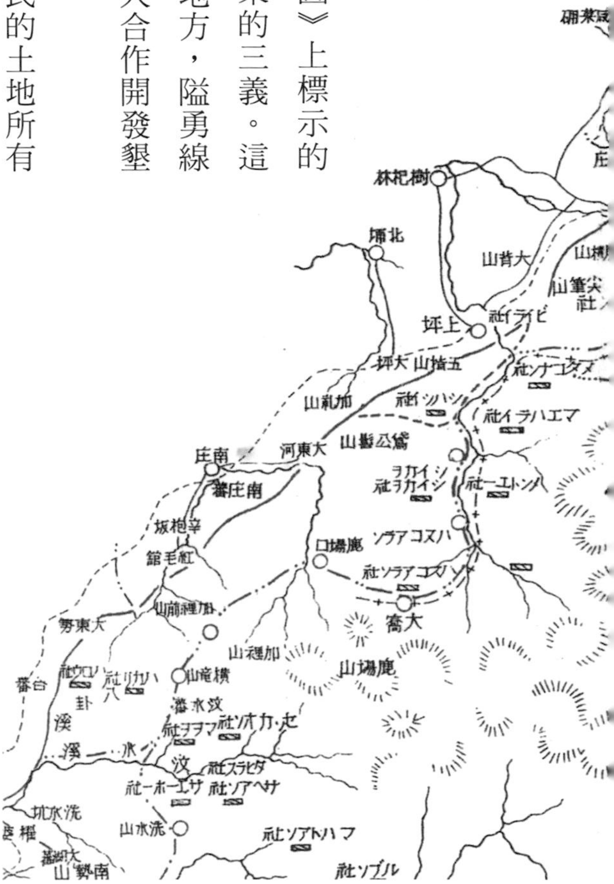

乾隆五十五年（一七九〇）林爽文事件後，為了加強對丘陵地帶的管控，清政府在「土牛線」沿線的關隘之處設置隘寮，由「屯丁」把守。「屯丁」相當於後來的山地警察，

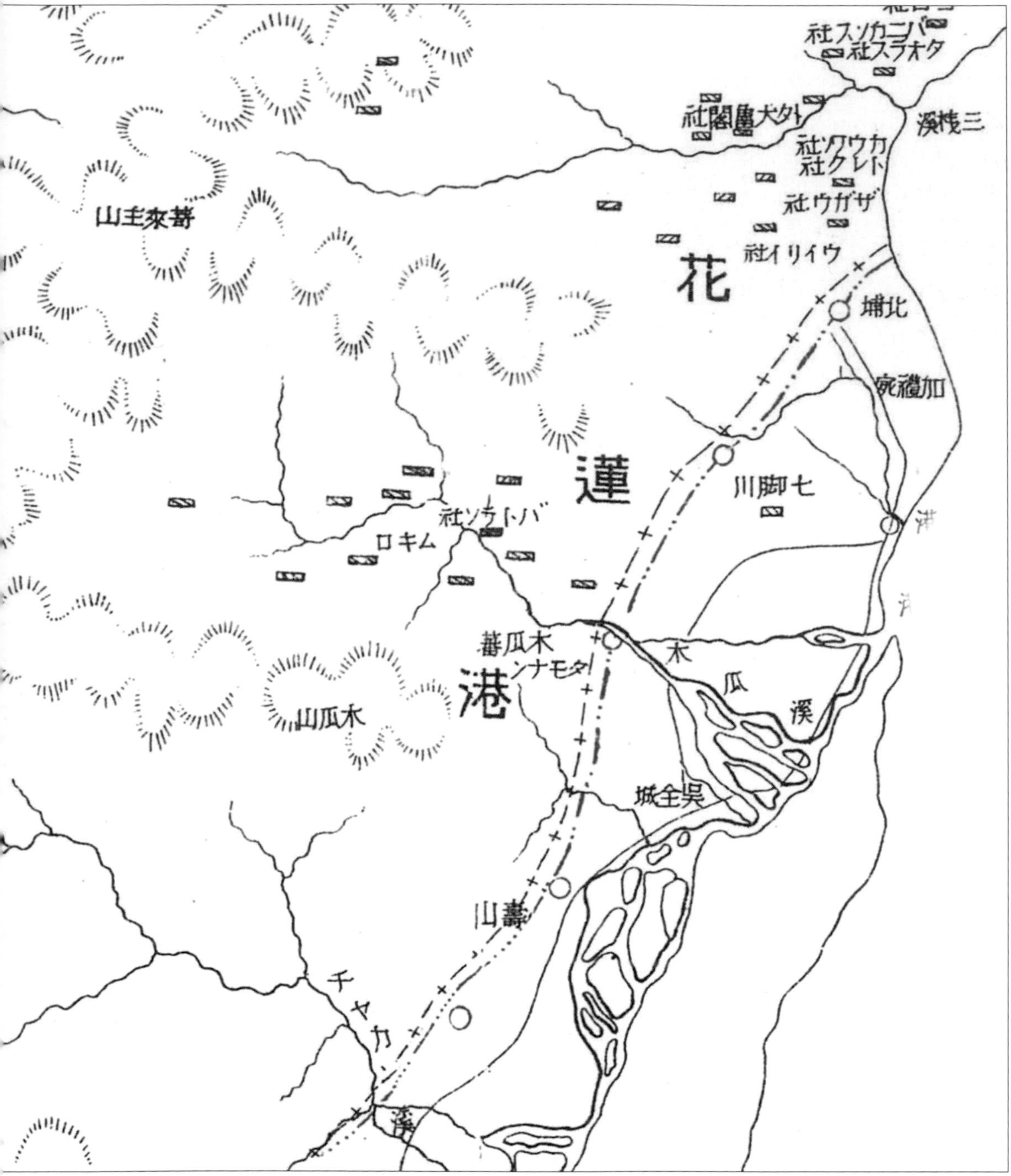

上｜隘勇線前進圖（花蓮部分）｜縮尺四十萬分之一｜明治末年

由平埔族男丁擔任。官方授與「屯丁」火銃為武裝，薪資為官方授與之養贍埔地。

清代中期的隘勇線除了「防番」之外，還有阻絕漢人進入「生番地」窩藏姦匿的作用。可是到了劉銘傳時代，隘勇線的作用開始具有侵略的性質。為了滿足現代化建設的經費需求，勢必加強樟腦的生產，所以隘勇線不斷向前推進，以採伐更多的樟樹。

當時《淡水廳沿山各隘圖》上標示的「各隘」，從竹東向南延伸到苗栗的三義一帶，大概是清末臺灣樟腦最主要的生產地，也是漢「番」關係最緊張的地區。

第三張地圖是《隘勇線前進圖》，這張地圖引自持地六三郎撰寫的《臺灣殖民政策》，是明治三十八年（一九〇五）至明治四十四年（一九一一）間，日本人設置隘勇線的位置。這個時間段是第五任總督陸軍大將佐久間左馬太「理蕃事業」的高峰期。佐久間左馬太的「理蕃事業」起初和樟腦也有密切的關係。

當時臺灣生產的樟腦占全球九成以上。在蔗糖大量生產之前，樟腦是總督府專賣局的最重要財源，總督府不但要掌握樟腦的生產，還要掌握樟腦的全球定價權。為此不惜發動「理蕃」討伐原住民，主要的對象是「北蕃」泰雅、太魯閣族。建立隘勇線，以保障樟腦的生產。

但是「理蕃」初期成效不彰，進而影響到殖民政府統治的權威性，佐久間左馬太便向帝國議會爭取特別預算，進行五年期的「理蕃事業」。最後，在出動近萬名討伐部隊，花費一、六二四萬元，前後發起十二次主要討伐攻擊行動，死傷近兩千人後，為期五年期的「理蕃事業」終告勝利結束。《隘勇線前進圖》就是佐久間左馬太「理蕃事業」的期中成績單。

之後日本殖民政府將警察機關定為「理蕃」機構。全盛時期，在「蕃地」上管理「蕃務」的官警共有五、一六六名，除辦理教育、衛生、交易及其他雜物工作外，一線警務工作者也有一、五四三名，算是相當龐大的隊伍。

光復後，臺灣省政府將日本時代的各級警察機關內勤的「理蕃」機構撤銷，將原有分室、駐在所改為派出所。民國三十七年，為了加強山地督導，將山地要衝的派出所改為分駐所，以較高層級單位來管理。

至民國四十二年為止，臺灣省警務處山地警務室共設有二八八個派出所，五二個分駐所，與日本時代的警力規模，明顯的縮減了不少。這可以從第四張地圖，臺灣省警務處山地警務室繪製的《臺灣省山地警察機構分布、重要交通道路圖》看出梗概。這張地圖也可視為日本時代「理蕃事業」全盛時期的精簡版。不過此時山地警務主要的任務已非「理蕃」，而是防止盜林與嚴防「匪諜」潛入山區建立祕密基地。

第五張地圖《臺灣省山地主要山峰河川生產事業分布圖》，也是臺灣省警務處山地警務室繪製的。

我發覺這幾張地圖有一個共通之處，那就是最早設立隘寮的地方，同時也是日本時代警察駐在所、光復後山地派出所最多的地方，這能說明什麼？我還在想這個問題。

上｜萬大社的日本警察家庭。（淺井惠倫攝）

左｜軍隊警官隊集中狀況圖｜昭和5年（1930）｜霧社事件發生於「理蕃事業」結束之後，從此幅地圖可以看出事件發生後，日本殖民政府由南北調動大量軍隊、警察進行鎮壓。其間動用飛機、大砲等現代武器，甚至還使用國際公約禁止的毒氣彈，引起了國際間的關注。

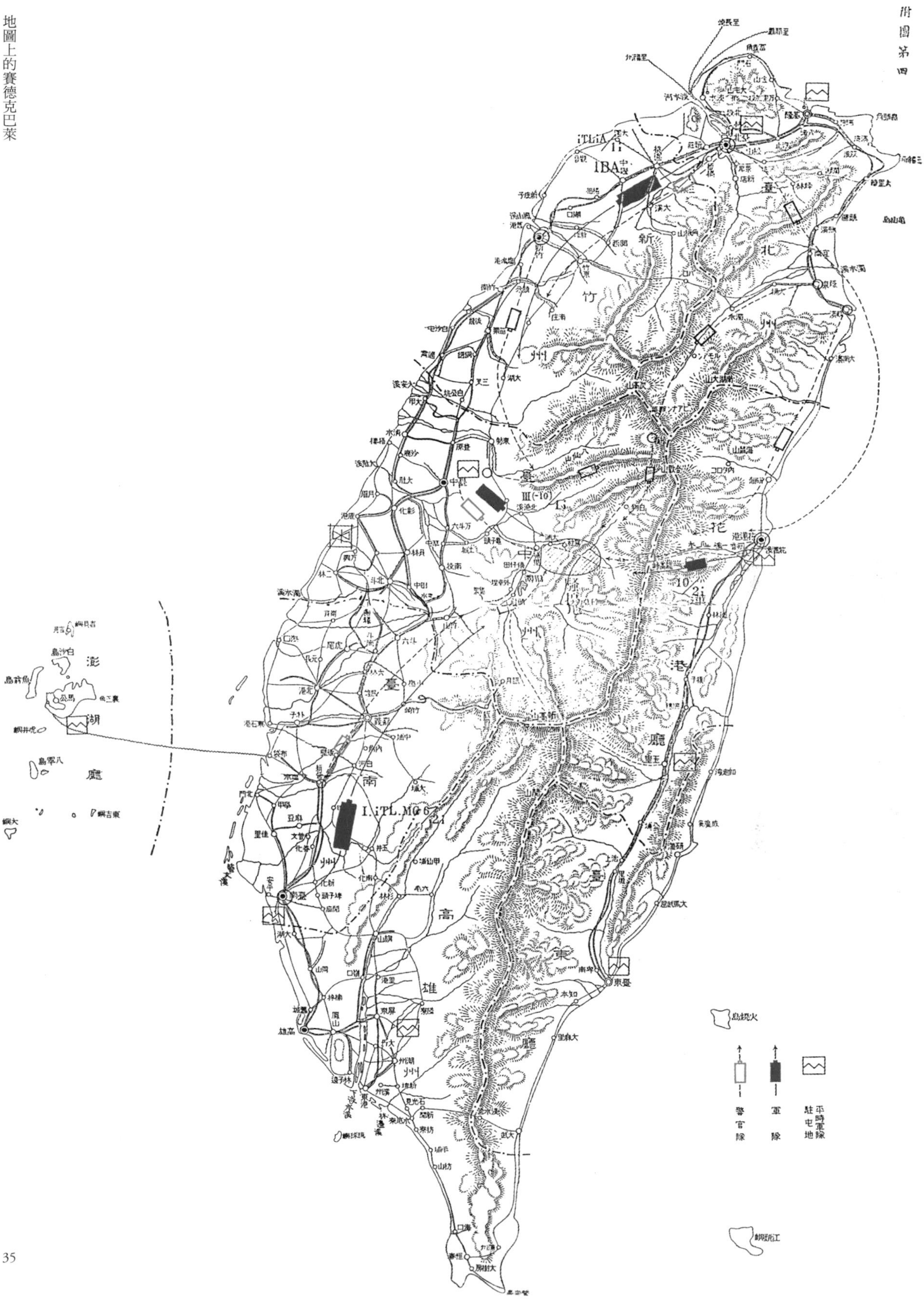
附圖第四
臺北州
新竹州
臺中州
臺南州
高雄州
花蓮港廳
臺東廳
澎湖廳
警官隊
軍隊
平時軍隊駐屯地

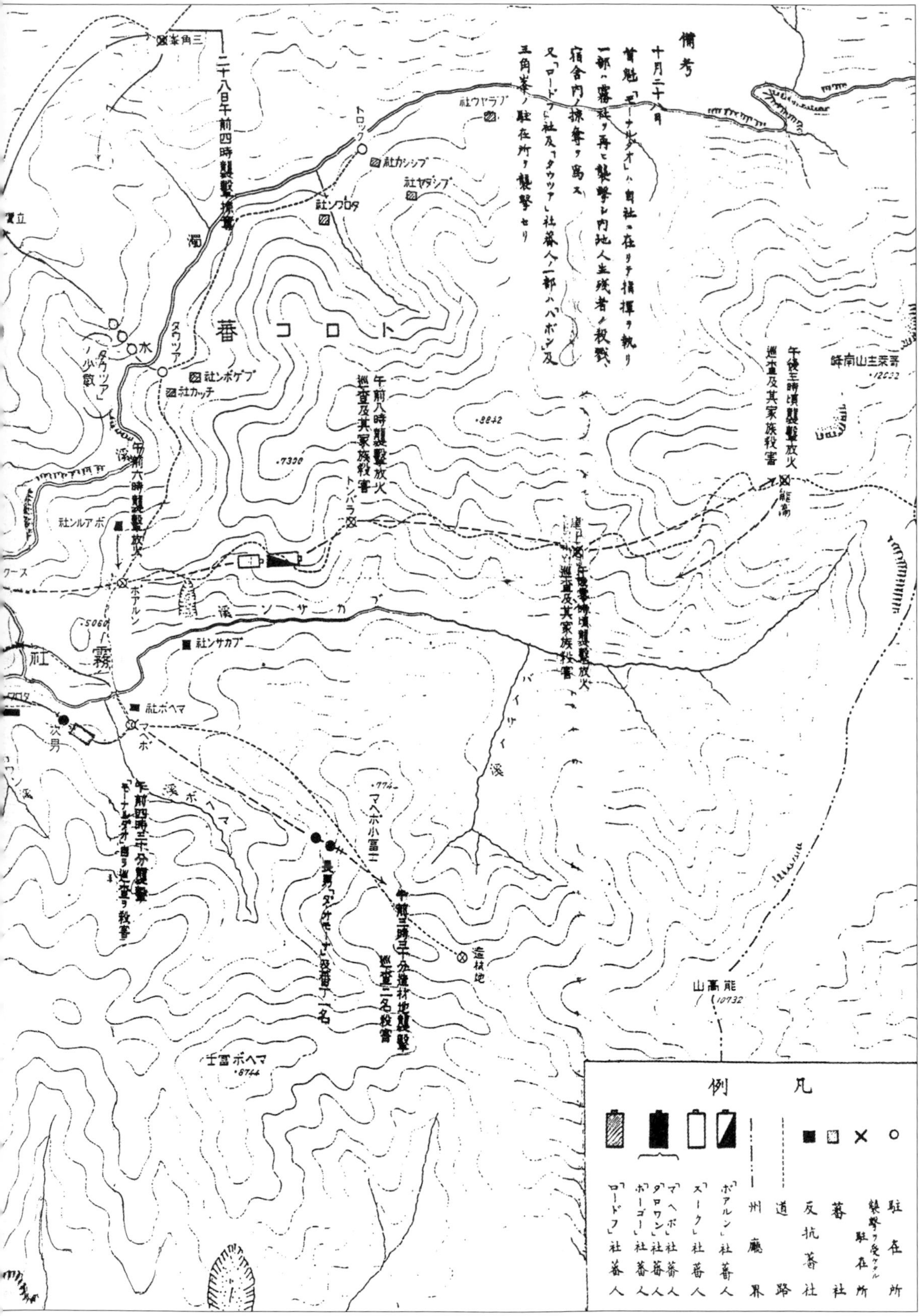
備考
十月二十八日
首魁「モーナルダオ」ハ自社ニ在リテ指揮ヲ執リ
一部ハ霧社ヲ再ヒ襲撃シ内地人生残者ノ殺戮、
宿舎内ノ掠奪ヲ爲ス
又「ロードフ」社及「タウツア」社蕃人ノ一部ハ「ハボン」及
三角峯ノ駐在所ヲ襲撃セリ
三角峯
二十八日午前四時襲撃掠奪
トロコ蕃
タウツア
午前八時襲撃放火
巡査及其家族殺害
午前六時襲撃放火
午後三時頃襲撃放火
巡査及其家族殺害
霧社
午前四時三十分襲撃
午前三時三十分造林地襲撃
巡査二名殺害
造林地
能高山
10732
マヘボ富士
8744
凡例
駐在所
襲撃ヲ受ケタル駐在所
蕃社
反抗蕃社
道路
州廳界
「ボアルン」社蕃人
「スーク」社蕃人
「マヘボ」社蕃人
「タロワン」社蕃人
「ホーゴー」社蕃人
「ロードフ」社蕃人

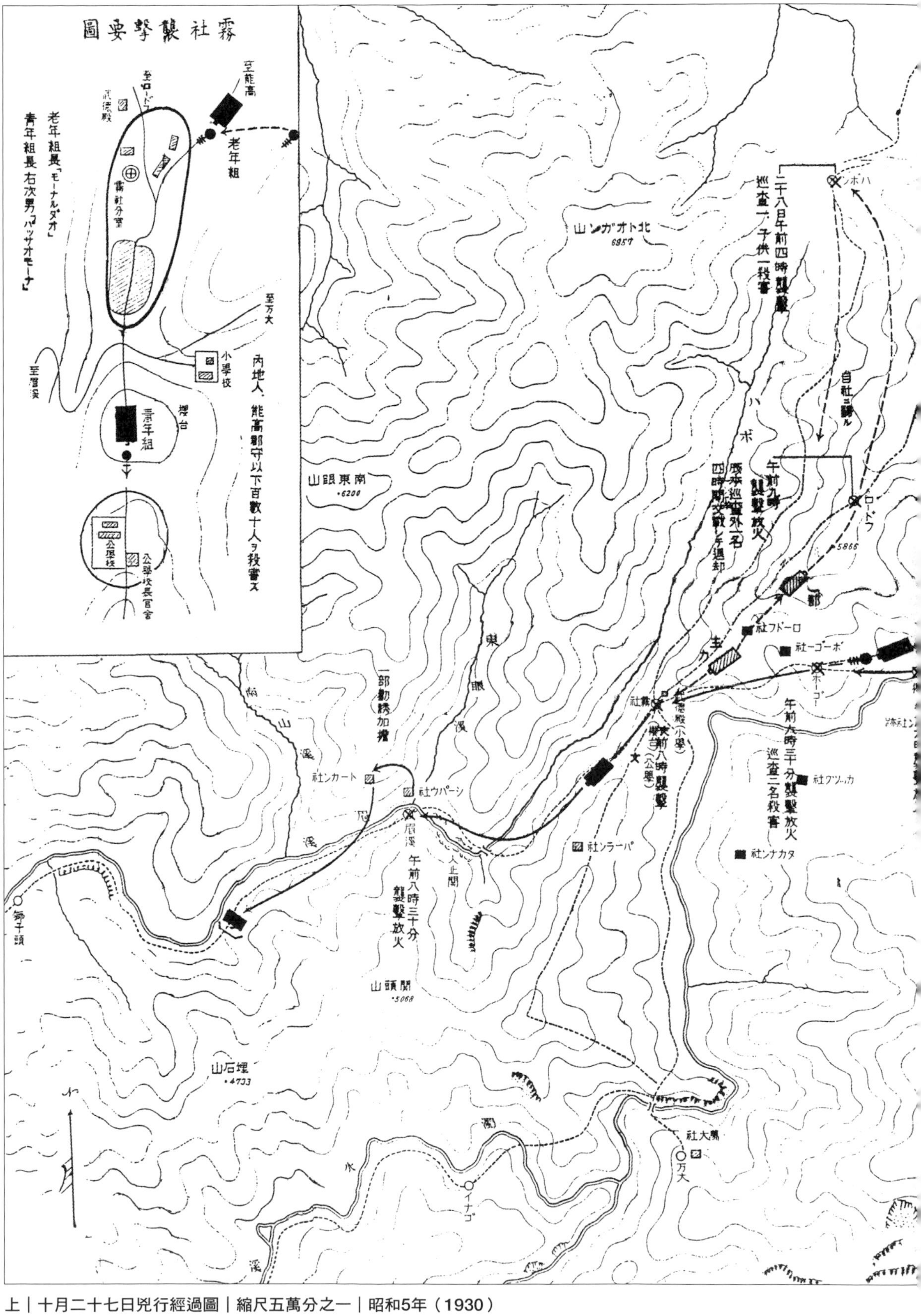

上｜十月二十七日兇行經過圖｜縮尺五萬分之一｜昭和5年（1930）

理蕃大事記

明治30年｜1897

3月　總督府軍務局派出深堀大尉14人查勘東西橫貫路線，後全部遇難。

4月　第三任總督乃木希典，招集相關部門，研討「理蕃」政策。

9月　在新竹、宜蘭設置警丁400員，以為「防蕃」機關，等於實際上恢復清代之隘勇線。

明治31年｜1898

1月　第四任總督兒玉源太郎以律令規定：「非蕃人，不論任何名義，不得占有使用蕃地……得臺灣總督許可者，不在此限。」

明治32年｜1899

8月　討伐新竹泰雅族梅巴來社。警丁擴充至1,500員。

明治33年｜1900

3月　警丁改為隘勇。

8月　討伐大嵙崁方面泰雅族。

明治34年｜1901

討伐新竹方面泰雅族。

明治35年｜1902

7月　討伐新竹方面賽夏族。

10月　討伐苗栗方面泰雅族馬那邦社。

11月　討伐恆春方面排灣族馬拉義社。在此之前，殖民政府因漢人抗日仍在持續，對原住民以懷柔為主，僅實施象徵性討伐。

明治36年｜1903

開始將重兵集結於「蕃界」，但原住民仍據守險要之地。

討伐阿緱「拉巴爾蕃」。

明治37年｜1904

3月　討伐臺中「南勢蕃」。

7月　建立新店屈尺至宜蘭叭哩沙之隘勇線。

明治38年｜1905

陸勇擴充至4,500員。

明治39年｜1906

佐久間左馬太任總督之後，開始採取積極的討伐政策。

9月　警察部隊1,454名向泰雅族大豹社發起攻擊。

明治40年｜1907

本年度對新竹、桃園、阿緱、臺東各廳之原住民發起攻擊，並派遣「浪速」、「秋津洲」兩軍艦從海上配合砲擊。

明治41年｜1908

繼續對宜蘭、臺東、新竹方面原住民之攻擊。並從本年度起架設電纜，及埋設地雷等「防蕃」手段，造成原住民相當大的傷亡。

明治42年｜1909

繼續南投、臺東、新竹、阿緱各廳原住民之攻擊。

隘勇線已長達700多華里。

明治43年｜1910

從本年度開始，為期五年期的「理蕃事業」。殖民政府出動近萬名討伐部隊，經費1,624萬元，前後發起近12次主要討伐攻擊行動，死傷近2,000人，繳獲銃器槍支約20,000件。

大正4年｜1915

1月　阿里港方面討伐行動結束，為期五年期的「理蕃事業」亦告一段落，20日討伐部隊宣告解散。

大正8年｜1919

太魯閣族一部蜂起，至大正11年（1922）才告平靖。

大正9年｜1920

展開對泰雅族「謝卡羅蕃」、「沙拉蕃」之鎮壓，至大正12年始平靖。

昭和5年｜1930

爆發霧社事件。日方出動大砲，甚至以飛機投毒氣彈，霧社山胞戰死、自殺超過900人，軍警死亡為29名。

昭和6年｜1931

12月　新設蕃地監察官制度，並對各州、廳之知事、廳長發出「理蕃政策大綱」八條。

右下｜屏東潮州來義社的頭目與日本警察。（淺井惠倫攝）
左下｜日本時代初期，殖民政府仍沿用平埔族擔任隘勇。（鳥居龍藏攝）

行政區劃篇

氣勢恢宏的《大日本帝國臺灣島豫察地形圖》

臺北市青田街以前有家專賣文物舊書的店面，裝潢很有品味，小巧而古雅，每回到永康街會友、吃飯，總會轉到那兒逛逛，目的只有一個，去看一張大地圖，一張大到只有掛在牆上，才能一覽全貌的大地圖。為什麼要專門跑到那兒去看？因為非常稀有，而且這張地圖只展示不出售，是非賣品。

這張地圖全稱為《大日本帝國臺灣島豫察地形圖》，四十萬分之一，明治三十二年（一八九九）臺灣總督府民政局出版，當時的民政長官是大名鼎鼎的後藤新平。這張氣派非凡的臺灣全圖，不但日本時代初期十分少見，即便是整個日本時代也不多見，大概也只有像後藤新平這種能成大事的人，才有如此大的手

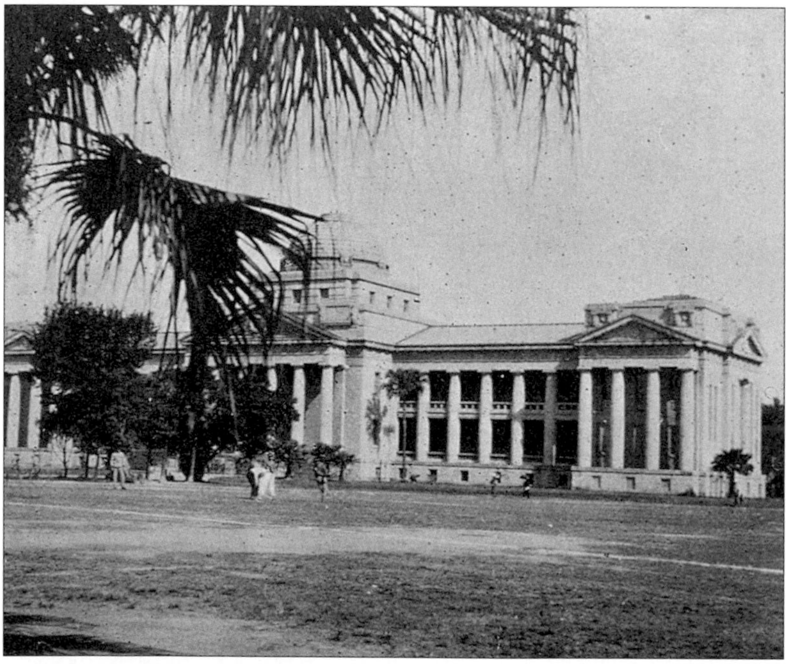

上｜國立臺灣博物館，日本時代以「兒玉總督及後藤長官紀念博物館」為名，以紀念第四任臺灣總督兒玉源太郎及行政長官後藤新平。

左｜大日本帝國臺灣島豫察地形圖｜四十萬分之一｜明治32年（1899）｜南天書局提供｜這張地圖由臺灣總督府民政局出版，當時的民政長官是大名鼎鼎的後藤新平。這張氣派非凡的臺灣全圖，不但日本時代初期十分少見，即便是整個日本時代也不多見。此外這地圖的地名標示十分細緻，幾乎涵蓋所有行政級別的地名。

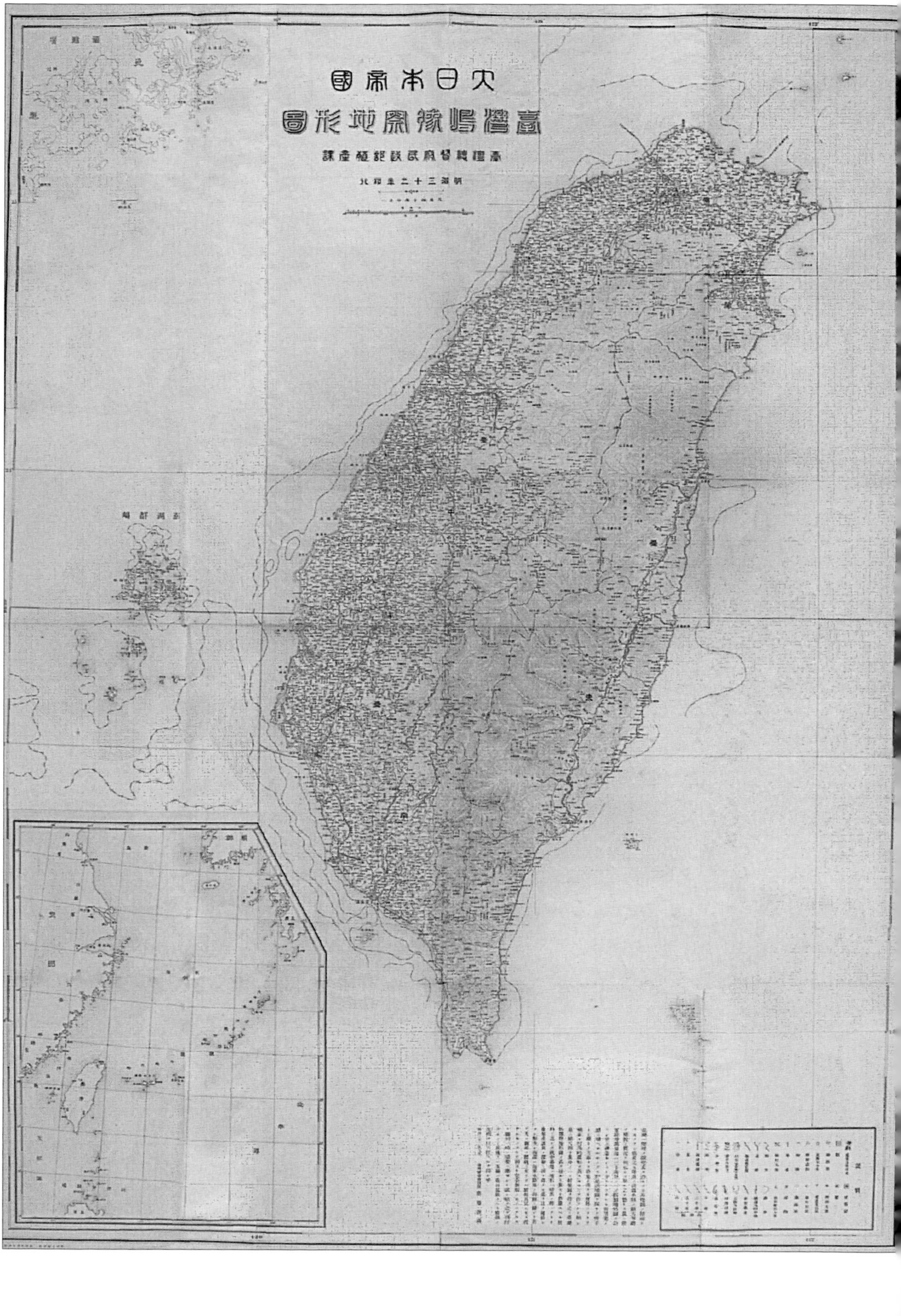
大日本帝國
臺灣島豫察地形圖
臺灣總督府民政部殖產課

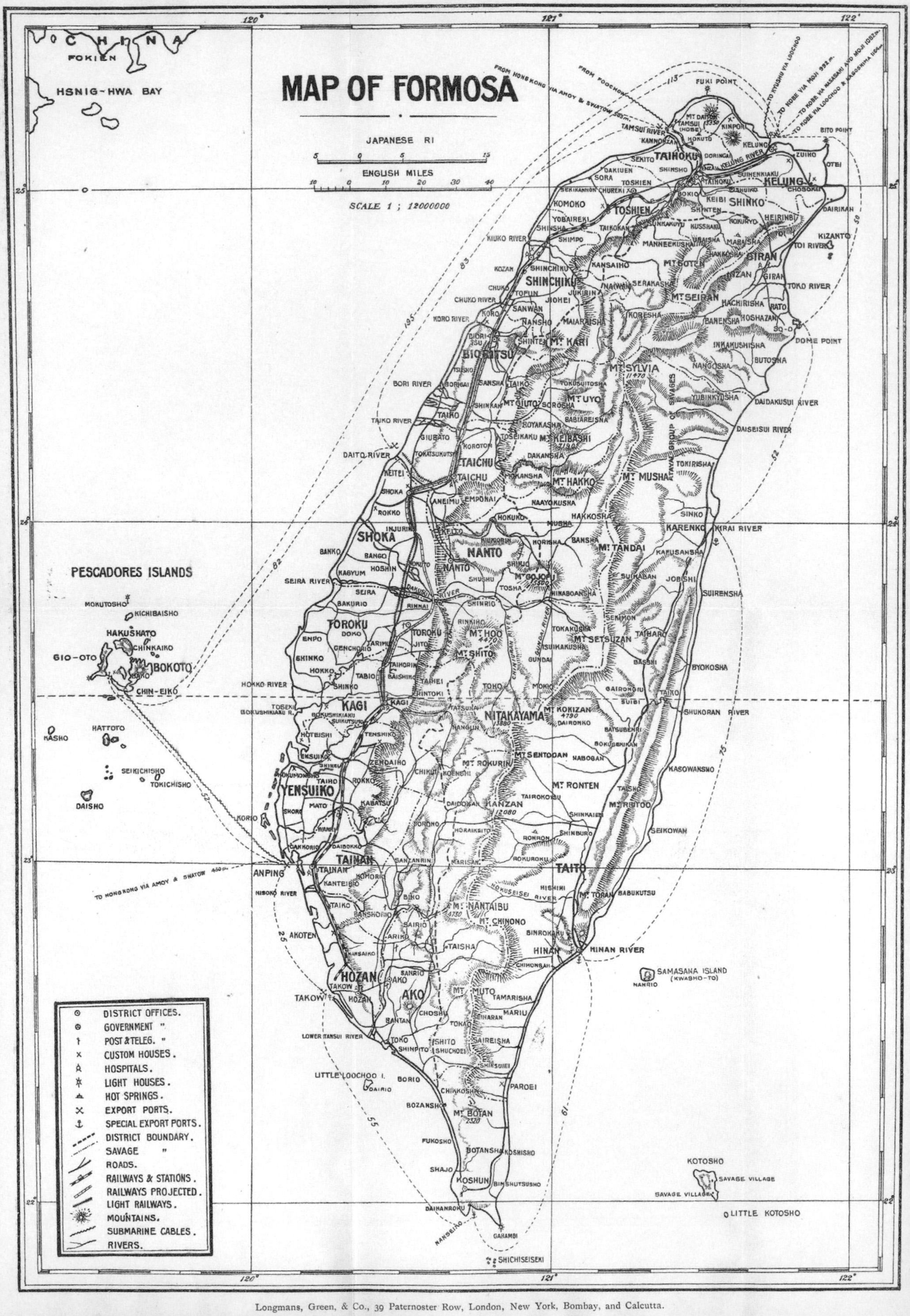

Longmans, Green, & Co., 39 Paternoster Row, London, New York, Bombay, and Calcutta.

筆。後來我聽說南天書局的老闆魏德文先生也擁有一幅。

後藤新平和第四任總督陸軍中將兒玉源太郎聯手搭臺，治臺長達八年之久。任內臺灣政局被他攪和得虎虎生風，卓有成效。任滿離職後，繼任的民政長官祝辰巳為了紀念其治臺之功，募款在臺北公園、也就是現在的二二八紀念公園內，以「兒玉總督及後藤長官紀念博物館」為名，興建臺灣博物館新址。光復後才改名「臺灣省立博物館」。

日本時代，臺灣總督離任之後能留下一座紀念銅像，已算是一份不小的榮耀，並不是每任總督都能留下一座銅像。兒玉源太郎和後藤新平不但有銅像，還有一座氣派非凡的博物館以他們的名字命名，在臺灣，就是日本天皇也沒能享受到這份殊榮。更不可想像的是，一個總督府的幕僚長，後藤新平竟然能和兒玉總督並列，同享這份「天皇級」的榮耀，別說臺灣，放眼世界各地的殖民地，大概也難找到第二個例子。至今，後藤新平在臺灣史上，仍有其不可忽略的一頁。

這張地圖除了顯現後藤新平的大手筆之外，還有幾個難能可貴之處。首先是大，圖

右｜Map of Formosa｜Scale 1:12,000,000｜這幅英文版的臺灣地圖為二十廳時代繪製。二十廳時代正是後藤新平主政臺灣的年代。二十廳實施的時間並不長，其間繪製的地圖在臺灣並不多見，此圖由紐約朗文出版社以英文印製更是難得。二十廳分別為臺北、基隆、宜蘭、深坑、桃仔園、新竹、苗栗、臺中、彰化、南投、斗六、嘉義、鹽水港、臺南、蕃薯寮、鳳山、阿緱、恆春、臺東、澎湖等。
左｜後藤新平

臺灣全嶋圖
縮尺百万分之一
標高ハ尺ヲ以テ單位トス
記號
廳
支廳
部落
蕃界
道路
官設鐵道
官設鐵道工事中
官設鐵道豫測線
私設鐵道營業線
私設鐵道專用線
私設鐵道工事中
輕便鐵道
港灣
燈臺
澎湖列嶋
120°
121°
122°

幅巨大，比例尺大，四十萬分之一，圖幅寬九三・六公分，高一三五・二公分。

第二，因為是大比例尺地圖，地理資訊承載量也大，單單是地名一項，便將全臺「庄」以上地名，全數囊括在內。

第三，這張地圖是臺灣第一張以實測的地形圖為底圖，所繪製的行政區域地圖。在此之前，全臺地圖較準確者，幾乎全是以一八四〇年代英國海軍測繪的臺灣地圖為底圖轉繪。但英國海軍只是在軍艦上，繞著臺灣島的海岸線測繪，除了極少數的高山，並沒有上岸測繪陸地上的地形。所以不能算是實測的地形圖。

本圖應該是依據日本陸軍陸地測量部臨時測圖部一八九八年間繪製的《臺灣假製二十萬分之一圖》改繪而成，不但地形地貌比英國海軍繪製的全臺地圖豐富得多，海岸線也準確得多。

雖然日本陸軍陸地測量部臨時測圖部於

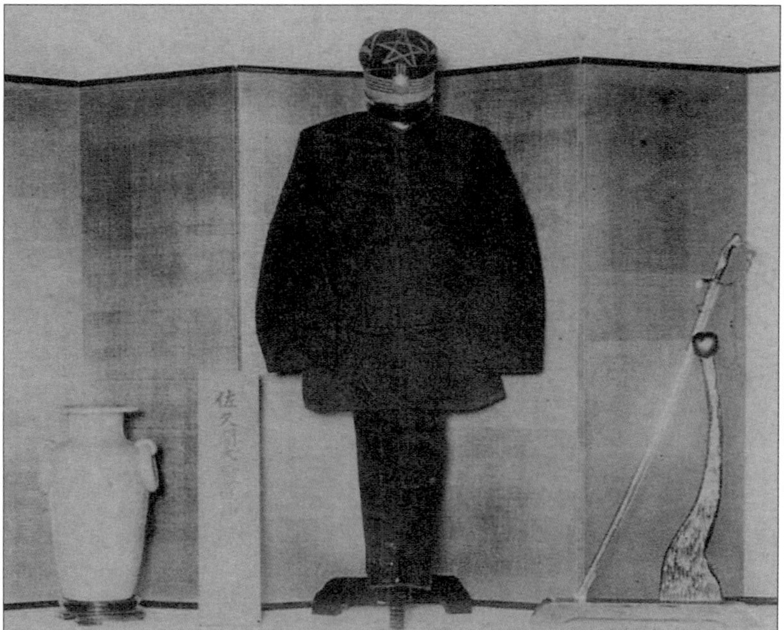

右｜臺灣全島圖｜縮尺百萬分之一｜大正5到8年（1916-1919）｜此圖為十二廳時代地圖。明治42年（1909）10月將原有的二十廳裁併為十二廳，臺北、宜蘭、桃園、新竹、臺中、南投、嘉義、臺南、阿緱、臺東、花蓮港、澎湖等廳。

左｜第五任總督佐久間左馬太將行政區劃由二十廳改為十二廳。佐久間任職期間最重的政績是「理蕃事業」。佐久間死後遺物供奉在了覺寺（現今臺北市南昌街的十普寺）。

一八九〇年代繪製的臺灣地圖，均屬「迅速測量圖類地圖」，並非嚴格定義的地形圖，而且中央山脈部分還留下空白部分，但這已可以算是臺灣第一幅具有現代意義的地形圖了。

第四，它是臺灣最早的行政區劃圖之一，十分罕見，特別珍貴。說它珍貴，並非全然以文物骨董的經濟價值來估量，而是從地圖承載的地理訊息的角度看待。

現在常見的日本時代臺灣地圖，大多是一九二〇年代之後出版的，也就是五州三廳時代繪製的地圖。一九二〇年後，臺灣的行政劃分基本上已確定下來，直到一九四五年結束殖民統治之前，長達二十五年的時間沒有太大的變動。而且這段時間行政區劃地圖以及各類主題地圖發行量和之前比較，呈幾何級數般的成長，流傳到現在的數量比較多，取得也較容易，所以顯得不那麼希罕。

一九〇〇年之前繪製的臺灣地圖則十分罕見。這張地圖繪製於明治三十二年（一八九九），當時臺灣行政劃分為三縣三

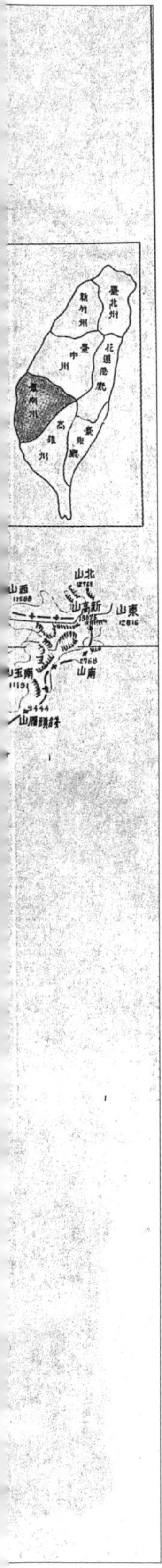

上｜臺南州州廳，現為國立臺灣文學館。

左｜臺南州管內圖｜縮尺三十萬分之一｜大正14年（1925）｜大正9年（1920）之後到光復前，臺南州下轄臺南市、新豐郡（臺南市仁德、歸仁、關廟、龍崎、永康、安南等區）、新化郡（臺南市新化、新市、安定、善化、山上、玉井、楠西、南化、左鎮等區）、曾文郡（臺南市麻豆、下營、六甲、官田、大內等區）、北門郡（佳里、西港、七股、將軍、北門、學甲等區）、新營郡（臺南市新營、鹽水、柳營、後壁、白河、東山等區）、嘉義郡（嘉義市、水上、民雄、新港、溪口、大林、梅山、竹崎、番路、中埔、大埔等鄉鎮）、斗六郡（雲林縣斗六市、古坑、斗南、大埤、莿桐等鄉鎮）、虎尾郡（雲林縣西螺、虎尾、二崙、崙背、臺西、土庫等鄉鎮）、北港郡（雲林縣北港、元長、四湖、口湖、水林等鄉鎮）、東石郡（嘉義縣朴子、六腳、東石、布袋、鹿草、太保、義竹等鄉鎮）等十郡。

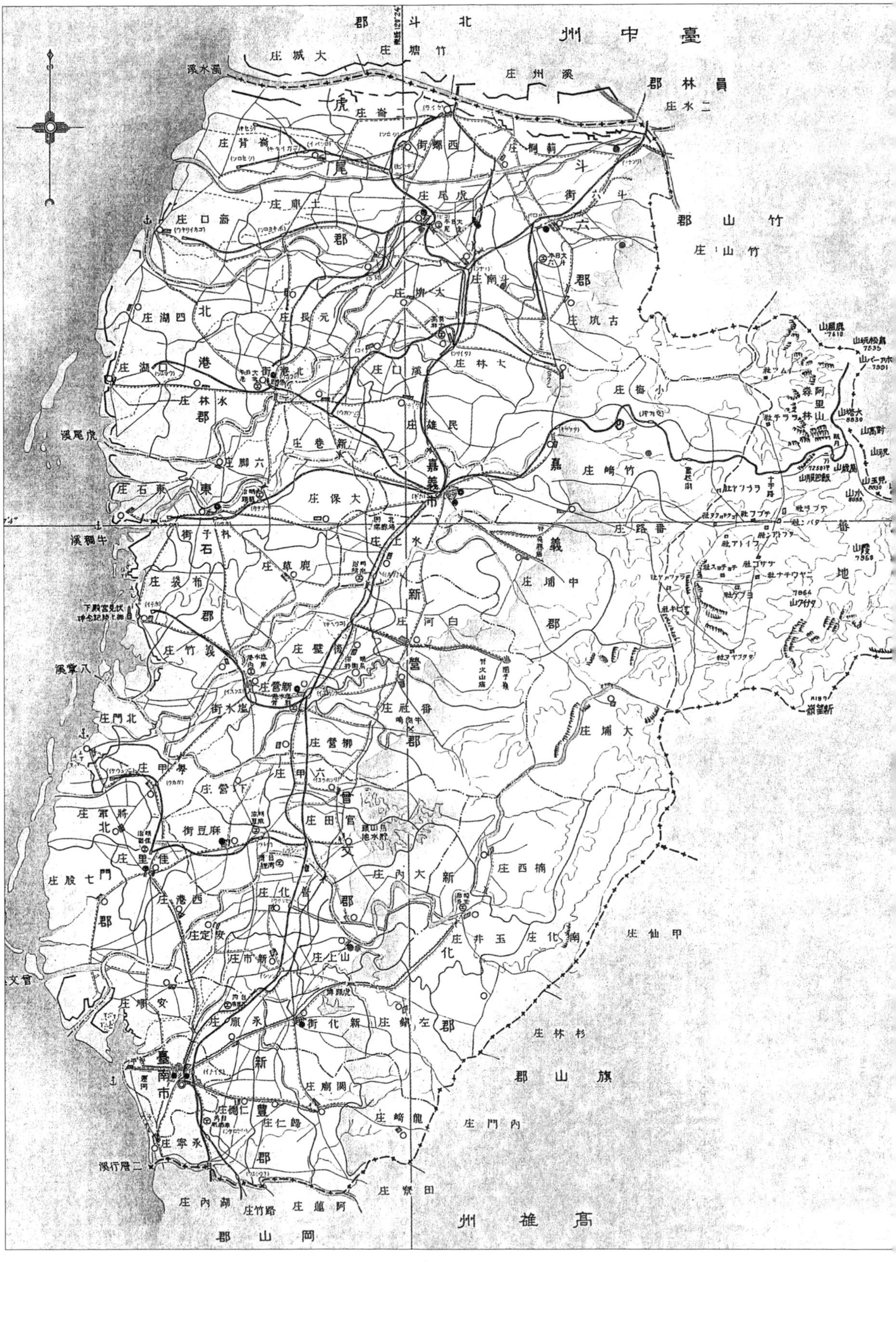
臺中州
北斗郡
員林郡
竹山郡
虎尾郡
北港郡
斗六郡
東石郡
嘉義市
嘉義郡
新營郡
北門郡
曾文郡
新化郡
新豐郡
臺南市
旗山郡
岡山郡
高雄州

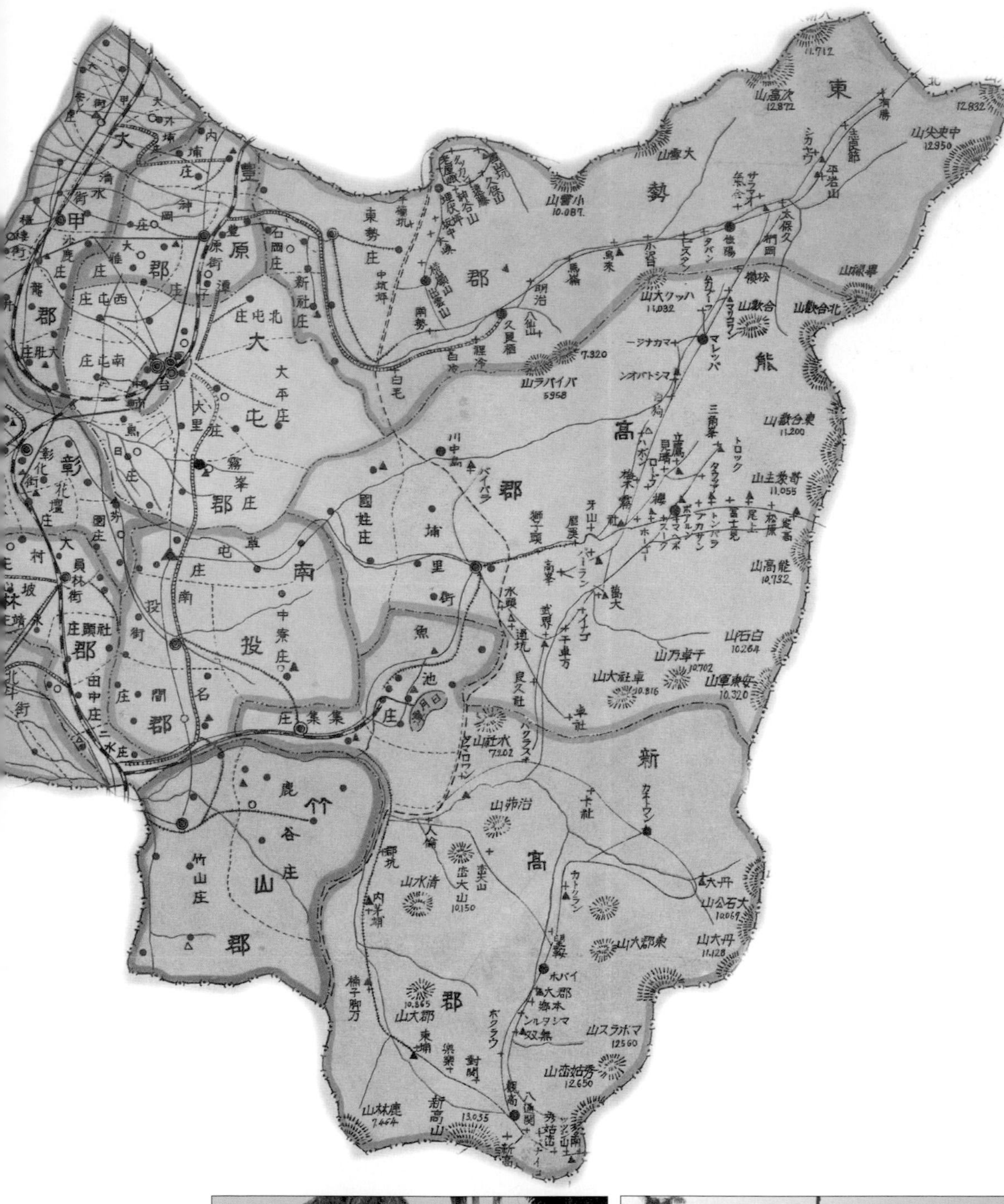
東勢郡
能高郡
新高郡
竹山郡
南投郡
大屯郡
豐原郡

廳，臺北縣，臺中縣，臺南縣，臺東廳、花蓮港廳、澎湖廳，史稱「三縣三廳時代」。「三縣三廳時代」從明治三十一年（一八九八）到明治三十四年（一九〇一），只有短短的三、四年。這段時間發行的地圖本來就不多，行政區劃地圖更加稀少。

當時臺灣的行政區劃地圖之所以稀少，除了正規的地形圖還未發行之外，另一個最主要的原因是臺灣的行政區劃在此之前常常變動，有時甚至一年兩變。行政區劃常常變更，甚至年年變，行政區劃無法確定下來，行政區劃地圖當然無從繪製。

日本占領臺灣的前十餘年，因為島內還不平靜，常常需要動用武力鎮壓，所以最高長官臺灣總督府總督全由武將擔任。軍人對行政管理本來就不在行，殖民地管理更加複雜，如何建立合理的行政管理機制，常常弄得軍人總督頭疼不已。

第三任總督乃木希典中將為此感到厭倦，因而辭去總督一職，他和友人在信中抱怨，說日本統治臺灣：「……就像乞丐討到一匹馬，既不會騎，又常被馬踢……」日本帝國議會甚至還一度想把臺灣再賣回中國。

兒玉源太郎中將強烈反對賣掉臺灣，首相伊藤博文因此任命兒玉源太郎為第四任臺灣總督取代乃木希典，擔任民政長官的便是後藤新平。兒玉源太郎在臺的時間不多，後藤新平成了臺灣實際的最高統治者。

後藤新平是一位留德的醫師，在日本就是一個評價兩極化的人物。他所提出的「治臺

右上｜臺中州管內圖｜縮尺四十萬分之一｜大正9年（1920）之後到光復前，臺中州下轄臺中市、大屯郡（臺中市大里、霧峰、太平、北屯、南屯、西屯、烏日等區）、豐原郡（臺中市豐原、后里、神岡、大雅、潭子等區）、東勢郡（相當於東勢、石岡、新社、和平區）、大甲郡（臺中市清水、梧棲、大甲、大安、沙鹿、龍井、大肚區）、彰化郡（彰化縣彰化市、鹿港、伸港、和美、線西、福興、秀水、花壇、芬園等鄉鎮）、員林郡（彰化縣員林、大村、埔鹽、溪湖、埔心、永靖、社頭、田中、二水等鄉鎮）、北斗郡（彰化縣北斗、埤頭、二林、芳苑、大城、竹塘、溪洲鄉）、南投郡（南投縣南投市、草屯、中寮、名間）、新高郡（南投縣集集、魚池、信義鄉）、能高郡（南投縣埔里、國姓、霧社鄉）、竹山郡（南投縣竹山、鹿谷）等十一郡。

右下｜臺中州廳外觀，經過整修，曾為臺中市都市發展局。

左下｜臺中州州廳，光復後為臺中市政府。

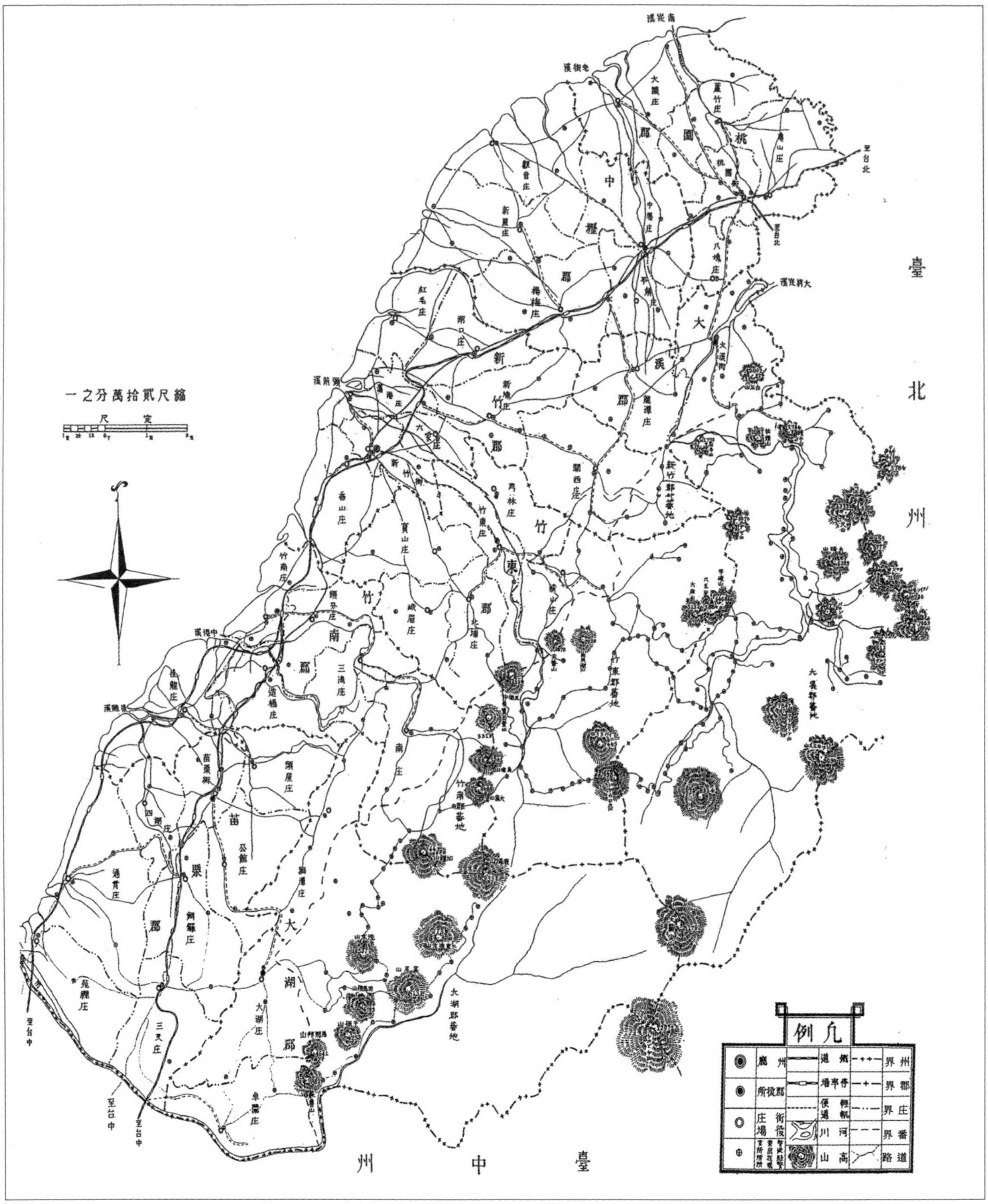

上｜新竹州管內圖｜縮尺二十萬分之一｜昭和9年（1934）｜新竹州下轄：新竹郡（新竹街、舊港庄、紅毛庄、湖口庄、新埔庄、關西庄、六家庄、香山庄）、中壢郡（中壢街、平鎮庄、楊梅庄、新屋庄、觀音庄）、桃園郡（蘆竹庄、大園庄、龜山庄、八塊庄）、大溪郡（大溪街、龍潭庄）、竹東郡（竹東庄、芎林庄、橫山庄、北埔庄、峨眉庄、寶山庄）、竹南郡（竹南庄、頭分庄、三灣庄、南庄、造橋庄、後龍庄）、苗栗郡（苗栗街、頭屋庄、公館庄、銅鑼庄、三叉庄、苑裡庄、通霄庄、四湖庄）、大湖郡（大湖庄、獅潭庄、卓蘭庄）。

三策」以及「生物學政治論」令臺灣人頗感屈辱，但他推動的一系列現代化建設，直到現在還被許多人認為是臺灣現代化的基礎，所以至今還很難讓人心平氣和的評價他的治臺「功績」。

這張氣勢恢宏的臺灣地圖屬於「三縣三廳時代」，但三縣三廳的行政格局顯然無法滿足後藤新平的雄才大略。三縣三廳制在行政層級為三級制，使得政府機關疊床架屋、官僚主義滋長，對施政及政令傳達上十分不利。後藤甫一上任便著手地方行政區劃的改革。明治三十四年（一九〇一）十一月宣布廢除「縣」與「辦務署」行政層級，全島改設二十廳。

「廳」和「縣」不僅僅是名稱的不同，而是機關性質的不同，也是行政管理理念的不同。「縣」雖然是總督府下屬單位，但同時也是功能齊備的獨立行政機構。而「廳」則是總督府民政部的直屬機關，直接聽從民政長官的號令，本身沒有相對獨立的行政裁量權利。所以史學家認為兒玉源太郎任臺灣總督的時代，是日本統治臺灣時期，總督府權力最大、行政決斷高度集中的時代。也有人說二十廳制是總督府極端集權的制度，或者應該說是後藤新平的集權制。

我想兒玉「一介」武夫，未必真懂管理地方行政的奧妙，他的智慧應該是識人之明與用人之不疑，也因為有如此豁達的視野，才能心無芥蒂的與後藤共享「兒玉總督及後藤長官紀念館」之殊榮。所以，與其說二十廳制是總督府極端集權的制度，還不如說是為後藤新平施展長才而設計的制度。

每回我看著這張氣勢恢宏的臺灣大地圖，總會思考一個問題：兒玉源太郎和後藤新平真能心無芥蒂的真誠合作？

行政區劃大事記

明治28年｜1895

5月　臺灣總督府成立於京都大本營，海軍大將樺山資紀為首任總督。

三縣一廳

5月　參酌清代舊制改臺北府為臺北縣，臺灣府為臺灣縣，臺南府及臺東州為臺南縣，另設澎湖島廳。

一縣一廳二民政支部

8月　因抗日激烈，裁撤臺灣縣、臺南縣，改設臺灣、臺南兩民政支部。縣下設支廳或出張所。

三縣一廳

明治29年｜1896

4月　因靖臺作戰告一段落，臺灣、臺南兩民政支部恢復為臺中、臺南縣。縣下設支廳。

6月　陸軍中將桂太郎任第二任總督。因各縣轄區太大，聯絡不便，有縮小縣區之議，擬擴張為七縣一廳，桂太郎因故去職，未能實現改制。

10月　陸軍中將乃木希典任第三任總督。甫一上任，即計畫將縮小縣區之議，付諸實施。

六縣三廳

明治30年｜1897

5月　縮小縣區之議，付諸實施，原三縣一廳改為六縣三廳，為臺北、新竹、臺中、嘉義、臺南、鳳山六縣，以及宜蘭、臺東、澎湖三廳。縣、廳下設辦務署。

三縣三廳

明治31年｜1898

2月　全臺辦務署多達78個，因經費不足，裁撤33個。

3月　陸軍中將兒玉源太郎任第四任總督。因官署疊床架屋，冗員過多，往往政出多門，效率低下，計畫進行地方行政制度簡化。

6月　改六縣三廳為三縣三廳，臺北、臺中、臺南三縣，宜蘭、臺東、澎湖三廳。臺東、澎湖廳廢辦務署，改設出張所

三縣四廳

明治34年｜1901

5月　增設恆春廳下設3個出張所。

二十廳

11月　為集中事權，廢縣、辨務署，改設廳，直接由總督府管理。分別為臺北、基隆、宜蘭、深坑、桃仔園、新竹、苗栗、臺中、彰化、南投、斗六、嘉義、鹽水港、臺南、蕃薯寮、鳳山、阿緱、恆春、臺東、澎湖等二十廳、廳下設支廳。

明治39年｜1906

3月　陸軍大將佐久間左馬太任第五任總督，因地方逐漸恢復秩序，為促進產業發展，就任即計畫進行地方改制，擴張廳之轄區。

十二廳

明治42年｜1909

10月　將原有的二十廳裁併為十二廳，分別為臺北、宜蘭、桃仔園、新竹、臺中、南投、嘉義、臺南、阿緱、臺東、花蓮港、澎湖等廳。

大正8年｜1919

10月　田健治郎任第八任總督，為首任文官總督。推動同化政策，採文、武分立，行政與警察分署，制定全新的地方制度。

五州二廳

大正9年｜1920

9月　廢廳設州，廢支廳改郡、市，廢區、堡、里、澳、鄉，改街、庄。西部十廳改為臺北、新竹、臺中、臺南、高雄等五州，州下設郡、市。東部臺東、花蓮港二廳照舊，廳下設支廳。

五州三廳

大正15年｜1926

6月　第十任總督伊澤多喜男增設澎湖廳。

都市計畫篇

意識形態主導下的都市計畫

我收藏的第一張老地圖是民國四十年出版的《臺北市都市計畫圖》。後來我才知道這個都市計畫根本就是昭和七年（一九三二）三月公布的「大臺北都市計畫」《臺北市區計畫街路及公園圖》的翻版，這份都市計畫預計在一九五五年之前可以容納六〇萬人口，所以民國四十年臺北市政當局繼續延用了這份二十年前的都市計畫。

《臺北市區計畫街路及公園圖》有一個特別之處，就是整個城市是向東面擴張。都市規劃方面的學者或許會說，臺北市的西面是淡水河，發展受到限制，東面未開發的空間還很大，向東發展是極為自然的。這個說法自然是難有辯駁之處。

但我參考了日本時代其他臺灣城市的地圖，發覺日本時代臺灣城市的布局，有兩個有趣的共同現象，和都市的規劃或許有一定的關連。這是不是可以視為都市規劃中的意識形態

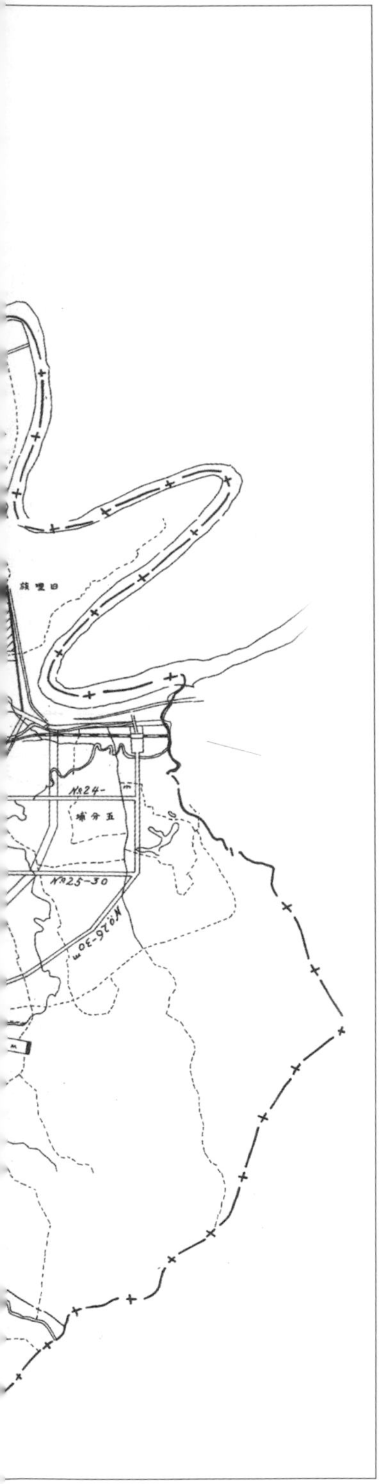

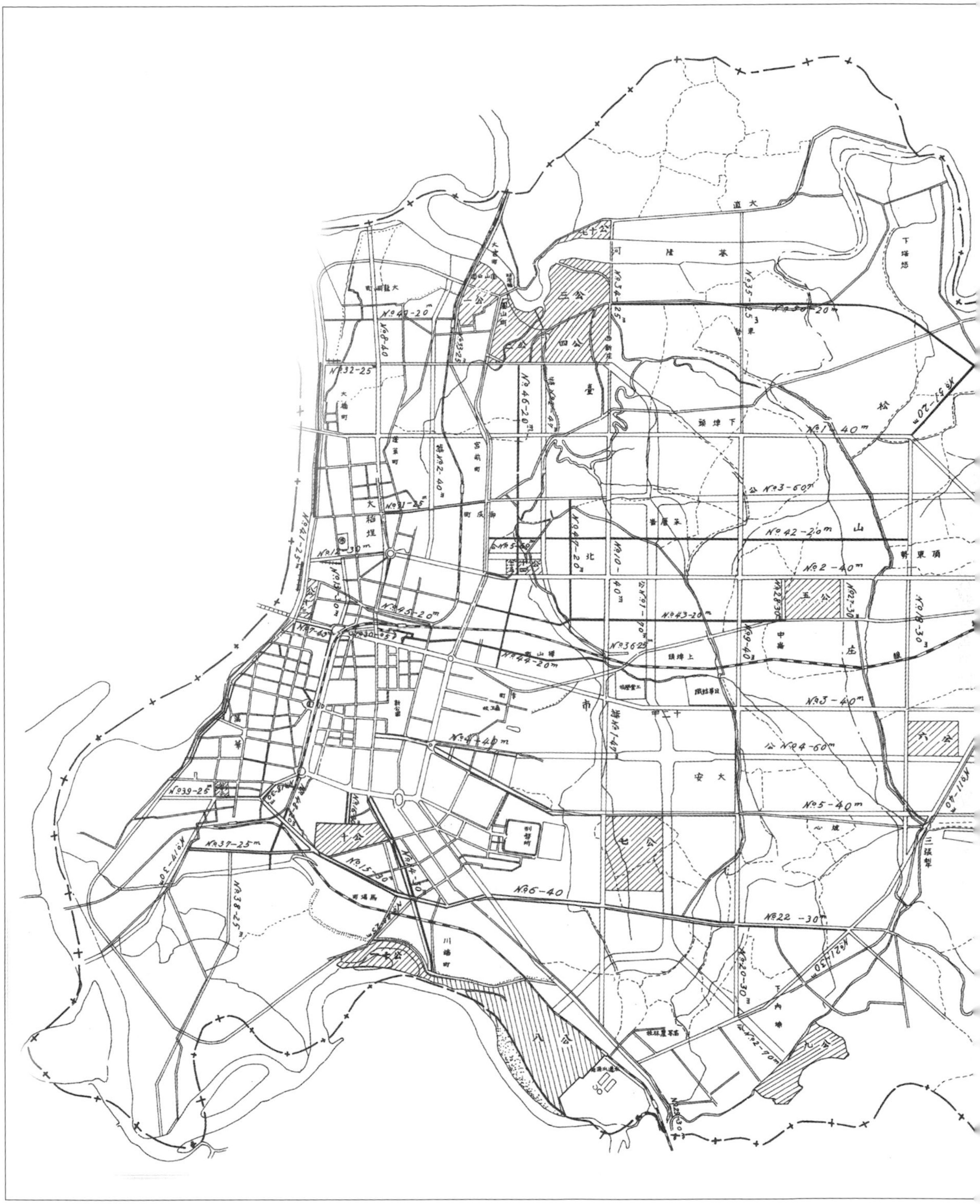

上｜臺北市區計畫街路及公園圖｜縮尺二萬五千分之一｜昭和7年（1932）｜昭和7年（1932）3月，延宕多年的「大臺北都市計畫」終於定案，該計畫預計1955年之前容納60萬人。後來此計畫為民國40年公布的臺北市都市計畫圖幾乎完全沿用。

作用？關於都市規劃中的意識形態作用，我在已故的區域規劃學者陳志梧的著作中受到了不少啟發。

《空間之歷史社會變遷：以宜蘭為個案》是陳志梧的代表作，他研究的切入點是闡述政治、經濟、意識形態在空間、地景的歷史變遷中所發揮的作用。陳志梧看待空間、地景的歷史變遷，有著寬闊的視野，為吾人所望塵莫及。他在書的一開頭，引用K. M.的一句名言：「假如事物的表象與本質直接吻合，那麼所有科學都將是多餘的。」

這個引言不正是馬克斯對意識形態作用的敘述？當時剛解嚴，陳志梧大概還「不好意思」大剌剌的寫出「卡爾・馬克思」的名號，只用K.M.（Karl Marx）兩個縮寫代替馬克思。

政治立場受到意識形態的影響無庸置疑，都市計畫也會受到意識形態的影響嗎？政治學

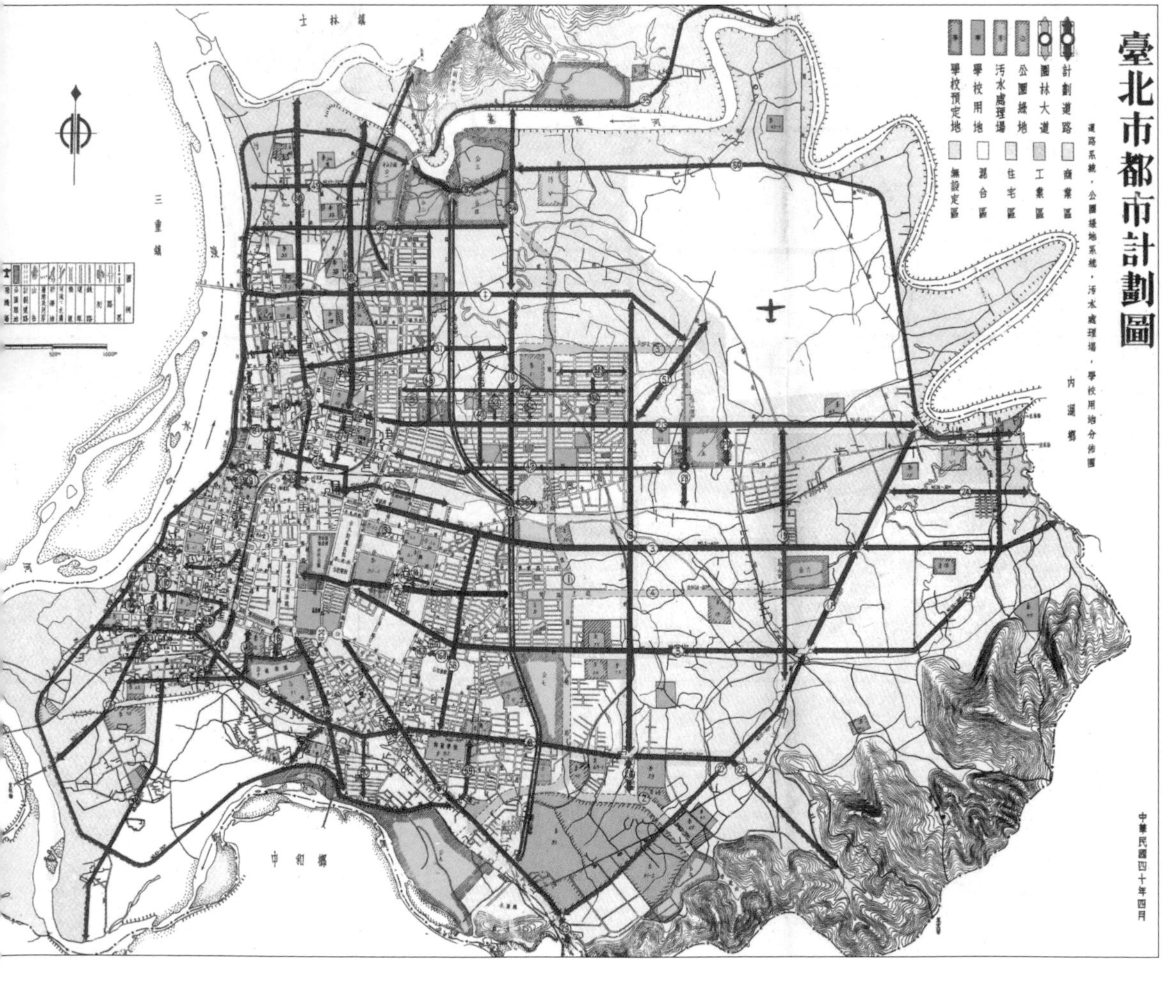

中意識形態的作用學者談得很多，但都市計畫的學者對意識形態的作用卻很少觸及，有些都市規劃師認為都市計畫要考慮的方方面面太多了，都市計畫是純粹理性的科學，哪裡容得下意識形態「興風作浪」？

如果這個說法屬實，那麼該如何解釋中國數千年來的城池大多是以中軸線為左右對稱布局的方形結構？而歐洲卻多為圓形或同心圓的布局？而近現代流行的巴洛克式城市布局真的比古代城市更適合人居？不同的城市布局思維真的出於城市機能的實際需求，沒有參雜一絲意識形態的作用？

二十多前我應邀撰寫過一篇關於臺北捷運路線對都市發展影響的報導。當時臺北捷運路線剛公布，部分都市計畫學者對此提出了嚴厲的批評，認為這套規畫路線根本無法解決臺北都市發展的問題，只會加速人口的集中。而且捷運重複建在原先的主要交通幹道上，也只會

右下｜臺北市都市計畫圖｜民國40年（1951）｜
民國40年公布的臺北市都市計畫圖幾乎完全沿用昭和7年（1932）公布的《臺北市區計畫街路及公園圖》。

上｜實施都市計畫後，臺北市被拆去城牆，成為巴洛克式的城市布局。

下｜實施都市計畫之前，臺北市府前街（重慶南路一段）先行挖掘衛生下水道。

使得富者愈富，貧者愈貧。

當時一位捷運局的處長私底下還向我坦白，依據他們的估算，當時大臺北地區的人口大概是五百萬人，二十年後大臺北地區人口會增加到七百萬人，而捷運完成後的承載量是兩百萬人，正好是二十年後增加的人口。另外他們也估計二十年後，大臺北的私家汽車會再增加一倍，所以二十年後臺北的路面交通不會更好，捷運只是提供另一種交通工具選擇。

當時我不懂為什麼要花費數以百億計的預算，去填補一個無可救藥的無底洞，難道沒有其他解決之道？譬如營建新市鎮？事實證明，原先看好的新市鎮，後來都不算成功。反而「富者愈富，貧者愈貧」的預言，似乎成了現實社會的寫照。可是現在臺北捷運已經成了臺北市民極少數「引以為傲」的「城市名片」，卻很少人注意到「富者愈富，貧者愈貧」預言和捷運的關聯性。

之後，我開始注意臺北城市的發展過程。我發覺兩百多年來，不同的時代、不同的政權，對臺北的城市規劃採取了不同的態度，其中牽涉到自然條件、地形地貌、區域地位、生產力、財政實力、地方勢力，還有各自的傳統意識形態。

關於意識形態的作用，我又從法國左翼學者阿杜塞的《意識形態與意識形態國家機器》一書獲益甚多。因為阿杜塞的啟發，我對都市計畫中意識形態所發揮的作用，產生了莫大的興趣。

日本時代臺灣城市的布局，有兩個有趣的共同現象，首先，當時幾乎每個臺灣城市的日本神社，是官幣大社，不是一般的小神社，都位在城市北方或東北方的小丘上。例如位於圓山飯店現址的臺灣神社，高雄壽山上的高雄神社都是很明顯的例子。其他像桃園、臺中、彰化、嘉義、花蓮、臺東也有相同的情況。

右下｜觀光的臺南市｜昭和9年（1934）｜金子常光繪｜臺南市原本是中國式城牆城市，經過日本時代的都市計畫改造，面貌一新，但是這樣的改造似乎沒有真正改變這座城市的固有格局。古老的巷弄幾乎被完整的保留下來。

上／下｜日本時代的臺南神社奉祀北白川宮親王，位於孔廟旁的樣仔林，也是傳說北白川宮命喪之處。神社位於臺南的核心位置，光復後已被拆除。

上｜高雄築港現況圖｜縮尺一萬分之一｜大正9年（1920）｜高雄清代屬於鳳山縣，縣城一直在鳳山和左營輪替。當時高雄的大部分市區不是鹽田就是沙洲、沼澤，並不適合人居。日本時代看中高雄港的潛能，二十世紀之初便大力開發高雄港，連帶的也在原有的沙洲、沼澤地帶營造出一座全新的城市。開發的次序由鼓山、鹽埕、前金、新興一路向東發展，現在已和鳳山連成一片。

當然也有例外的，像是位於臺南市檨仔林的臺南神社、新竹市客雅山的新竹神社就不是位於城市北方的小丘上，當然新竹市、臺南市區的北邊都沒有高地。檨仔林在臺南孔廟旁，是臺南市的核心地帶。

臺南神社之所以建在檨仔林，我認為主要的原因是城市的北邊都沒有高地，但日本官方的說詞是，神社之所以選擇在檨仔林，是因為近衛師團長北白川宮親王進駐臺南時，以檨仔林吳宅為官邸，後來殞命於此，為了紀念他才在原處興建神社。日本人選擇在新竹市南面的客雅山建神社，也是以北白川宮親王的「御跡」為考慮，我認為這也是為新竹市北面也沒有高地而「開脫」的說詞。

此外，各城市的主要官衙，基本上是面向東面或東北面的。當時算是臺灣最大，甚至是亞洲最大的單一建築體，臺灣總督府就是坐西面東。其他如臺中州廳、臺南州廳也是如此。

我認為這兩個共同點並非偶然現象，應該是日本官方有意為之。日本位於臺灣的東北方，所以官幣大社自然也要坐落在東北方的高地向下俯視整個城市，作為統治的象徵。

另外，太陽是日本的國徽，也是日本的象徵，日本自古號稱「日出處之國」，官衙坐西朝東，迎向朝日，就是「心向祖國」的意思。所以東、北兩個方向是日本時代都市計畫當局首先要考慮的，但這和臺灣原本的城市格局產生了嚴重的悖離。

傳統的漢人城市和住家一樣，受風水觀念的影響，「坐北朝南」是城市的主要座向。當時臺灣主要城市都在西部平原地區，除了自然條件的限制外，主要的原因是為了方便與內地的聯繫。所以西部平原上的濱海城市，西城區因為臨近海港或河港，才是城市的商業區與重心所在。日本時代後，城市規劃的主要方向卻是朝東，顯然是假現代化之名，實際上是以意識形態為指導，改變了城市原本的發展方向。

當然各地的狀況都不盡相同，都市計畫涉及的層面太廣，官幣大社、指標性官衙的朝向不可能成為所有城市都市計畫的硬性指標，這也是可以理解的。

除了城市的座向，因意識形態發生一百八十度的轉變之外，臺灣城市的城牆也因「現代化都市計畫」之名，遭到空前的浩劫。

臺灣的城市因受到康、雍、乾三朝的禁令影響，磚石城牆形成的時間較晚。但乾隆末年「禁城令」解除後，所有的縣級以上城市都構築了磚石城牆、城門樓。

日本自古雖受中國文化的影響很深，但古代的日本並不曾出現城牆城市，所以日本人對城牆毫無感情，和清初康、雍、乾三朝一樣，怕臺灣人據城反抗，一開始實施都市計畫，便處心積慮的想解構臺灣城市的城牆。如今臺灣各地的城牆，除了少數因位於軍事駐地上的需求，幸運的被保留下來，絕大多數已毀於都市計畫之中。尤其是古城臺南，真是令人痛心疾首。

光復後，一九七〇年代之前，臺灣各地城市基本上仍沿用日本時代的都市計畫圖，所以民國四十年出版的《臺北市都市計畫圖》並非特例。我在民國四十九年版的苗栗縣志，查閱苗栗各鄉鎮的都市計畫圖，再對比南天書局複刻的日本時代各地都市計畫圖，發覺竟然一成不變……。距離日本繪製那些都市計畫圖，都已經超過二、三十年了，竟然還繼續沿用，那麼到底是日本人有先見之明呢？還是後來的官員因循怠惰、蕭規曹隨？我們是不是該感謝日本人幫我們省下了不少力氣、時間與金錢？還是我們已陷於日本的舊思維而不自知？

左｜臺中市街圖｜縮尺一萬二千分之一｜大正末年｜臺中原本是劉銘傳建省時代所屬意的省會，因為稅源不足，只得改到臺北。進入日本時代，日本人拆除新建的城牆與城門樓，在大墩街上建立一座全新的城市。臺中和高雄完全沒有古老城市的包袱，所以城市格局十分大器。

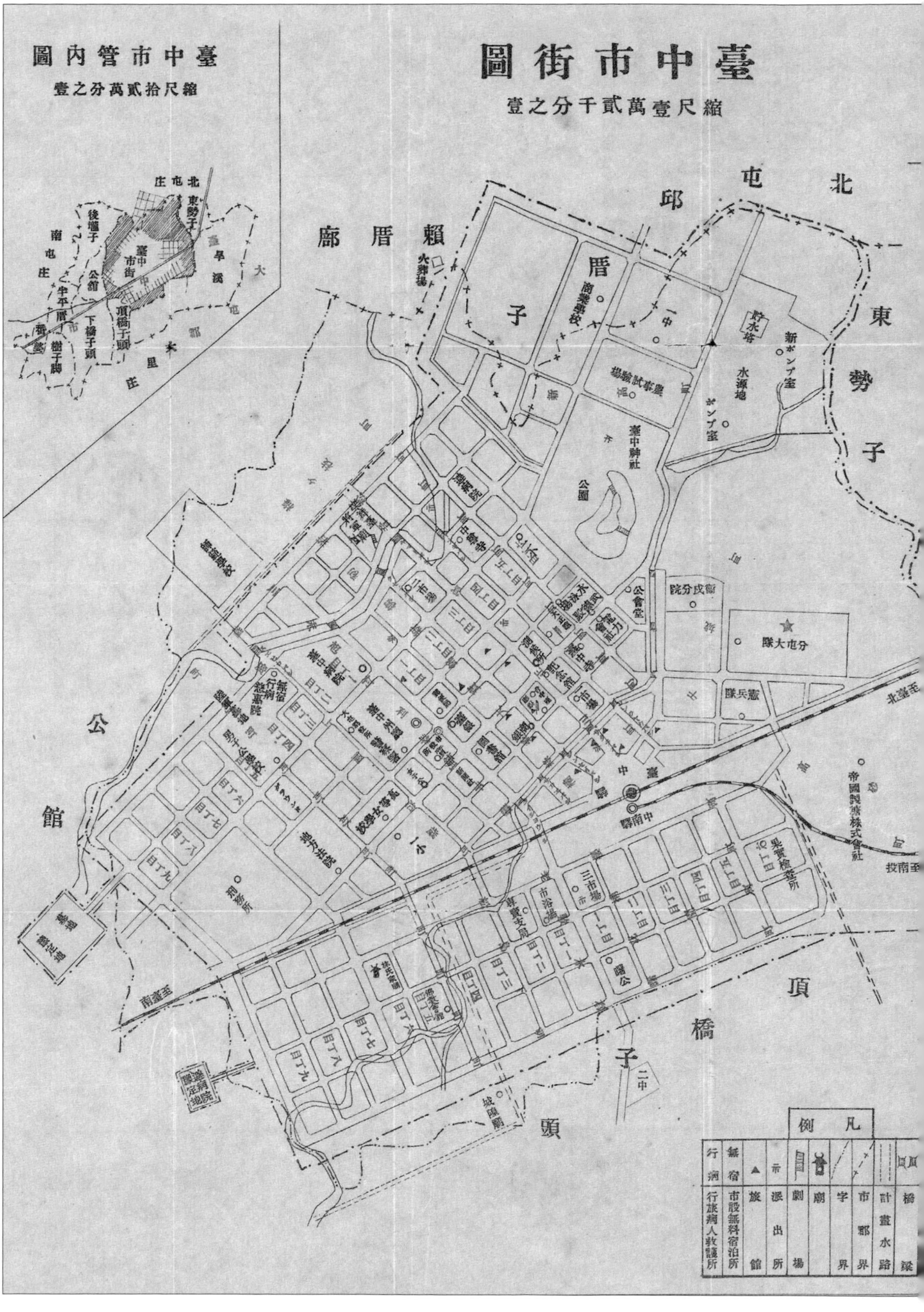
臺中市街圖
縮尺壹萬貳千分之壹
臺中市管內圖
縮尺貳拾萬分之壹
北屯
邱
厝
子
賴厝廍
東勢子
公館
頂橋子頭
臺中驛
中南驛
臺中神社
公園
分屯大隊
衛戍分院
憲兵隊
帝國製糖株式會社
至臺北
至南投
至臺南
凡例
橋梁
計畫水路
市郡界
字界
廟
劇場
派出所
旅館
市設無料宿泊所
行旅病人救護所

都市計畫大事記

明治30年｜1897

4月　成立「臺北都市計畫委員會」為都市計畫審查機關。

明治32年｜1899

4月　臺灣總督府律令第六號公布臺灣下水道規則。

11月　律令三十號公布都市計畫內之使用土地事項。實施臺北、基隆之部分都市計畫。

明治33年｜1900

1月　臺中縣以縣令發布都市計畫，後因財政不足而中止。

嘉義制定最早的都市計畫。

8月　臺灣總督府律令第六號公布《臺灣家屋建築規則》。

明治34年｜1901

8月　發表臺北城內之都市計畫。

明治38年｜1905

發表容納人口15萬人之臺北都市計畫。後因人口擴張太快，此計畫不出數年便面臨變更擴張。

明治39年｜1906

嘉義發生大地震，舊式房屋倒塌大半，當局趁機發布新的都市計畫。

明治41年｜1908

打狗因築港計畫而制定都市計畫

明治43年｜1910

8月　修定《都市計畫委員會規程》，總督府設立「都市計畫委員會」為諮詢機構，以謀求各地市街之改進。

明治44年｜1911

7月　臺灣總督府飭令各地方機關，廳治所在、千戶以上及未實施都市計畫之市街，變更或新定都市計畫，應交總督府審核。

8月　臺北市區因特大颱風之破壞，舊式街屋毀壞大半，當局趁機實行久拖不決的新都市計畫，並藉機擴張其範圍。

打狗開始實施都市計畫工事。

大正元年｜1912

7月 臺南廳發表全市都市計畫。

大正4年｜1915

5月 臺南廳擴張市區變更部分都市計畫。

昭和3年｜1928

臺北全市人口突破20萬，原都市計畫內已達飽和，當局決定擴大市區，制定新的都市計畫。

昭和7年｜1932

3月 延宕多年的「大臺北都市計畫」終於定案，該計畫預計1955年之前容納60萬人。

昭和9年｜1934

4月 臺南、屏東市實施都市計畫調查。

9月 總督府設立「都市計畫法施行準備委員會」，對全臺都市計畫之制度、計畫、設施進行審查。彰化市實施都市計畫調查。

昭和10年｜1935

6月 新竹市實施都市計畫調查。

昭和11年｜1936

8月 總督府訂定臺灣都市計畫關係法條例。發布臺灣都市計畫令。

市街篇

西門町的「後街人生」

一位大學同學民國七十六年解嚴前夕離臺赴歐留學，拿到博士學位後，又轉到北京大學任教，一去二十多年，其間也回過臺灣，但停留短暫，來去匆匆。前幾年，他回臺辦理新的證件、護照，停留的時間較長。一天，閒聊的時侯，他說臺北變了，但說不清哪兒變了。

他家在小南門附近，所以我猜是不是因為中華商場拆了，中華路變寬了？讀書時，我們常在中華商場的「點心世界」、「陸記餡餅」吃飯，他搖搖頭。還是阿扁選上總統，國民黨成了在野黨？他也搖搖頭。後來他看了電影《牯嶺街少年殺人事件》後，他才領悟到是臺北的「上海味」不見了。

上｜萬華的女紅場。萬華區華西街一帶是最早被日本人劃為「遊廓」的地方。
左｜臺北市大日本職業別明細圖｜第一五六號｜臺灣地方（局部）｜昭和3年（1928）王同茂先生提供｜西門町原本屬於奇武卒社的屬地，清代時為墳場。日本時代被殖民政府畫為「遊廓」，供日籍軍政官員，公餘之暇，遊樂消遣，算是總督府等行政機構的「後街」。妓院、居酒屋、料理店、咖啡廳、酒肆、戲院之類的聲色場所，接連開張，從此定下西門町「吃喝玩樂」的地域屬性。

丸斯會社
製腦會社
壽小學校
第三女學校
女學校寄宿舍
芳乃館
加川園
東本願寺台北別院
新高樂 料理
日本亭 料理
三好料理大樂
岩松料理丸新
共樂座
西門市場
西門
公設質屋
南警察署
憲兵隊
憲兵隊官舍
台灣日日新報社
遞信部技術官駐在所
總督府法院
總督府遞信部
臺灣電力株式會社
圖書館
陸軍官舍
榮町
町

《牯嶺街少年殺人事件》男主角的母親是上海人，一天全家共進晚餐的時候，隔壁的小店正播放著二戰前的日本流行歌曲，這位上海母親無奈的說：「抗戰八年，結果現在住的是日本房子，聽的是日本歌。」《牯嶺街少年殺人事件》的時間背景應該是民國四〇年代中後期。

民國五〇年代中期，我家曾借居西門町峨嵋街的小巷弄內，一所親戚的木造日式小閣樓。晚上，巷口會擺上一攤「切仔麵」，九點過後，電影街的人群漸漸散去，小攤播放的日本「演歌」，份外清晰。碰上雨夜，麵攤總會播放〈溫泉鄉的吉他〉、〈後街人生〉等曲子，淒冷的雨夜中，聽來更是如泣如訴……。九點從臺北車站出發的夜班車，行駛到西門町平交道時，車長會拉上一長聲汽笛。每到這個時候，我的心頭總是倍感淒涼，想起遙遠的故鄉澎湖。當時我才七、八歲，並不曉得這叫「鄉愁」。

「切仔麵」小攤旁是「西門旅社」，那是一家純木造的日式旅館，店裡沒有單人房，全是紙拉門隔開的「大通鋪」。再往前，峨嵋街靠中華路的路口是一家上海澡堂「一樂

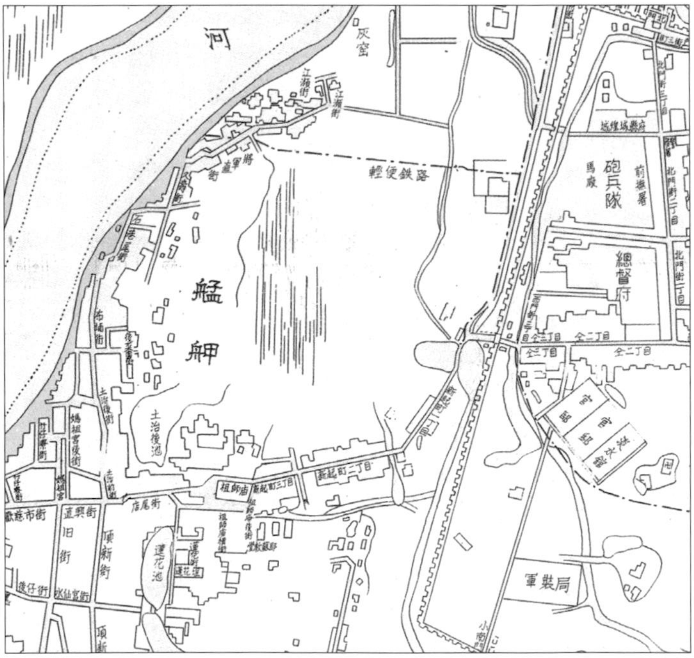

上／左｜日治初期臺北市街圖｜五千分之一｜明治30年（1897）｜明治30年的臺北還未進行都市計畫改造，整個城市還維持清末的格局。不但城市的格局未變，連殖民政府的辦公場所、軍政機關仍沿用清代的官署。此時的西門町仍是沼澤一片，只有西門外有一條連接艋舺的街道新起街，也就是現今的漢中街。漢中街算是西門町的起點。

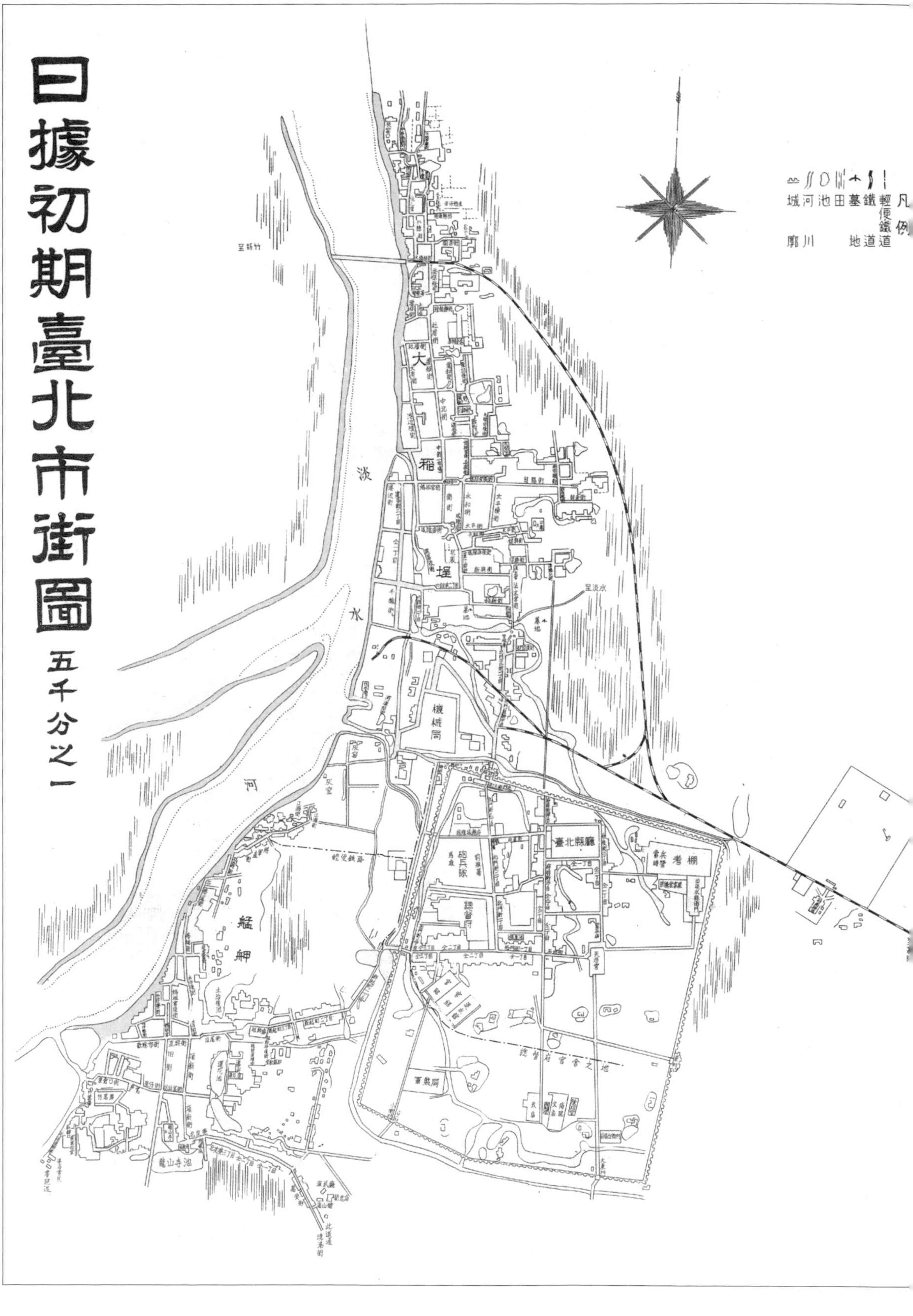
日據初期臺北市街圖
五千分之一
凡例
輕便鐵道
鐵道
墓地
田
池
河川
城廓
大稻埕
淡水河
機械局
艋舺
臺北縣廳
砲兵隊
總督府
龍山寺池

池」。我們居住的小閣樓沒有浴室，每隔一段時間，父親會帶我到「一樂池」好好的梳洗一回，有時也會到武昌街、中華路口的另一家上海澡堂。

澡堂的水池邊，有上海師傅為洗澡客人搓背、修雞眼。水池外還有一個大房間擺滿了帶蚊帳的單人床，客人洗完澡可以好好的睡上一覺。前幾年我在上海類似的澡堂，也過了一夜。

當時我對西門町的印象就是日本電影、日本演歌、蒸汽火車的汽笛、上海澡堂，還有在澡堂洗澡、酣睡的單身外省男子。

前幾年我一本紀念特刊上，看到一幅名為《臺北市—大日本職業別明細圖》的市街圖，圖上詳實的標示出昭和初年臺北市街的每一家商店名稱。日本時代，日本人在臺灣、東北、華北各地日本商家較集中的地方，常繪製出版一種叫《大日本職業別明細圖》的市街圖。這種地圖主要的內容就是介紹日本人開設的商店。地圖周邊和背面，通常是商店的照片或是廣告。可以想見，這類的地圖應該是為了促銷日本商品而印製的。

我希望藉著這幅《臺北市—大日本職業

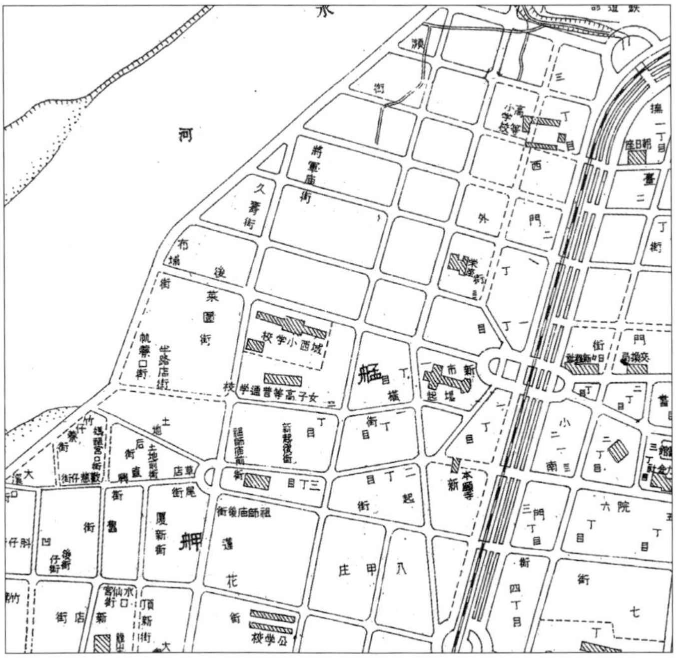

上｜臺北市地圖｜一萬分之一｜大正9年（1920）｜1920年代的西門町出現重大改變，呈現今日街道的布局。幾座標誌性的建築、機構開始出現，如西門市場（紅樓）、本願寺（西本願寺民國65年毀於大火，後復原為臺北市文獻會園區）、高等小學校（福星國小）、城西小學校（西門國小）、榮座（萬國戲院的前身）。從兩座專收日本人小學的開辦看來，相對於艋舺，那時西門町是一個純日本人社區。不過那時還沒改町名，西門町還叫「西門街」。

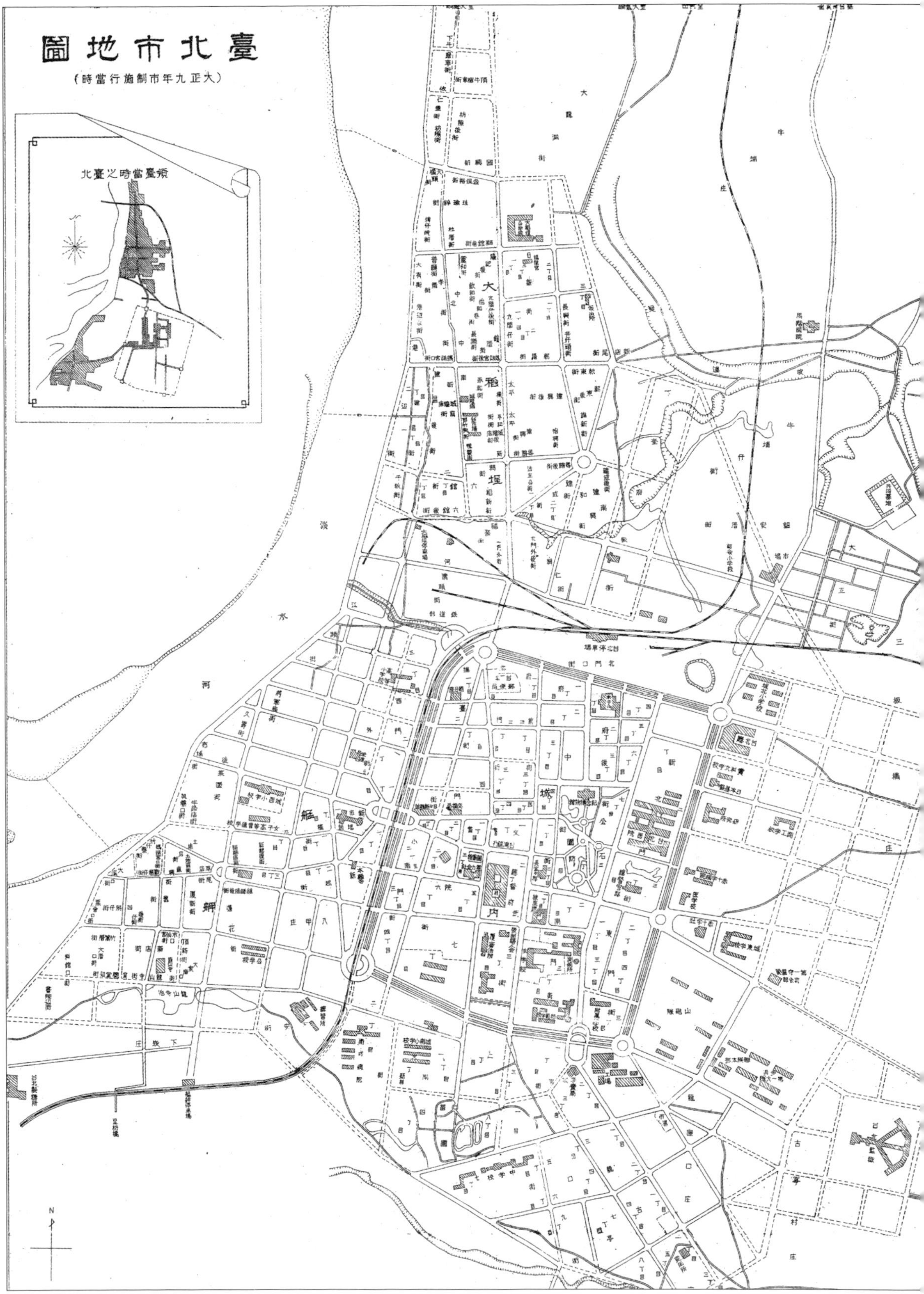
臺北市地圖
(大正九年市制施行當時)
領臺當時之臺北

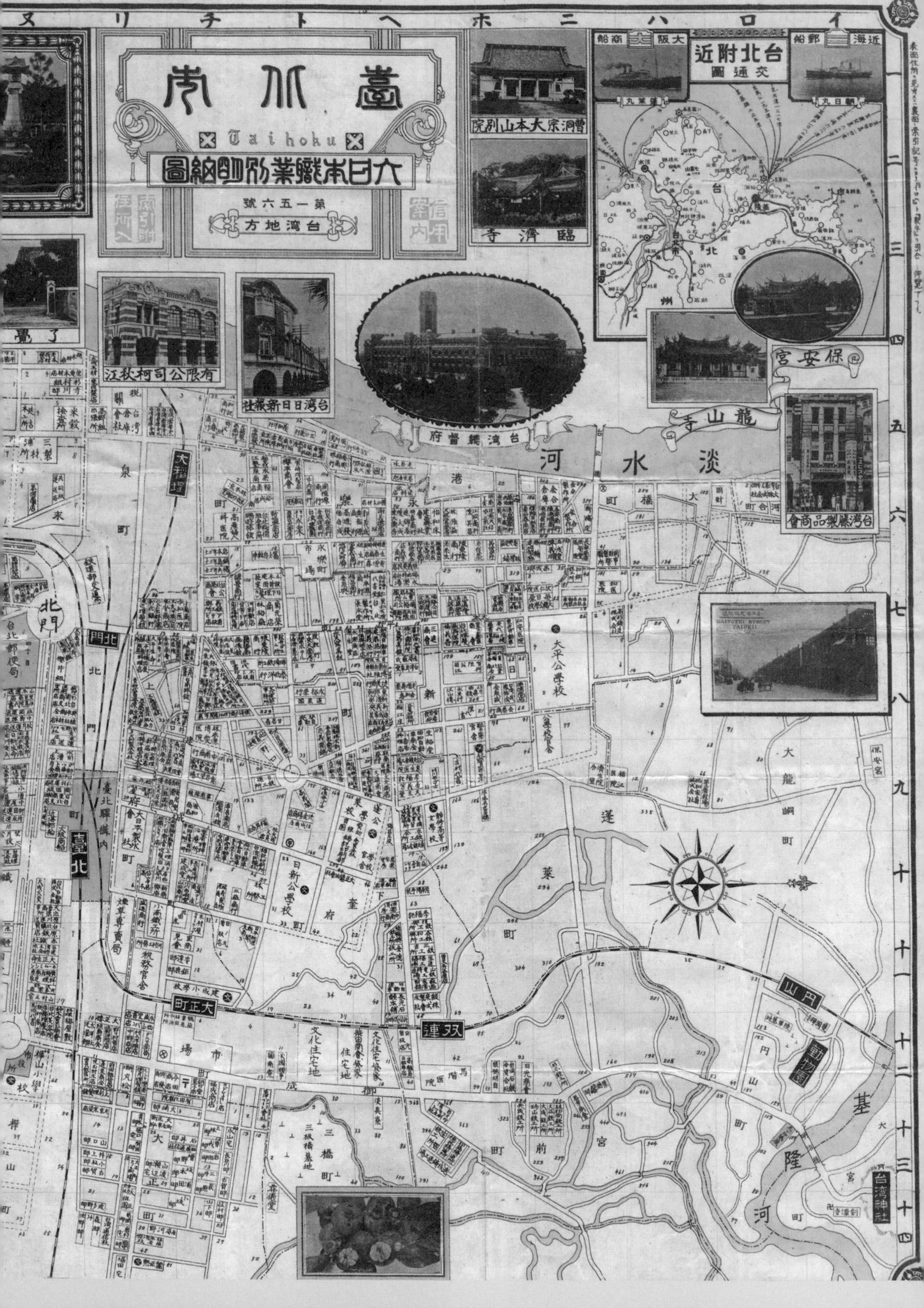

臺北市
Taihoku
大日本職業別明細圖
第一五六號
台湾地方
索引附
信用案内
曹洞宗大本山別院
臨済寺
大阪商船
近海郵船
台北附近交通圖
保安宮
龍山寺
台湾總督府
台湾日日新報社
有限公司柯秋江
了覺
淡水河
台湾藤製品商會
大平公學校
日新公學校
建成小學校
蓬萊町
大龍峒町
円山町
宮前町
御成町
大正町
双連
円山
大正町
北門
北門町
臺北
臺北驛構内
台北郵便局
大稻埕
泉町
永樂町市場
港町
樺山小學校
樺山町
市場
三橋町
三板橋墓地
文化住宅地
馬偕醫院
基隆河
台湾神社
劍潭寺
動物園
煙草專賣局
イ
ロ
ハ
ニ
ホ
ヘ
ト
チ
リ
ヌ
一
二
三
四
五
六
七
八
九
十
十一
十二
十三
十四

昭和三年十二月十一日印刷

東京澁谷町中通二丁目三拾番地

東京大久保町西大久保五番地

東京澁谷町中通二丁目三拾番地

別明細圖》，了解西門町峨嵋街日本時代的原貌，結果發現，原以為「和風」十足的民國五〇年代，和日本時代相較，改變還是巨大的，幾乎可說是面目全非。

臺北城興建的時間相當晚，到了日本時代初期，城內除了少數官署、宮廟、學校之外，商店住家很少，據說劉銘傳曾派人到江浙一帶去招商，但成效似乎不彰。進入日本時代之後，空曠的城區反而為日本商人提供了發展的空間。

當時臺北城內原本屬於清政府的官衙被日本總督府以下的軍、政單位接收，隨著醫院、學校、銀行、交通等等機關陸續增加，常住臺北的日本官員、軍隊、各級公務員、教師、技術人員及其眷屬，已經發展成為一個龐大的消費群體，而當時臺灣傳統的商家根本無法滿足他們的需求，於是原本空曠的城區大舉湧入日本商店。

隨著日本住宅區的擴增，日本商店也跟著向西門町、新起町、大正町、古亭、龍口市場、螢橋一帶擴展，甚至漢人為主的區域如萬華、大稻埕也有日本商店的蹤影，因為不但日本人需要現代化的商品，臺灣人也被這些精緻的日本商品吸引。

到了日本時代的末期，臺北城內、西門町、大正町、植物園一帶，基本上已完全是一幅濃郁的日本風情，毫無傳統的中國色彩。所以，早年的臺北，「和風」分明是主流，為什麼這位同學會有全然不同的感受呢？

同學的父親是臺北「上海幫」大老徐有庠的「小阿弟」，跟著這些上海幫大老在臺北百貨業打滾了三、四十年，所以他們家的生活是很「上海」的。他父親常在以上海小吃聞名的「鼎泰豐」請我們吃飯，當時永康街的「鼎泰豐」還沒有圍了一大圈日本人，並不需要拿牌子等叫號。那時「鼎泰豐」營業

前頁｜臺北市大日本職業別明細圖｜第一五六號｜臺灣地方｜昭和3年（1928）｜王同茂先生提供｜日本時代，日本人在臺灣、東北、華北各地日本商家較集中的地方，常繪製出版一種叫《大日本職業別明細圖》的市街圖。這種地圖主要的內容就是介紹日本人開設的商店。地圖周邊和背面，通常是商店的照片或是廣告。可以想見，這類的地圖應該是為了促銷日本商品而印製的。不過這張廣告性質的地圖，如今卻為我們留下一個純日本人生活、商業的歷史紀錄。

時間只到晚上七點半，而且點心、小菜都是小碗小碟的，實在不過癮。有時心血來潮，他父親也會請我們同學到永康街巷子內的「秀蘭」來上一頓。

「秀蘭」的精緻度與消費水平，遠非「鼎泰豐」所能比擬。據說「秀蘭」的主廚是上海人家的廚師，專門為「牌友」弄吃的，後來在臺北的上海人圈子闖出了名號，才出來開「秀蘭」的。「秀蘭」已歇業多年，令人惋惜。當時臺北的上海人是有他們自己的生活圈。

民國三十四年日本戰敗，日本人被遣返回日本，民國三十九年國民政府遷臺，中國大陸兩百萬難民擁入臺灣。大正町、植物園、大安區一帶的日本宿舍住進了外省籍的公務員。直到十幾年前，牯嶺街還有不少座擁有大庭院的日本宿舍，現在大多改建成豪宅大樓了，倒是經濟部前福州街的日本宿舍保持得還算完整。

電影《牯嶺街少年殺人事件》中上海母親無奈的說：「抗戰八年，結果現在住的是日本房子，聽的是日本歌」，應該是這些住在日本宿舍的外省籍公務員的心境寫照。雖然對大時代的惡作劇感到無奈，但他們還是一點一滴的將這座城市的「和風」，轉換成他們熟悉的「上海味」。

回想解嚴前的重要政治談話、立法院施政報告，幾乎都是用寧波話發布的，上海人的方言其實就是寧波話，老蔣、小蔣、嚴家淦、俞國華無一例外，都是一口濃淡有別的寧波腔國語……。有人甚至還「考證」，早期臺籍政界的大老，如李登輝、林洋港、邱創煥等人，講的不是「臺灣國語」，而是「浙江國語」，因為他們的國語是跟他們的老上司浙江人學的。

早年臺北的「上海幫」占據財經、政界、

百貨、紡織、糧油業界的鰲頭，城中區許多商業都因他們而存在的。百貨公司就不提了，其他像是寶慶路、衡陽路的綢緞莊、西藥房、白玫瑰理髮廳、明星咖啡、專賣江浙食材的南門市場，而紅樓戲院在放映「小電影」之前，還演過一段時間的紹興戲，都是「上海幫」購物消費的所在。可惜沒有人將上海人在臺開設的商店標示在地圖上，像日本時代繪製的《臺北市—大日本職業別明細圖》一樣記錄下來。

歷史的荒謬劇卻從來不曾落幕，現在這座城市的「上海味」已在不知不覺中流失殆盡，新的日本元素，正悄然妝點城市的新貌。

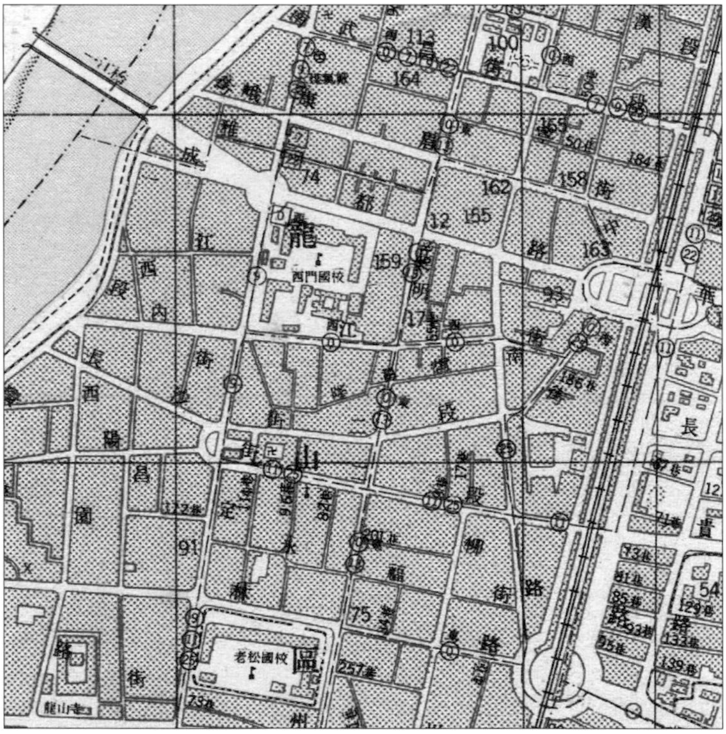

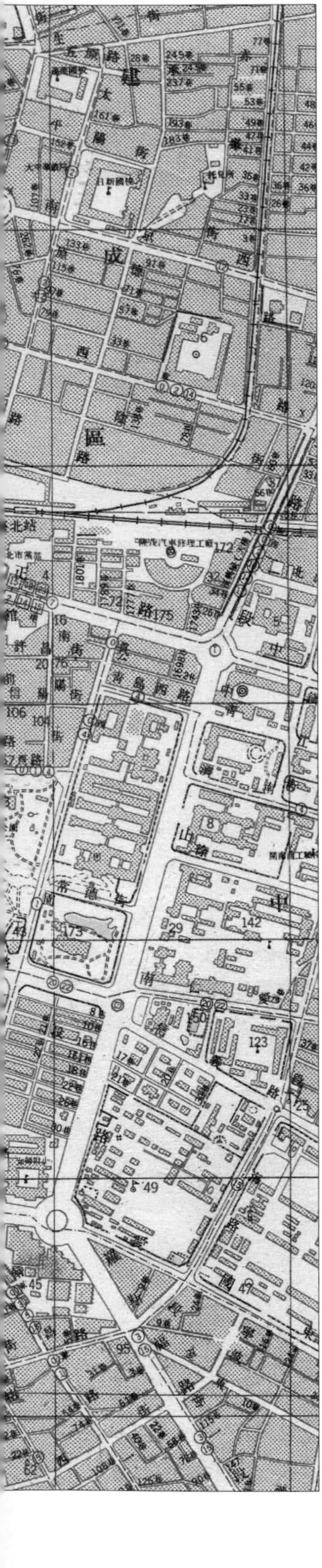

上｜臺北市街道圖（中華民國46年國慶暨國軍裝備展覽紀念）｜一萬五千分之一｜民國46年（1957）｜光復後，日本人撤出臺灣。西門町的真空狀態立即被上海人填補，早年成都路可說是火腿一條街。可惜沒有人將上海人在臺開設的商店標示在地圖上，像日本時代繪製的《臺北市—大日本職業別明細圖》一樣記錄下來。

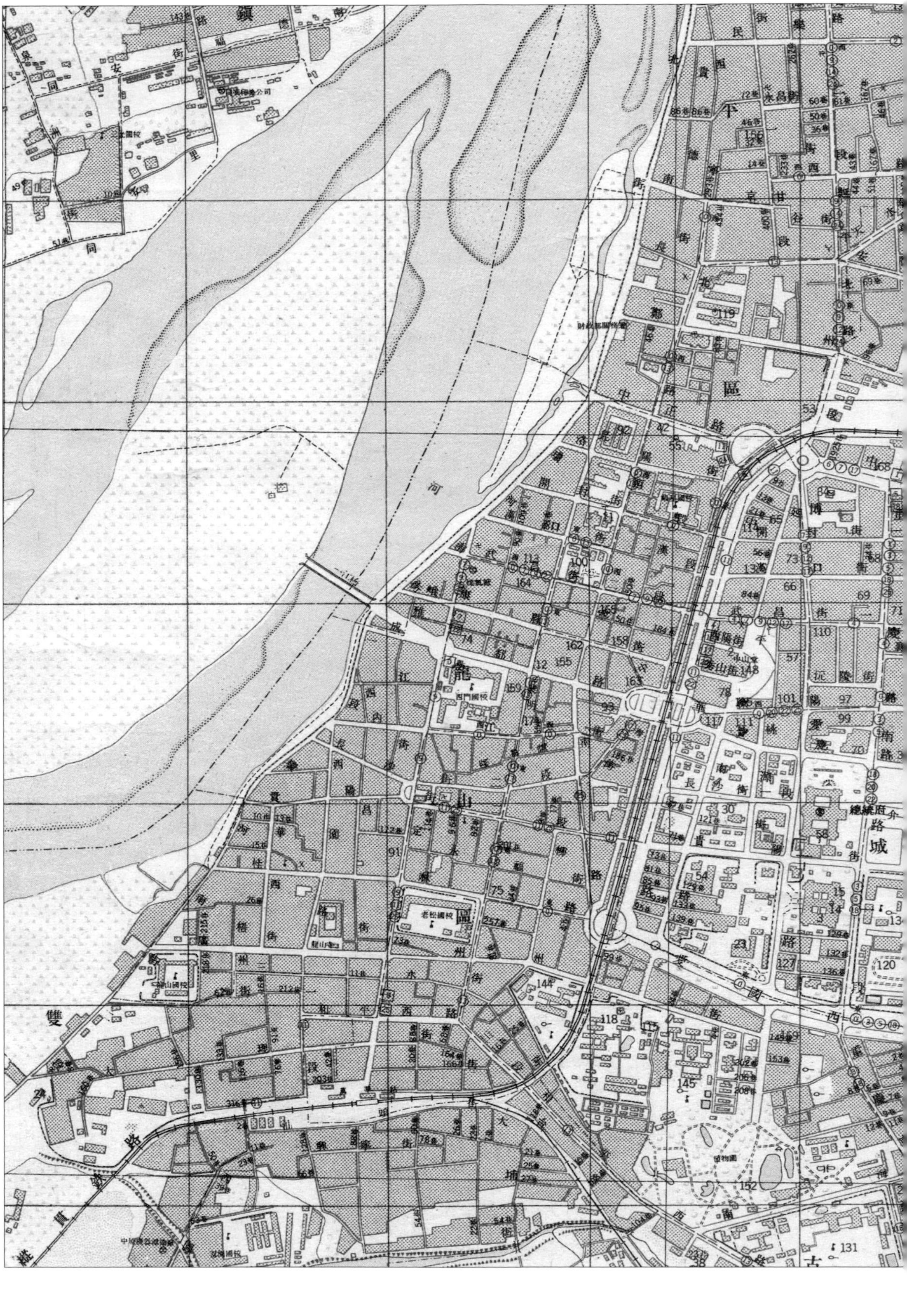
總統府
西門國校
老松國校
植物園

海運篇

日本海運雙霸競爭下的臺日命令航路

相對於民國三十八年沉沒的「太平輪」，昭和十八年（一九四三）三月十九日在彭佳嶼附近被美國海軍潛水艇擊沉的「高千穗丸」知名度並不高。如果以罹難人數而言，「高千穗丸」可以和舉世知名的鐵達尼號相提並論，為世界十大船難之一，而絕大數的臺灣人卻對此茫然無知……。這是為什麼？因為這是一艘日本船？還是因為日本是戰敗國？八百多名罹難的亡靈中，有多少是臺灣人？又有多少是日本人？現在已完全沒有資料可以查詢。

高千穗丸為大阪商船株式會社所屬之客貨兩用船，定期往來九州門司港與基隆港，輕排水量八、一〇〇噸，昭和九年（一九三四）二月十日首航。「高千穗丸」是一艘商用客船，當時並未被軍方徵用，美國海軍潛水艇為什麼要將它擊沉？

擊沉「高千穗丸」的是美國海軍潛水艇USS SS-234 Kingfish，我在美國的網站查詢這艘潛艇的作戰紀錄，幾乎無一例外都寫道：「一九四三年三月十七日（美東時間）在福爾摩沙北部海面，擊沉一艘日本運兵船。」所有的美國紀錄都沒有提到罹難人數。根據SS-234 Kingfish的航行紀錄判斷，當時它應該是埋伏在臺日航線的航道上，伺機伏擊日方船隻。SS-234 Kingfish為什麼會誤認「高千穗丸」為日本軍方的運兵船？

根據海難倖存者郭維租醫師的回憶，昭和十八年（一九四三）三月十七日「高千穗丸」

右下｜大阪商船株式會社基隆港支店（左棟，圓頂）與近海郵船支店（右棟，尖頂）比鄰。近海郵船支店現為陽明海運公司海洋文化館。大阪商船基隆港支店二戰末被炸毀。

左｜臺灣全圖｜縮尺百萬分之一｜大正10年（1921）｜依臺灣總督府的規劃，臺灣的港口分為條約港、特別輸出入港、主要地方港三級。條約港有基隆、淡水、安平、高雄，特別輸出入港有後龍、鹿港、東石、馬公，主要地方港有舊港、梧棲、布袋、北門、海口灣（屏東車城）、大板埒灣（恆春南灣）、蘇澳、花蓮、新港、臺東。

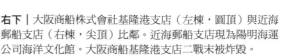

大正十年一月調製

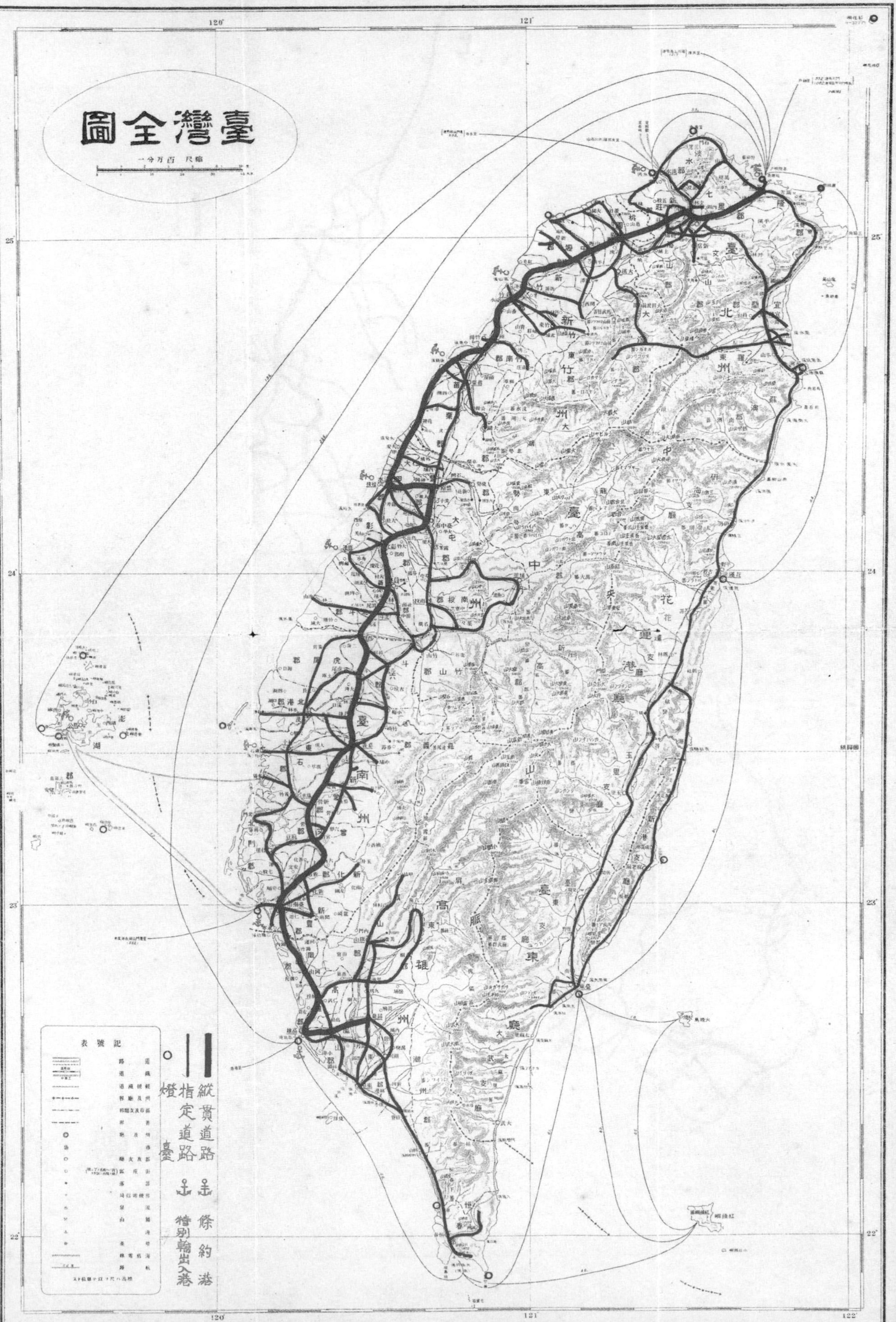

臺灣總督府

右上｜香取丸｜日本郵船會社為開闢北美航線，1911年向三菱造船廠訂造，輕排水量10,500噸。1923年轉手子公司近海郵船株式會社，改航神戶—基隆定期航線。1941年被日本陸軍徵用，不久於婆羅洲海面被荷蘭潛水艇擊沉。

右下｜富士丸｜1937年三菱造船廠建造，近海郵船株式會社專門為臺日航線訂製，是日治時代航行於神戶—基隆定期航線中，設備最豪華的客貨兩用船，最大時速20海浬。1943年由基隆航向門司的途中，在奄美大島附近海面被美國潛水艇擊沉。

左上｜大和丸｜原名Giuseppe Verdi，即以義大利音樂家威爾第命名，排水量9,656噸，1915年義大利建造。1928年轉手日本郵船會社，改名大和丸，航行門司—基隆定期航線。1943年在航向基隆途中，於舟山群島附近海面被美國潛水艇擊沉。

近海郵船株式會社
神戶基隆線
大和丸
總噸數壹萬噸

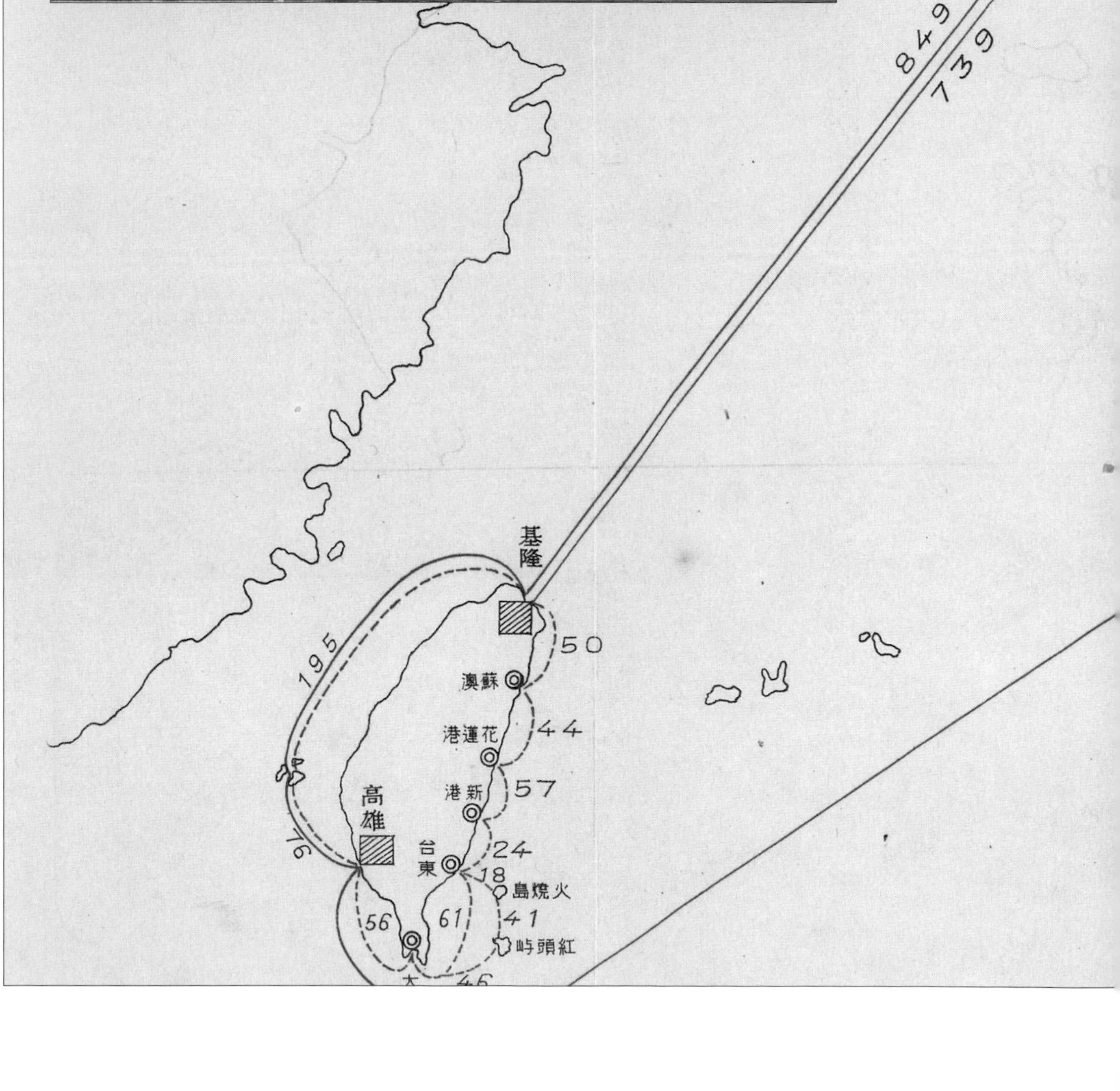
849
739
基隆
195
50
蘇澳
44
花蓮港
57
新港
高雄
台東
24
18
火燒島
41
61
56
紅頭嶼
46

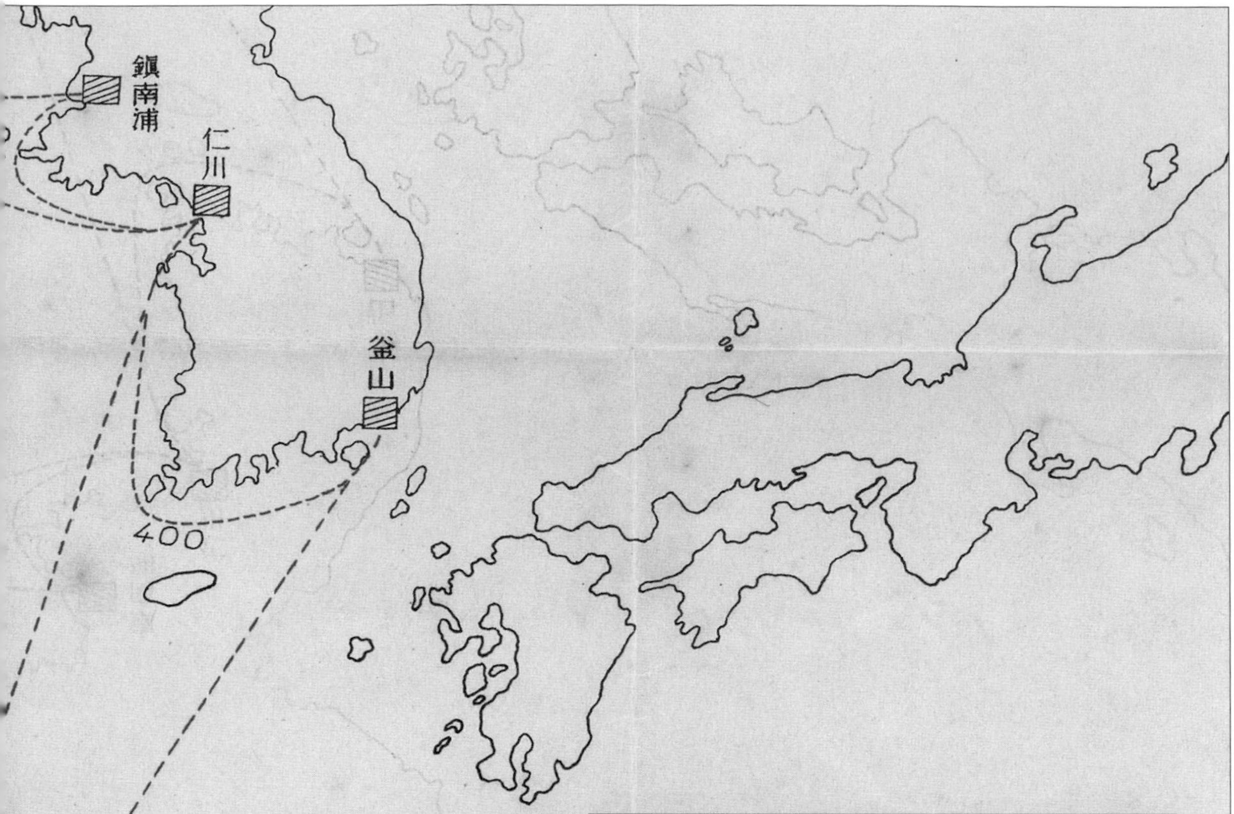

右｜高砂丸｜客貨兩用船，輕排水量9,315噸，最高時速20海浬。1936年大阪商船株式會社為臺日航線，向三菱長崎造船所訂造。1937年起航行神戶—基隆航線。1941年為日本海軍徵用為醫院船。戰後擔任遣返日本僑民的任務，1953年遣返工作結束，1956年於大阪解體。高砂丸幾乎是日治時代臺日航線中，唯一逃過美軍潛艇魚雷的大型輪船。

左上｜高千穗丸｜大阪商船株式會社特別為臺日航線，向三菱長崎造船所訂造之大型豪華客輪，輕排水量8,100噸，最高時速19浬。1934年起航行門司—基隆航線。1943年3月由門司航向基隆時，於彭佳嶼海面被美國潛水艇擊沉，因事發突然，且船上僅有救生艇兩艘，乘客與船員1,089人中，僅248人生還，大部分乘客為臺籍留日學生。

左下｜蓬萊丸｜客貨兩用船，蘇格蘭William Denny & Bros.,Dumbarton造船廠建造，1912年下水，輕排水量9,190噸，滿載排水量15,000噸，最高時速17海浬。1923年由澳洲聯合汽船公司轉售大阪商船株式會社，隔年行駛門司—基隆定期航線。1930年改航神戶—基隆定期航線。太平洋戰爭爆發後，被日本軍方徵用，1942年在印尼巽他海峽被美軍潛水艇擊沉。

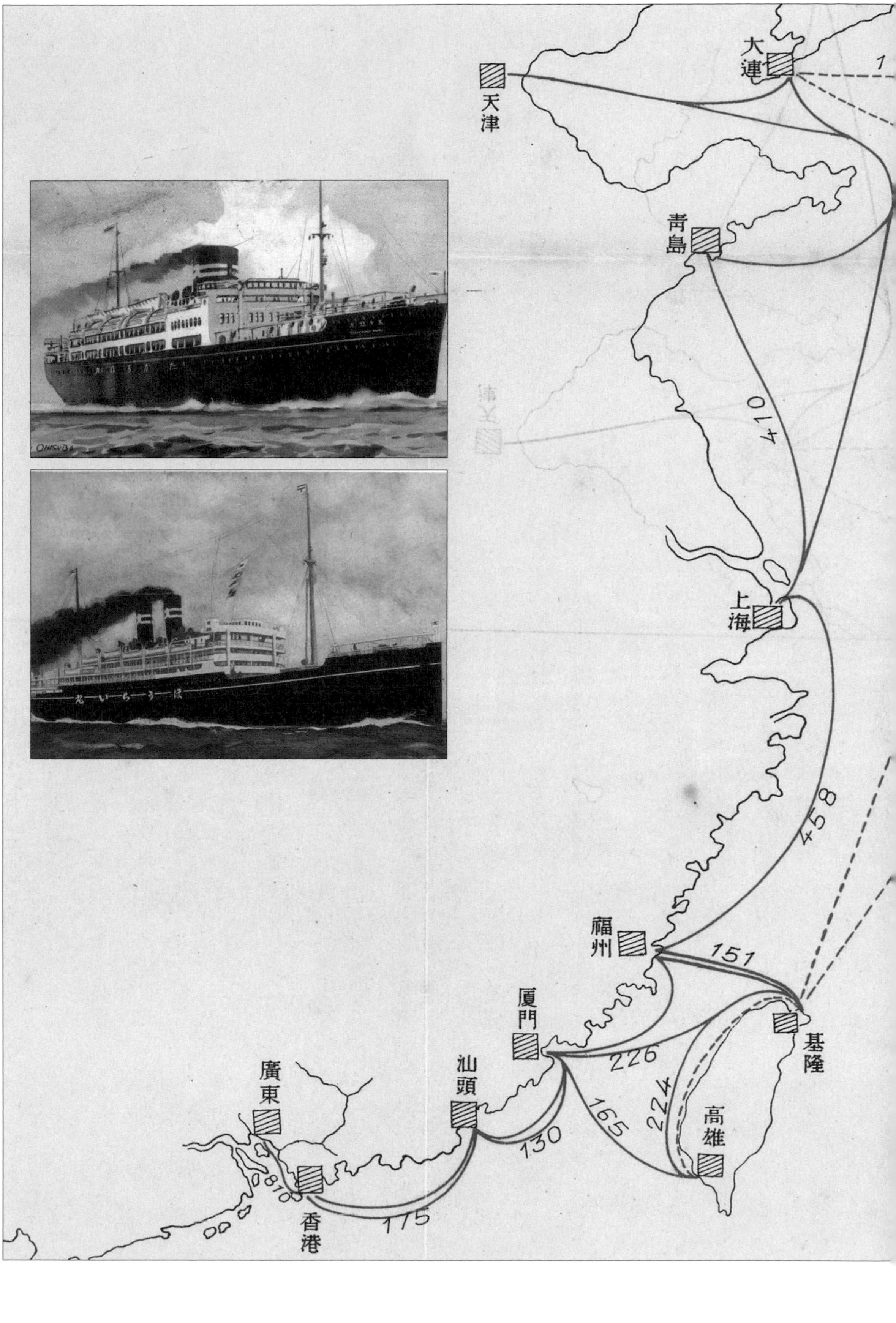
大連
天津
青島
410
上海
458
福州
151
廈門
226
基隆
汕頭
165
224
高雄
廣東
130
香港
175

從九州門司港出發駛向基隆港，乘客一、〇八九名，其中有不少是臺籍留日學生。十九日早晨八時許「高千穗丸」航行到彭佳嶼海域，基隆在望，乘客互道早安之餘，還相互稱慶，認為已經擺脫美軍潛艇的威脅。早餐後部分乘客在甲板上，接受船員的指導進行救生演習，有人還說基隆都快到了，還演習什麼呢？

突然有人看到疑似潛望鏡的浪跡，正要示警，第一發魚雷已經擊中尾舵，第二發正中船舷的正中央，前後不超過十分鐘，「高千穗丸」由傾斜而沉沒。因為部分乘客在甲板上正進行救生演習，都穿上了救生衣，得以求生。郭維租等人第二天在基隆外海彭佳嶼附近被琉球籍漁船救起，事後統計二四八人生還，八百餘人罹難。

一九三〇年代，臺日航線的營運進入高峰期，日本大型的郵船會社紛紛投入萬噸級客貨兩用船加入臺日航線，如「日本郵船」的大和丸、富士丸、香取丸，「大阪商船」的高砂丸、蓬萊丸、高千穗丸加入營運。太平洋戰爭爆發後，這些萬噸級客貨兩用船陸續被日本軍方徵用，除了高砂丸因為擔任醫療船而逃過一劫外，其他全被美國海軍潛水艇擊沉。

高千穗丸當時的確沒有運兵，為什麼SS-234 Kingfish還要將它擊沉？或許在SS-234 Kingfish的艇長看來，這有什麼差別呢？反正這些大船遲早都會被日本軍方用來運兵。可悲的是，事實也是如此。大和丸一九四三年在東海海面被美國潛水艇擊沉；富士丸一九四三年在日本九州南方的海面被美國潛水艇擊沉；香取丸在婆羅洲被潛水艇擊沉；高砂丸一九四一年被聯合艦隊徵用，改裝成醫療船，一九四五年戰後被解體……

這些大船的沉沒，為日本時代臺灣總督府耗費數千萬日元扶持的臺日航線，落下令人哀傷的一幕。臺日航線被臺灣總督府視為生命線，從領臺的第一天起便大力的扶持，付給日本兩大商船會社的補助金，可能超過興建臺鐵縱貫線的全部費用。

一八九五年清廷將臺灣割讓給日本。臺灣位於日本本土之外，當時航空器仍在萌芽階段，兩地之間的聯繫只能依靠船舶。所以，對於實際執行統治臺灣任務的臺灣總督府而言，最迫切的工作是建立一套船運制度，聯繫臺灣和日本本土，執行軍事運補、郵件遞送、官員差旅等交通輸送工作，以保障對臺灣有效的統治。

為此，日本統治臺灣五十一年的期間，臺灣總督府制定了一套特殊的航運制度，內容主要分兩個方面：一是制定「命令航路」，另一項是對核准航行「命令航路」的商船會社，以總督府的預算提供資金，補助其營運上之不足。

所謂「命令航路」是指臺灣總督府根據政策之需要，規劃出輪船的定期航線。參與營運的海運會社，必須依循總督府規定的每月航行次數，以及船隻最小的噸位。經過總督府的認定，海運會社可以獲得一定數額的補助金。

命令航路的制定是從統治的實際需求出發，如初期主要是滿足於臺日之間與本島各港口與離島之間的郵政業務、客貨運輸、軍事調度。等到島內反日的武裝勢力被鎮壓、治安狀況好轉之後，命令航路開始延伸到華南，以主導兩岸傳統的航線。

此時總督府制定的「命令航路」，一面圍剿壟斷兩岸航路數十年的英商道格拉斯汽船公司，另一方面則是排除臺灣經濟對大陸的依賴，將臺灣納入日本的經濟體制當中。

最後，隨著日本侵略的步伐，「命令航路」由臺灣向華南、華北、東北及南洋擴展。臺灣總督府積極規劃，將臺灣打造成為日本侵略南洋的前進基地。

接著來談和命令航路搭配的補助金制度。殖民政府之所以對海運會社提供補助，起初是因為當時日本海運會社的規模都很小，營運的業務規模也很小，航行「命令航線」並不符合經濟效益。臺灣總督府為了鼓勵日本的海運會社參與經營命令航路，提出了獎勵措施。但是到了一九三〇年代，日本的海運會社已茁壯發展成為大型公司，而此時補助金仍占海運會社營運臺日命令航路利潤的七、八成以上，可見命令航路的補助金在後期不但具有補助性質，還有假獎勵航運之名，圖利特定日本海運會社之實。

臺灣總督府的命令航路補助金占其年度支出的比例相當高，頭幾年接近百分之五。直到一九三〇年代初期，臺日海運營運額已高達千萬日圓以上時，航運補助金仍占臺灣總督府年度支出的百分之一．五左右，直到中日戰爭爆發才逐漸減少。

補助金對營運命令航路的海運會社影響更大。營運初期，補助金占其營運收入的一半以上。到了營運高峰的一九三〇年代，補助金仍占一成到一成五。如果沒有補助金的收入，營運這些命令航線的成本將大幅提高。從另一個角度來看，日本海運會社的利潤是總督府以臺灣每年百萬以上的稅收澆注而來的。

接受臺灣總督府命令航路補助金的，主要是日本郵船株式會社和大阪商船株式會社，競爭最激烈的也是這兩家公司。命令航路中除臺

上｜日本時代高雄港香蕉碼頭的大型起重機是現代化建設的象徵。

日航線由兩家對分外，其餘的大部分為大阪商船所獨占。

日治初期，大阪商船會社擁有五十餘艘商船，但總噸位才一萬噸，平均每艘船僅兩百噸左右，其規模可想而知。按說日本郵船會社的母公司三菱會社與日本政府的關係更密切，應該比大阪商船更容易取得命令航路的航行權，但事實並非如此。日治時代，大阪商船一直是營運臺灣相關航線最主要的海運會社。甚至可以說，大阪商船會社是靠臺灣的命令航路而發家致富的。這和臺灣總督府的意圖有很大的關係。

兩家同時營運同一條航線，無可避免的產生競爭。競爭的好處是，雙方不斷引進噸位更大、設備更好的郵輪，以爭取客群。基隆—神戶航線在兩家海運商社的競爭之下，由一、兩千噸的客貨兩用小型輪船，發展到三、四千噸，五、六千噸，到了最高峰的一九三〇年代，日本郵船與大阪商船都競相以接近萬噸級的客貨兩用船行駛這條航線。例如日本郵船的大和丸、富士丸、香取丸，大阪商船的高砂丸、蓬萊丸、高千穗丸，滿載排水量都是超過萬噸的豪華郵輪。

有意思的是，這些萬噸級的客貨兩用船一律行駛於基隆與神戶之間，基隆是臺北的外港，而神戶是大阪的外港。不知基於什麼理由，命令航路並沒有規劃基隆與東京的外港橫濱之間的命令航路，雖然高雄—橫濱的命令航路，中途會停靠基隆，但行駛這條航線的都是三、四千噸級的貨船，客運量比基隆—神戶線少很多，這會不會也是臺灣總督府刻意表現的獨立性？

太平洋戰爭爆發後，行駛於基隆與神戶間，豪華舒適的萬噸客貨兩用船全數被軍方徵用，最後都在戰爭中消耗殆盡，為臺灣海運史上留下令人傷感的一頁。

海運大事記

明治29年｜1896

4月　大阪商船株式會社開啟每月兩次往返基隆神戶定期航班。伊萬里海運會社於基隆打狗每月往返三次。主要用於軍事運輸、郵政業務。

明治30年｜1897

3月　大阪商船株式會社開啟長崎經門司、宇品至基隆，日本郵船開啟神戶經門司至基隆之定期航班。兩者皆為總督府補助之「命令航路」。
臺灣本島之「命令航路」為（1）每月往返四次之沿岸東西迴線。（2）每月往返二次之基隆打狗線。（3）每月往返四次之基隆塗葛窟（臺中）線。

明治32年｜1899

4月　總督府補助大阪商船株式會社開啟淡水香港航線，每月四次，以打擊英商道格拉斯汽船公司。

明治33年｜1900

4月　總督府補助大阪商船株式會社開啟安平香港航線每月四次。之後又陸續開啟興化、廈門、香港之間的華南航線，目的都是為了打擊英商道格拉斯汽船公司。

明治37年｜1904

臺灣本島之「命令航路」基隆打狗線、基隆塗葛窟線，因鐵路延長，貨物減少，虧損擴大而停航。

明治38年｜1905

華南航線擴展至上海，另外新設淡水至福州、廈門航線。

明治39年｜1906

總督府每年對「命令航路」之補助年金超過100萬元。

明治41年｜1908

臺日航線神戶經門司至基隆之定期航班每月增加至七班，打狗至橫濱每月六班。

明治42年｜1909

日本郵船以6,000噸級之笠戶丸行駛臺日航線。

大正5年｜1916

大阪商船株式會社開啟南洋航線，年補助金12萬元。

大正11年｜1922

臺日航線六艘6,000噸級客貨兩用船，每月航行十二次往返。

大正13年｜1924

萬噸級客貨兩用船「蓬萊丸」、「扶桑丸」加入臺日航線營運。

大正14年｜1925

萬噸級客貨兩用船「吉野丸」加入臺日航線營運。

昭和元年｜1926

新設高雄橫濱直航線及高雄天津、高雄大連航線。

昭和10年｜1935

總督府每年對「命令航路」之補助年金133萬元。至本年為止與臺灣相關航線共33條，船舶103艘，其中自由航線17條，「命令航路」16線，總督府支付的補助金到本年為止，已超過4,000元。

昭和11年｜1936

總督府每年對「命令航路」之補助年金144萬元。

右｜日本時代停靠淡水的船舶以往來於兩岸的中式帆船居多。
左｜十九世紀末，出入打狗港的西方商船多為帆船。

築港篇

從紅樹林遍生的潟湖到南進基地的大本營

民國六〇年代初期，我和家人連同全部的家當全上了臺澎輪，全家從澎湖搬到高雄定居。經過五、六個小時的海上航行，日暮時分，臺澎輪緩緩的駛入高雄港。眼前的景象，令我感到極度的失望，港內雜亂無章的停泊了幾艘破舊的商船，船身油漆剝落，銹跡斑斑。

當時我原以為高雄港會像香港維多利亞港一樣，港口兩岸都是摩天大樓，樓上掛滿了世界名牌電器、相機的大型廣告看板、霓虹燈。結果眼前的高雄港既沒有高樓，也沒有世界名牌電器、相機的大型廣告看板，只有旗後渡船頭附近豎立了一面「中將湯」的巨型廣告看板。

上｜還未進行現代化建設前的打狗港。

左｜臺灣港灣分布圖｜昭和9年（1934）｜依臺灣總督府的規劃，臺灣的港口分條約港、特別輸出入港、主要地方港三級。條約港有基隆、淡水、安平、高雄，特別輸出入港有後龍、鹿港、東石、馬公，主要地方港有舊港、梧棲、布袋、北門、海口灣（屏東車城）、大板埒灣（恆春南灣）、蘇澳、花蓮、新港、臺東。

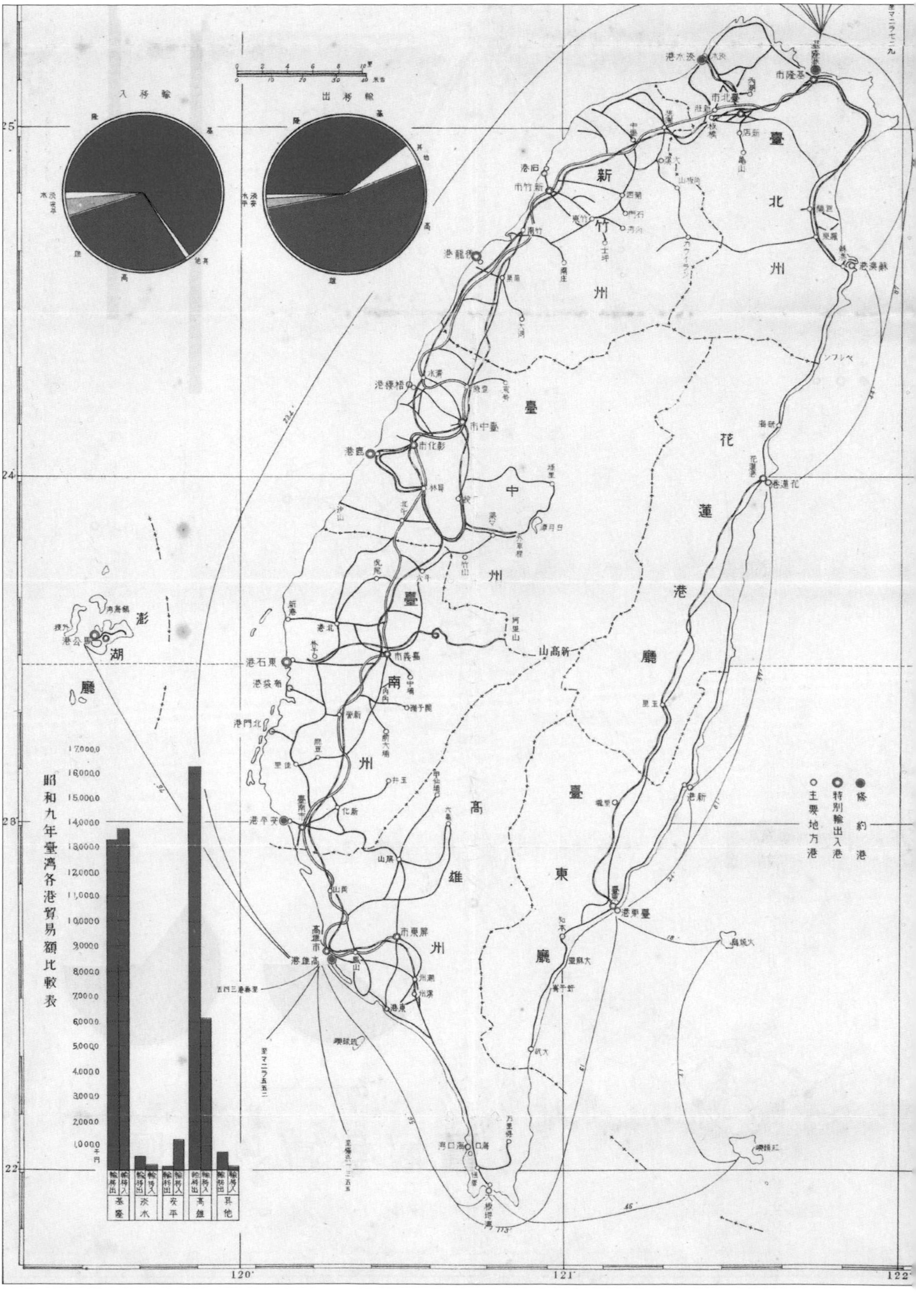
昭和九年臺灣各港貿易額比較表
輸移入
輸移出
條約港
特別輸出入港
主要地方港
基隆
淡水
安平
高雄
其他
120°
121°
122°

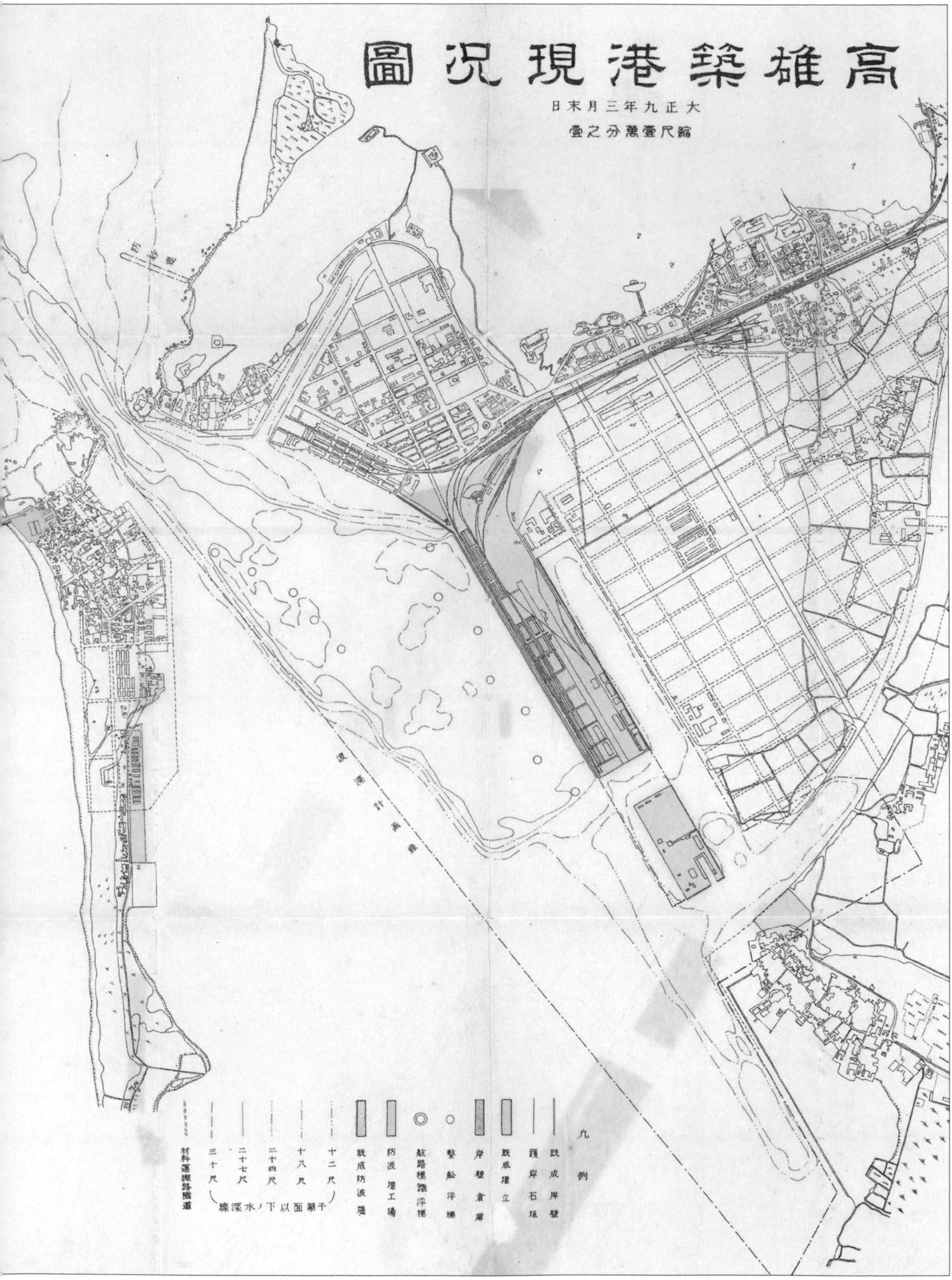
高雄築港現況圖
大正九年三月末日
縮尺壹萬分之壹
凡例
既成岸壁
護岸石垣
既成埋立
岸壁倉庫
繫船浮標
航路標識浮標
防波堤工場
既成防波堤
十二尺
十八尺
二十四尺
二十七尺
三十尺
干潮面以下ノ水深線
材料運搬路鐵道

那時香蕉、砂糖還是高雄港的輸出大宗，港內一艘貨櫃船也沒有，全是用吊桿裝卸貨物的散裝貨輪，只有停泊在最靠港口的新濱碼頭旁的美國軍艦還算「光鮮亮麗」，不過，一艘全身漆得灰溜溜的軍艦，能有多亮麗呢？

回頭再看看我們搭乘的客輪，這艘才在日本建造，下水還不到一年，潔白如雪的「臺澎輪」，應該才是整個高雄港最光鮮亮麗的一艘。在我的心目中，臺澎輪屬於馬公港，只有蔚藍清朗的馬公港才能匹配潔白如雪的「臺澎輪」。

其實高雄港才是「臺澎輪」的母港，每天早上八點由高雄港駛向馬公港。午後再返回高雄港，停泊在一號碼頭。一號碼頭右邊是新濱碼頭，是海軍碼頭，常常有美國軍艦停靠。美國水兵一靠岸，直奔七賢路上的酒吧。後來我看過一個美國水兵，光著腳丫在

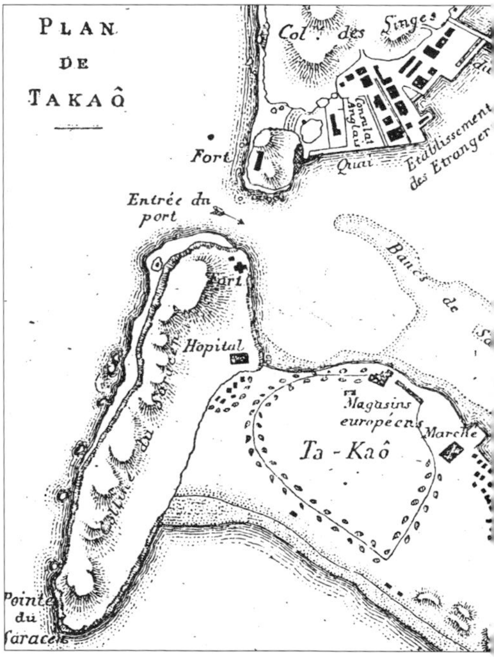

右｜高雄築港現況圖｜縮尺一萬分之一｜大正9年（1920）｜高雄港開港極早，1920年之前還被稱為打狗。那時候打狗港的船隻很少，整個高雄港還是個大潟湖，沿岸遍生各種各樣的紅樹林，可說是南部紅樹林的大本營。打狗港的自然條件雖然優於安平港，但因為遠離行政中心，早在荷蘭時代只能以安平港的副港形式存在。高雄港的現代化建設較基隆港晚。自1905年起至1942年為止，同樣也進行了三期築港工程，但各方面都無法與基隆港相提並論。當時高雄港埠建設，最耀眼的標誌性建物現今已停用，改為觀光設施的香蕉碼頭。

右下｜Plan de Takao｜19世紀末，打狗的街區與港區僅限於旗後及哨船頭。

左下｜由遠處白色的碼頭倉庫與大型起重機已完成建設的情況判斷，此圖應拍攝於1925年之後。港中除了現代巨輪之外，還有中式帆船、小舢板及帆筏，活像是一座船舶博物館，熱鬧非凡。

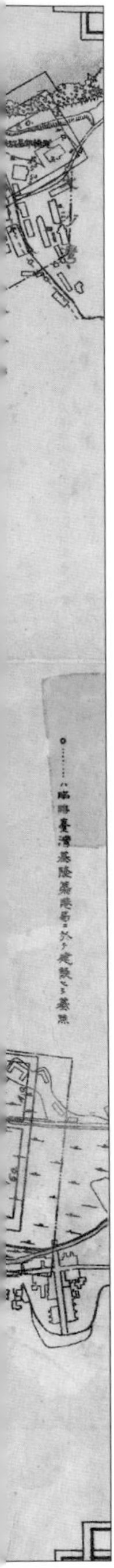

碼頭邊躍入港內，由水路泅回軍艦。這個水兵大概是喝昏了頭，連腳上的皮鞋都換成威士忌喝掉了，回不了船，才出此下策。

「中將湯」的巨型廣告看板就豎立在新濱碼頭對面的旗後渡船頭。當時忘了是哪家報紙還圖文並茂的抨擊了一番，內容大概是說高雄港相當於國門，在國門邊擺個那麼大的「中將湯」看板，好像是向外國人暗示，臺灣婦女「婦人病」的情況十分嚴重，有辱「國格」。後來「中將湯」看板不見了，難道是當局為了挽救臺灣婦女的名譽，顧全國格顏面，下令拆除的嗎？

當時我還沒那麼高的政治覺悟，只是不懂在港邊弄那麼大的「中將湯」看板，真的能達到廣告效果嗎？在港區工作的都是苦力、船員、水兵，藥商為什麼要花錢弄那麼一個沒有廣告訴求對象的廣告看板？難道是希望船員、水兵買「中將湯」送給老婆嗎？船員、水兵會去藥房買婦人藥嗎？

高雄港給我的第一印象，就如此的破敗與荒謬。當時我並不知道高雄港正在紅毛港開鑿第二港口，貨櫃碼頭、貨櫃中心、過港隧道正在規劃中。我看到的高雄港剛從二戰嚴重的破壞中恢復過來，已達到使用飽和的

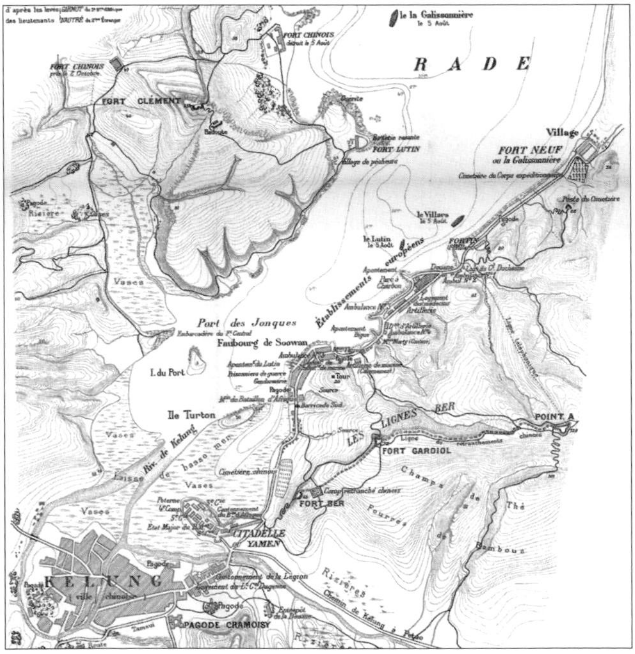

上｜Kelung｜1885年基隆港。曾參與1884年中法戰爭，入侵基隆戰役的Garnot艦長於1894年出版的《*L'Expedition Francaise de Formose*》書中附錄《Kelung》一圖，呈現了基隆港未建港前的原始面貌。

左下｜築港著手當時之基隆諸街及海陸設備計畫平面圖｜大正5年（1916）｜日本時代起，基隆港的建設成為殖民統治者最迫切的項目。因為如果沒有一座現代化的港口，根本無法有效的維繫與殖民母國的聯繫，更無法獲得執行統治的軍事支援。臺灣總督府自1899年起，至1943年為止，針對基隆港進行三期的築港工程。1943年築港工程完成時，基隆港已是一座現代化的港口，有外防波堤、大型貨倉、大型起重設備十餘臺，還有與火車站連結的候船室。此時基隆港一年吞吐量達280萬噸貨物，港內含岸泊、繫泊、自泊，可容納四十艘大型輪船。

土窟仔庄
牛稠港
牛稠港庄
哨船頭街
沙灣
石硬港庄
縣定公園地
圖中市街區ニ記入セル尺寸ハ平均滿潮面上ノ計畫地盤高トス

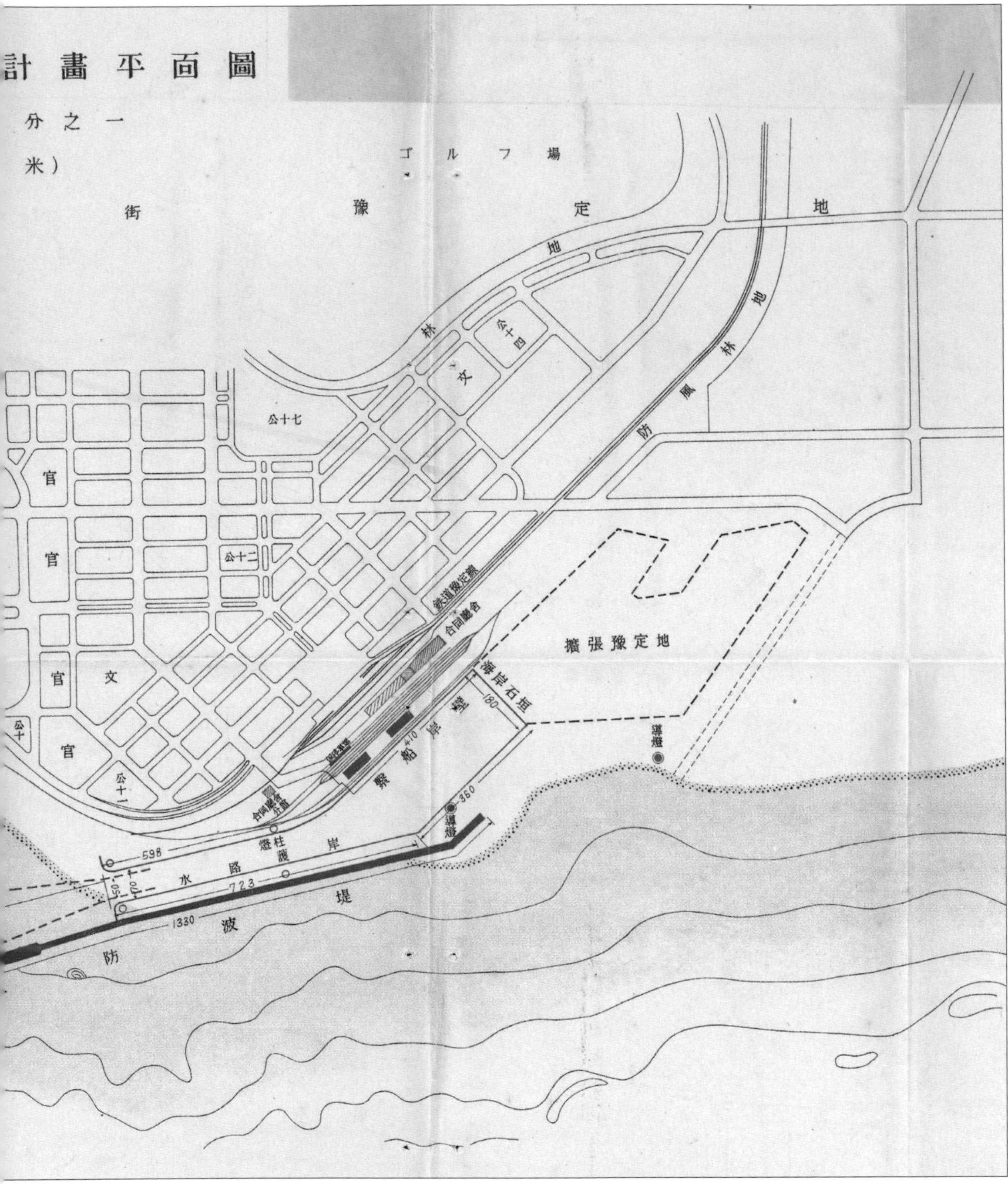

上｜花蓮港築港計畫平面圖｜縮尺一萬分之一｜昭和6年（1931）｜花蓮港築港始於1931年，1938 年完成。主要工程為東、西防波堤，以及浚渫防波堤內的陸地與海底，開鑿避風港。目標一年可吞吐20萬噸貨物，是臺灣東部唯一的商港。

左下｜1931年之前花蓮港尚未動工，大型船舶無法靠岸，人員、貨物只能靠舢舨接駁。

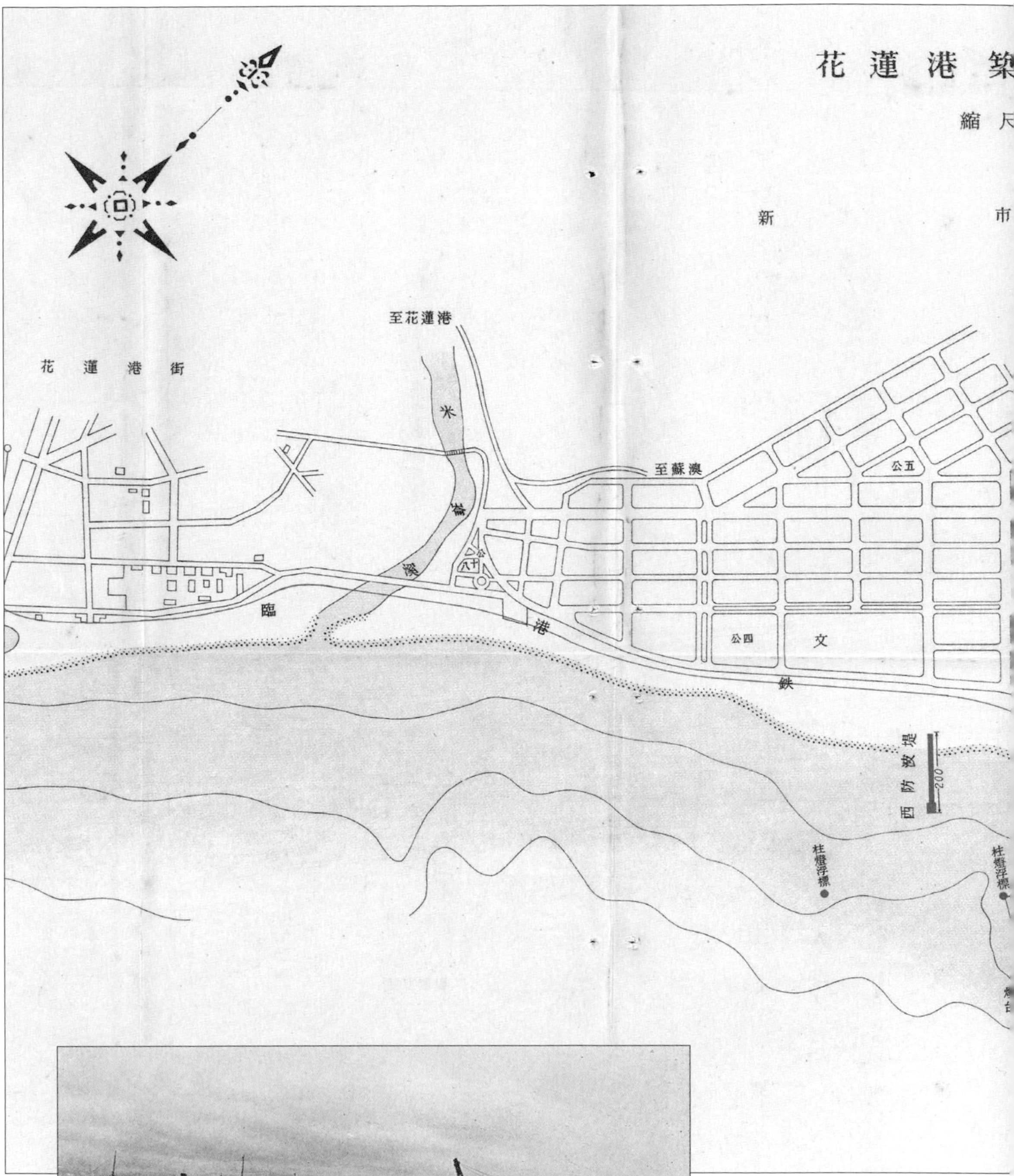
花蓮港築
縮尺
新
市
至花蓮港
花蓮港街
米崙溪
至蘇澳
公五
臨港鉄
公四
文
西防波堤
200
柱燈浮標
柱燈浮標

狀態。

民國六〇年代，高雄港正開始自日本時代興建現代化港口以來，另一個現代化的征程。一九九〇年代，高雄港達到了高峰，名列世界第一大貨櫃港。回顧高雄港百年來的現代化過程，應該從日本時代談起。日本時代的海運發展對現今影響最大的，應該是基隆、高雄南北兩港的現代化建設。

日本時代之前，基隆、高雄都不是主要港口，基隆、高雄分別是淡水港與安平港的副港。安平港是臺灣歷史最悠久的貿易口岸，正式開港是在一六二四年的荷蘭時代。由於臺南是當時臺灣最高行政中心，安平港歷經明鄭、清代兩百餘年，一直到一八六〇年代都是臺灣的最大貿易口岸。高雄港開港極早，一九二〇年之前還被稱為打狗。那時候打狗港的船隻很少，整個高雄港還是個大潟湖，沿岸遍生各種各樣的紅樹林，可說是

上｜花蓮港旁的美崙街區是日本人新開發的街區，規劃較方整，地勢也較高，如今是花蓮的高級住宅區。

南部紅樹林的大本營。打狗港的自然條件雖然優於安平港，但因為遠離行政中心，早在荷蘭時代只能以安平港的副港形式存在。

基隆正式開港早於淡水，一六二八年馬尼拉的西班牙總督為了與荷蘭爭奪中日的貿易，占領基隆，在和平島上構築聖薩爾瓦多堡，將基隆命名為至聖三位一體城（Santisima Trinidad）。一六四二年荷蘭東印度公司驅逐西班牙人，改至聖三位一體城為北荷蘭城（Noord Holland）。西班牙人對基隆港十分滿意，認為水深港闊，形勢完備，易守難攻。後來西班牙人進一步征服淡水，構築聖多明各堡，即現今紅毛城的前身，與基隆港互為犄角。

清代由於基隆腹地狹小，貿易量遠低於以臺北盆地為腹地的淡水，基隆反而成為淡水的副港。淡水在日治時代之前一直是臺灣北部最大港口，原因有二，一是位於淡水河口，為整個臺北盆地對外航運、貿易的總樞紐。二是一八七〇年後，茶葉出口旺盛，貿易量超過安平港成為臺灣最大貿易港。

但是無論是安平，還是淡水，都因為上游過度開發，河川的堆積作用加速，港灣淤塞成了它們致命的缺陷。於是早在劉銘傳時代，便將眼光投向基隆港，他計畫在這兒修建一座現代化的港口。這也是他在臺北、基隆間修築臺灣第一條鐵路的用意所在。基隆港在劉銘傳時代曾進行填土與浚渫工程，工程持續三年之後，由於經費與技術上的問題，最後只得放棄。

日本時代起，基隆港的建設成為殖民統治者最迫切的項目。因為如果沒有一座現代化的港口，根本無法有效的維繫與殖民母國的聯繫，更無法獲得執行統治的軍事支援。臺灣總督府自一八九九年起，至一九四三年為止，針對基隆港進行三期的築港工程。雖然工程常因經費問題而拖延，有時又因計畫趕不上變化，不得不作變更設計，但總的來說，成績是相當不錯的。

一九四三年築港工程完成時，基隆港已是一座現代化的港口，有外防波堤、大型貨倉、大型起重設備十餘臺，還有與火車站連結的候船室。此時基隆港一年吞吐量達二八〇萬噸貨物，港內含岸泊、繫泊、自泊，可容納四十艘大型輪船。同時在和平島上，原聖薩爾瓦多堡的位置，興建了一座造船廠，即後來臺灣造船公司的前身。

高雄港的現代化建設較基隆港晚。自一九〇五年起至一九四二年為止，同樣也進行了三期築港工程，但各方面都無法與基隆港相提並論。當時高雄港埠建設，最耀眼的標誌性建物現今已停用，改為觀光設施的香蕉碼頭。

起初，臺灣總督府對高雄港開鑿，主要是著眼於砂糖的輸出。到了殖民後期，基於南進政策的考量，殖民政府在高雄港周邊進行一連串的重化工業建設，與大規模的陸、海軍設施的布署，企圖將高雄打造為侵略南洋的前進基地，相信應該和認知到高雄港巨大的潛能有關。不過直到日治時代結束之前，高雄港的設施相較於基隆港還是比較落後，客、貨運規模都小得多。

一九四五年日本戰敗，結束對臺灣的統治，一度繁榮的海運與港埠設施，因戰爭的破壞，變得蕭條與殘破，單是高雄港內就有上百艘的沈船，但只要基礎還在，恢復就不難。

築港大事記

明治32年｜1899
基隆港第一期三年築港工程開工，經費244萬元。目標為棧橋繫留3,000噸級輪船兩艘，浮標繫留3,000噸級輪船兩艘。

明治33年｜1900
高雄港進行第一次港灣調查。

明治36年｜1903
基隆港第一期築港工程完工。

明治37年｜1904
高雄港進行第一期港灣建設工程，以進出口貨物45萬噸為目標。

明治39年｜1906
基隆港第二期七年築港工程開工，經費626萬元。目標為繫留6,000噸級輪船與港內設施。後追加預算517萬元，延至1925年完成。

明治41年｜1908
高雄港進行第一期六年港灣擴建工程，預算473.3萬元。

大正元年｜1912
高雄港進行第二期十年港灣擴建工程，預算1,280萬元。

大正九年｜1920
因高雄築港之限制，於基隆港第二期築港工程停工。同年制定基隆港七年擴建計畫。預算1,070萬。

昭和3年｜1928
基隆港七年擴建計畫，因東京大地震影響延至今年完工。

昭和4年｜1929
基隆港開始進行四年擴建計畫，預算1,030萬元，目標為停泊20,000噸級船舶，並容納35艘為限。後因財政不足展延七年。
臺東新港（成功），以國庫預算50萬進行築港工程。

昭和6年｜1931
臺東新港築港工程，變更部分計畫預算75萬元。
花蓮商港開始為期八年之築港工程，預算743萬元。

昭和10年｜1935
基隆港進行八年擴建計畫，預算779.5萬元。高雄港進行第二期十年港灣擴建工程，因物價上漲及工程之擴張，先後三次追加預算共1,603萬元，欲將吞吐量達到100萬噸。

鐵道篇
縱貫線把漳、泉、閩、客全變成臺灣人

民國六〇年代中期，有一回到臺南善化、新營訪友，正要出火車站，前面突然一片騷亂，站務人員逮住了一個逃票的高中生，將他扭到辦公室。

學生逃票在那個年代十分普遍，有時是為了抄近路，有時純粹只是好玩，省錢的動機不多，當時學生火車月票不貴，很少人會為了省錢而逃票。這個火車站務職員卻正兒八經的將這名學生扭到辦公室「嚴辦」。一下子，整個辦公室熱鬧了起來，站內的員工圍了過來，你一言，我一語，罵聲不絕。我想那位「倒楣」的高中生大概除了「馬鹿野郎」之外，一句也聽不懂，因為他們講的全是日本話。

上｜臺北車站的附近。
左｜臺灣鐵道線路圖｜昭和13年（1938）

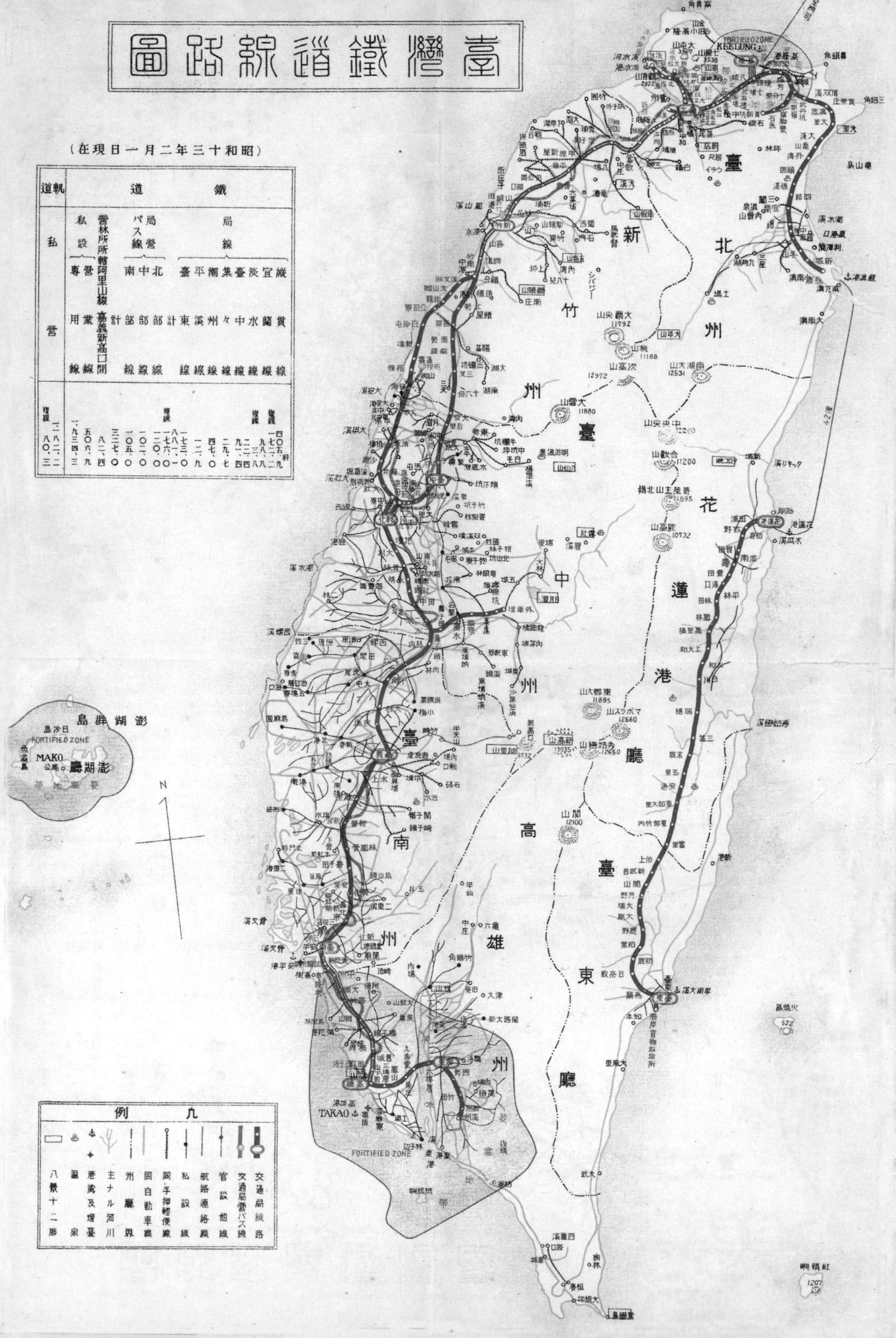
臺灣鐵道路線圖
（昭和十三年二月一日現在）
鐵道 局線 縱貫線 宜蘭線 淡水線 臺中線 集々線 潮州線 平溪線 臺東線
局營バス線 北部線 中部線 南部線 計
軌道 私營 營林所 阿里山線 嘉義新高口間
私設 營業線 專用線
澎湖群島
FORTIFIED ZONE
MAKO
澎湖廳
KEELUNG
TAKAO
新竹州
臺北州
臺中州
臺南州
高雄州
花蓮港廳
臺東廳
凡例
交通局線路
交通局營バス線
官設他線
航路連絡線
私設線
同手押輕便線
同自動車線
州廳界
主ナル河川
港灣及燈臺
溫泉
八景十二勝

現在年輕朋友有所謂的「哈日族」，而當時臺鐵的員工，相當大的部分，不但秉持一絲不苟的「日本精神」，連平常交談都用日語，「哈日族」已不足以形容，他們根本可以算是日本人。由此可見，當時臺灣鐵路系統受日本影響的程度。

鐵路大概是日本時代殖民政府投資最大的公共建設。具體的投資額到底有多少？實在也很難說得清楚。根據昭和九年（一九三四）的統計，臺灣全島的官營鐵路八八一公里，私營鐵路五〇五公里，這應該接近二戰前的最高標準。當然這還不包括各大製糖株式會社自建的四千多公里輕便鐵路。臺灣除了澎湖，每個州廳都有鐵路。

日本時代，臺灣有關鐵路路線的地圖，我認為只用兩張就可以清楚說明。一張是明治時代繪製的《清國時代鐵道路線圖》。另一張是臺灣總督府鐵道部發行的昭和十三年（一九三八）鐵道部年度公報中附錄的六十萬分之一《臺灣鐵道路線圖》。對比兩張地圖，大概就可以對日本時代的鐵路建設有了基本的概念。

更可貴的是，昭和十三年發行的《臺灣鐵道路線圖》，不但將官、私營鐵路的軌距、單複線標示得很清楚，甚至還將各大製糖株式會社自建的四千多公里輕便軌道也都一一

上／左｜臺灣鐵道線路圖（北部）｜昭和13年（1938）｜縱貫線（窄軌鐵路軌寬1,067mm）/基隆至高雄，明治32年（1899）開工，明治41年（1908）完工。基隆竹南間、臺南高雄間為複線，其餘為單線。｜**宜蘭線（窄軌鐵路軌寬1,067mm）**/基隆至蘇澳，全長98公里，單線，大正6年（1917）開工，大正13年（1924）完工。｜**淡水線（窄軌鐵路軌寬1,067mm）**/臺北至淡水，全長22公里，單線，明治33年（1900）開工，明治35年（1902）完工。｜**平溪線（窄軌鐵路軌寬1,067mm）**/三貂嶺至菁硐坑，全長12公里，單線，原係臺陽礦業所有，昭和4年（1929）由官方收購。｜**新店線（窄軌鐵路軌寬1,067mm）**/艋舺至新店，為私營鐵路。｜**海岸線（窄軌鐵路軌寬1,067mm）**/竹南至王田，單線，大正8年（1919）開工，大正11年（1922）完工，同年編入縱貫線。

臺灣
KEELU
新竹州
臺北州
臺
山屯大
3567
山星七
3538
河水淡
港水淡
山音觀
2022
新竹
山尖覇大
11792
山桃
11188
山高次
12972
山大湖南
12531
山雪大
11880
山尖央中
12260
山歡合
11200
嶺北山主萊奇
11895
峡コロタ
花
浦庄

描繪出來。製糖株式會社自建的輕便鐵路，也就是一般通稱的「五分車」。

我曾聽一位住虎尾的同學說，童年時代他們常到虎尾糖廠「玩火車」。有一回，幾個小玩伴竟然七手八腳的將一部小火車啟動了，緩緩的駛出了虎尾糖廠，車上的小伙伴臉都嚇白了，沒人知道如何將小火車頭停下來。小火車頭一路駛出糖廠廠區，越過小溪上的小鐵橋，又過了虎尾鎮公所，一路向郊外駛去，沒有人知道火車會開到哪兒……後來奇蹟發生了，大概是沒油了，小火車頭竟然漸漸慢下來，最後完全停了下來，他們丟下了這部小火車頭，飛奔回家……

直到一九八〇年代之前，「五分車」在嘉南平原上還算普遍，除了為糖廠載甘蔗，平常也充當交通車，行駛於城鄉之間，方便鄉間的學子通學。一些家住雲嘉南的同學，每每提及「五分車」，甜美回憶溢於言表，因為「五分車」是他們中學時代的主要交通工具。

現在，「台糖」都變成「台豬」了，台糖賣的砂糖都是進口的，原來的糖廠不是拆了，就是改為遊樂區。台糖的輕便鐵軌到底還剩多少？很難找到準確的數據。少數的五分車也只能在台糖遊樂區裡看得到，有些還能載著觀光客在園區內轉一轉。

昭和十三年發行的《臺灣鐵道路線圖》可說是接近「終極版」的日本時代臺灣鐵路路線全圖。

但如果想再進一步了解臺鐵的發展歷史，會發覺只根據這兩張地圖，來說明日本時代臺鐵的路線，可能會產生認知的誤差。因為，如果只是簡單的將昭和十三年發行的《臺灣鐵道路線圖》路線減去《清國時代鐵道路線圖》的路線，其實並不等於日本時代的鐵路建設總合。

左上｜臺灣鐵道線路圖（糖、林鐵）｜昭和13年（1938）｜阿里山鐵路（輕便鐵路軌寬762mm）嘉義至新高，全長82公里，單線，原為運材專用，後部分作為營業用。**｜糖廠輕便鐵路（輕便鐵路軌寬762mm）**1.大日本製糖株式會社/1,075公里。2.臺灣製糖株式會社/943公里。3.明治製糖株式會社/946公里。4.鹽水港製糖株式會社/552公里。5.新高製糖株式會社/202公里。6.帝國製糖株式會社/191公里。7.昭和製糖株式會社/64公里。8.新興製糖株式會社/38公里。9.臺東製糖株式會社/30公里。10.三五製糖株式會社/29公里。

左下｜臺灣鐵道線路圖（南部）｜昭和13年（1938）｜集集線（窄軌鐵路軌寬1,067mm）/二水至外車埕，全長26公里，單線，大正11年（1922）通車，原為臺灣電力株式會社所有，用於搬運日月潭水電工程器材，昭和2年（1927）由官方收購。**｜潮州線（窄軌鐵路軌寬1,067mm）**/高雄至溪州（南州），全長47公里，單線，明治40年（1907）開工，大正12年（1923）完工。

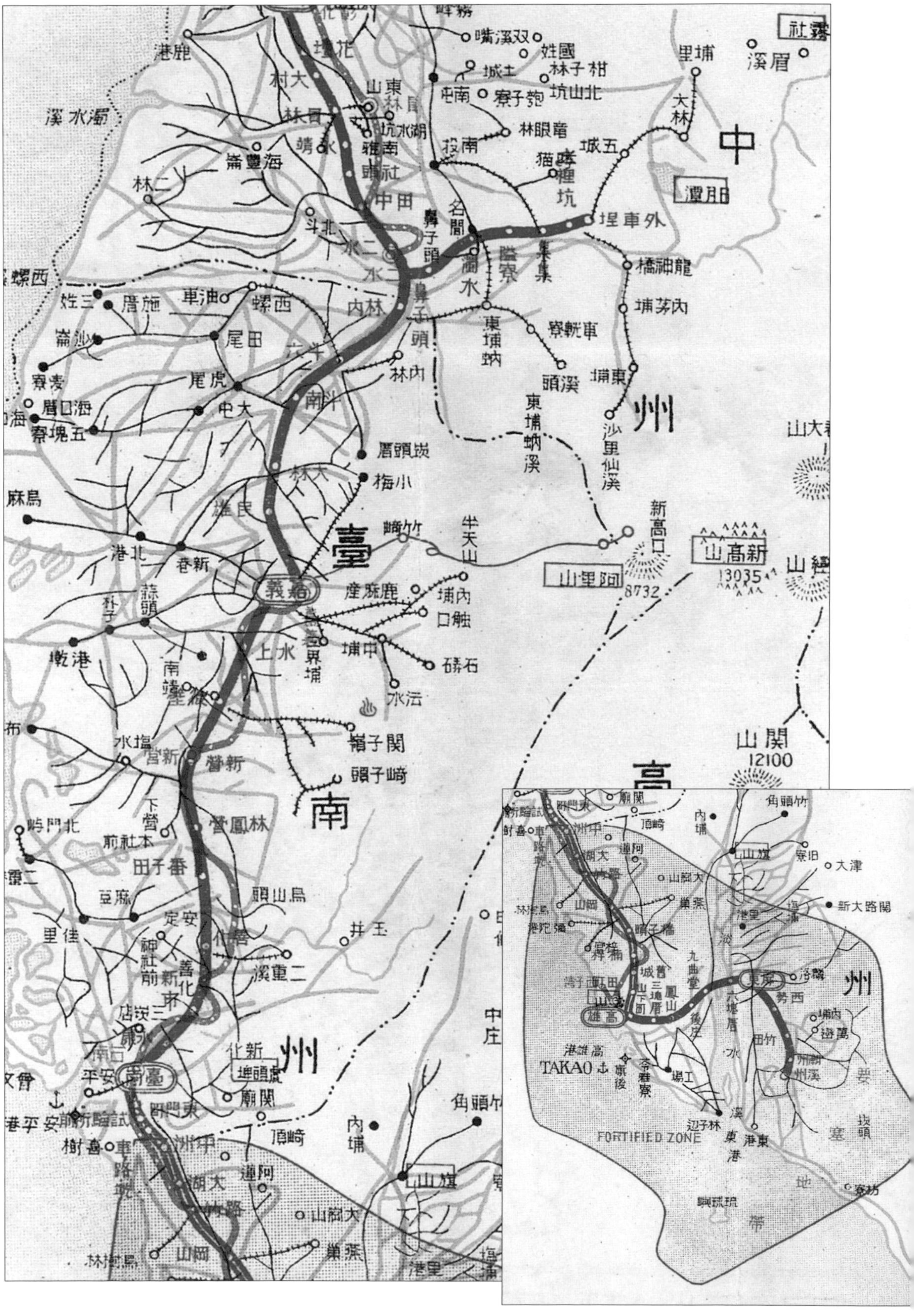
臺
南
州
中
州
新高山
13035
阿里山
8732
關山
12100
嘉義
臺南
高雄
TAKAO
FORTIFIED ZONE
要塞地帶

清末，臺灣的鐵路雖然已從基隆修築到新竹，路線看似不短，但質量很差，行車運輸險象環生。所以，日本領臺後決心加以改造，現在縱貫線基隆新竹段，和清代臺鐵的關係已經很淡薄了。

臺灣總督府第一任總督樺山資紀大將，在靖臺作戰告一段落後，便要求日本帝國議會給予資金，進行基隆港及鐵、公路的建設。港口、鐵、公路的建設在此時期，主要目的是連繫殖民母國、便利軍事運輸、遂行有效的統治。

到了明治末年，臺灣鐵路建設加速，此時已不僅僅是統治上的需要了。因為戰後經濟的復甦，以及新的生產建設的開展，現有的交通已經遠遠無法滿足貨物運輸的需要。尤其是基隆臺北間，貨物常常堆積在貨棧無法運送出去。

政治、經濟建設的需求加速了臺灣鐵路的拓展，隨著縱貫鐵路的完工，臺灣，至少是西部平原，首次出現單一市場的形成，這在臺灣歷史上是劃時代的一刻。清代以來，受限於地理條件，臺灣西部平原上各城鎮之間的陸路交通十分不便，所以一直沒有形成一個以全島為規模的單一市場。

單一市場的形成，不僅是經濟產業上的問題，還關係到政治格局與認同感。臺灣西

上｜阿里山線鐵路
下｜日本時代花東線和阿里山線一樣，屬於輕便鐵路。所以機車頭也很小。

花
蓮
港
廳
中
州
高
雄
臺
東
港蓮花
港蓮花
溪瓜木
南池
田豊
林平
田林
林鳳
和大上
穗瑞
笠三
里玉
通安
里大部東
内竹部東
里富
上池
呂武新
山関
野月
埔大
原大
野鹿
葉稻
鹿初
敷奈日
蘭馬
東臺
溪大南卑
港新
溪巒姑秀
山高能
10732
山大郡東
11895
山スラボマ
12660
山巒姑秀
12650
山高新
13035
山里阿
8732
山関
12100
社霧
溪眉
里埔
城五
潭月日
埕車外
橋紬龍
埔茅内
寮転車
頭溪
埔東
六亀
大津

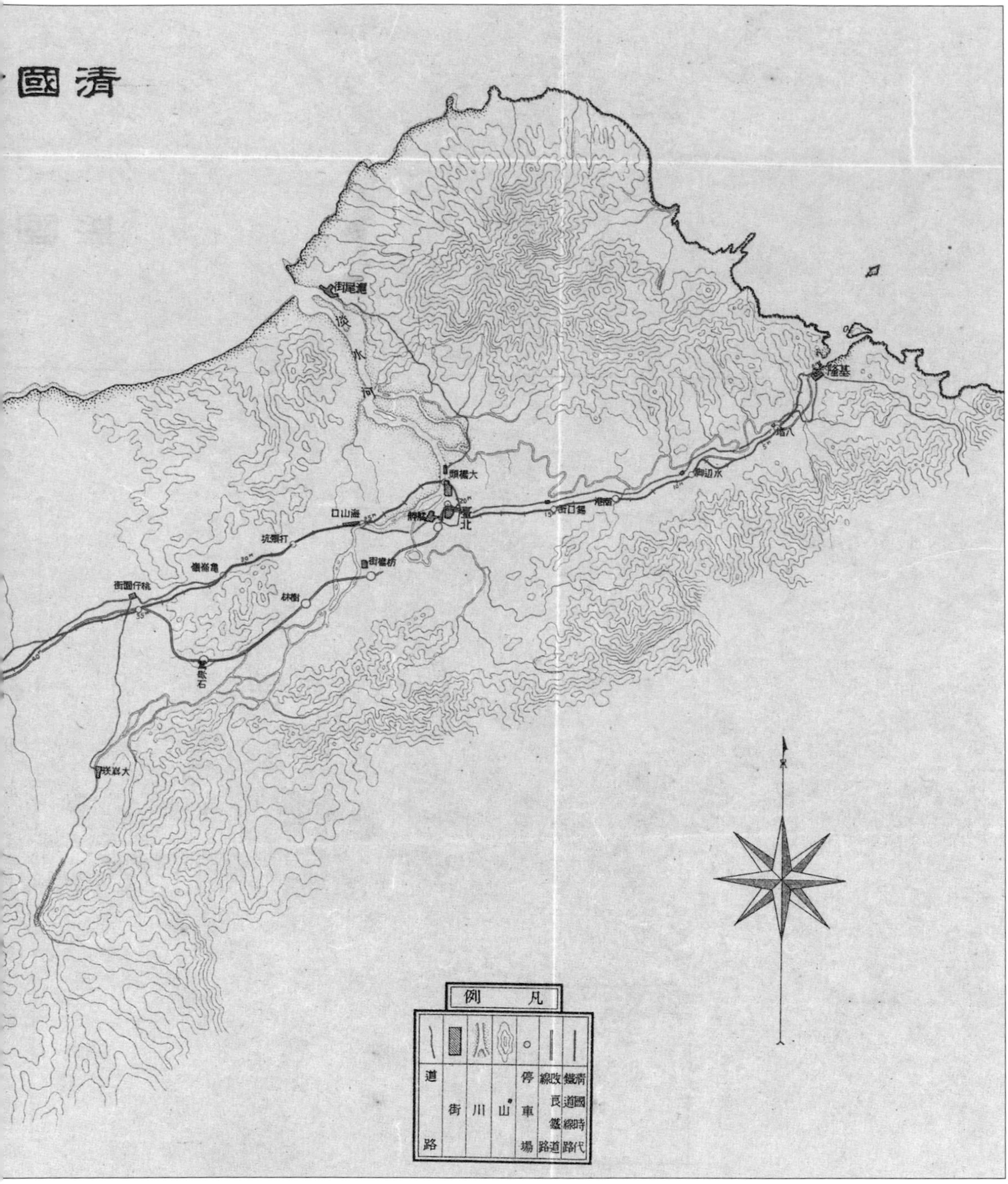

上｜清國時代鐵道路線圖｜清末臺灣的鐵路雖然已從基隆修築到新竹，路線看似不短，但質量很差，行車運輸險象環生。日本領臺後決心加以改造，現在縱貫線基隆新竹段，和清代臺鐵的關係已經很淡薄了。

部平原上，由東而西的河川數以百計，城市、聚落之間受到河川的限制，陸路交通相當困難，很難互通有無，反而與海峽對岸的福建、江浙、廣東的口岸往來更加密切。

陸路交通的限制不僅阻斷了單一全島市場的形成，也使得「臺灣人」的認同感相對薄弱。在日本時代之前，臺灣住民認同的對象以祖籍為主，一般住民會說自己是泉州人、同安人、漳州人、詔安人、海豐人，很少人會說自己是臺灣人。認同感的薄弱使得臺灣在整個清代，族群對立十分嚴重，分類械鬥頻頻發生，甚至引發數次全島性的民變，造成無數生命財產損失。

縱貫線鐵路的完成，不僅促成臺灣單一市場的形成，也使得「臺灣人」的認同感得到加強，甚至連「黑社會」的全島性聯盟「縱貫線」也應運而生。縱貫線鐵路的作用有些是日本人始料未及的。

由於清代的鐵路建設在臺灣沒有穩固的基礎，後來的鐵路建設與營運完全是在日本人手中完成的，所以臺灣鐵路不僅在硬體上受日本人的影響極深，連整個鐵路體系的營運文化，直到光復後、鐵路電氣化之前，日本的味道還是極濃。

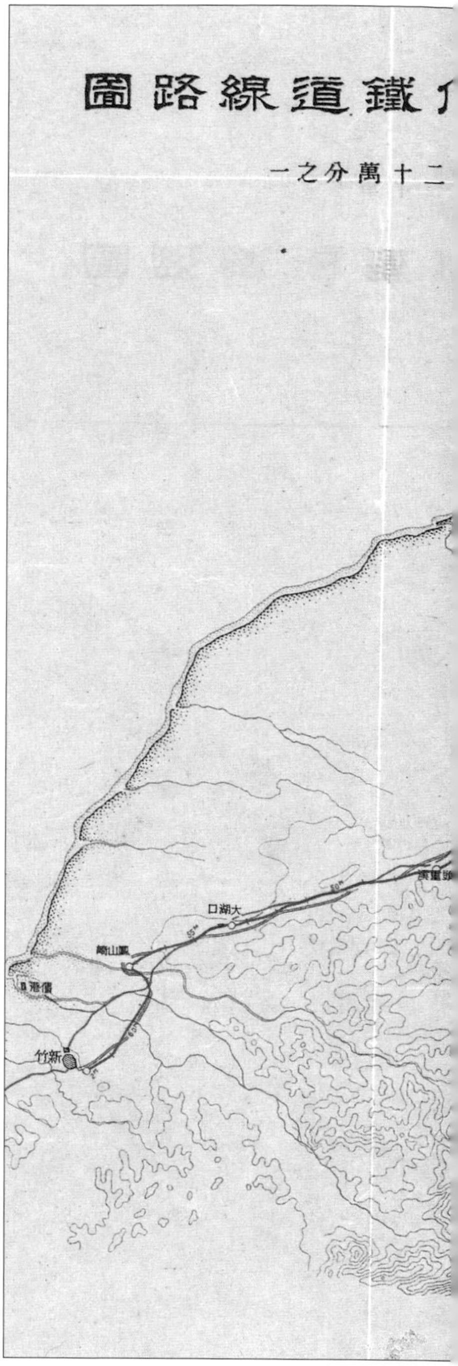

鐵道篇

明治28年｜1895

基隆新竹間，前清鐵路恢復行駛，主要用於軍事補運。

明治29年｜1896

12月　規定全線每日往返兩次。

明治30年｜1897

4月　鐵路管理由陸軍臨時鐵道隊移交臺灣總督府民政局。

明治31年｜1898

臺灣總督府訂定鐵路官營政策，向日本帝國議會申請十年鐵道建設補助。

明治32年｜1899

4月　制定《臨時臺灣鐵道裝設部組織規程》。分南北同時施工。

明治33年｜1900

8月　臺灣總督府鐵道部成立，公布《關於臺灣鐵道營業事由》。

11月　縱貫線由高雄修至臺南。淡水線竣工。

明治35年｜1902

縱貫線南段修至斗六，北線修至大安。

明治38年｜1905

為應付日俄戰爭，軍方急修大肚、葫蘆墩（豐原）間鐵路，其中葫蘆墩至伯公坑間為複線。

明治39年｜1906

2月　總督府與藤田組訂約修築阿里山鐵路開工。

明治41年｜1908

10月　縱貫線全線通車，假臺中公園舉行通車典禮。

明治42年｜1909

臺東線開工。

大正元年｜1912

5月　臺北基隆間複線工程開工。

大正8年｜1919

竹南至大肚之海岸線開工。

大正11年｜1922

1月　集集線開始營運。海岸線完工通車。收購臺東製糖會社臺東至富里（關山）鐵路。

大正12年｜1923

潮州線完工通車，著手潮州至枋寮延長路線。

大正13年｜1924

宜蘭線完工通車。

大正14年｜1925

桃園坎仔腳至彰化追分改良工程完工。

昭和2年｜1927

4月　集集線由官方收購。縱貫線複線工程開工。

昭和3年｜1928

3月　新竹香山至竹南改良工程完工。

昭和6年｜1931

實施臺日團體客運制。

昭和9年｜1934

實施臺、日、朝鮮、滿洲旅客行李聯營制。

右｜日本時代興建的第一代臺北火車站。
左｜日本時代興建的第二代臺南火車站。

公路篇 臺灣人雙手開出來的縱貫公路

相對於鐵路建設，日本時代臺灣的公路建設值得誇耀之處並不多。

從昭和十五年前後出版的《臺灣道路網圖》看來，光復前，臺灣的公路網似乎已經達到了相當的規模。事實上，當時臺灣公路的標準和西方世界還存在著相當大的差距。

以臺北、基隆間的公路為例，到了昭和十年（一九三五）才計畫鋪設柏油或水泥路面，而且全長不足三十公里的路程竟然要分七年施工。最不可思議的是，不足二十米寬的路面，計畫鋪設柏油的竟然只有中間的六米。基隆至臺北的公路是當時全臺最重要的交通要道，其設計標準也僅僅是如此「簡陋」，其他地方公路的狀況也就可想而知了。

昭和十二年（一九三七）中日戰爭爆發後，全臺進入戰時體制，原計畫的北基公路柏油化是否還能持續進行？我還沒找到相關資料，無法評述。

日本時代市內道路又會是什麼狀態？臺北市政府出版的《臺北市市街史》上說：「中山北路舊稱敕使街道，寬度原為十五公尺，日人因其係為通往臺灣神社之通道，於民國二十五年起予以拓寬至四十公尺，設為五線道路，中央快車道寬十二公尺，兩旁設綠島……綠島外……為慢車道，慢車道外則設行人道，鋪以水泥方磚……，所有道路上一切架空電線，均改設於地下，故為本市最為完備之道路，此路之拓寬歷時五年，至民國

左｜臺灣全圖｜縮尺百萬分之一｜大正10年（1921）

大正十年一月調製

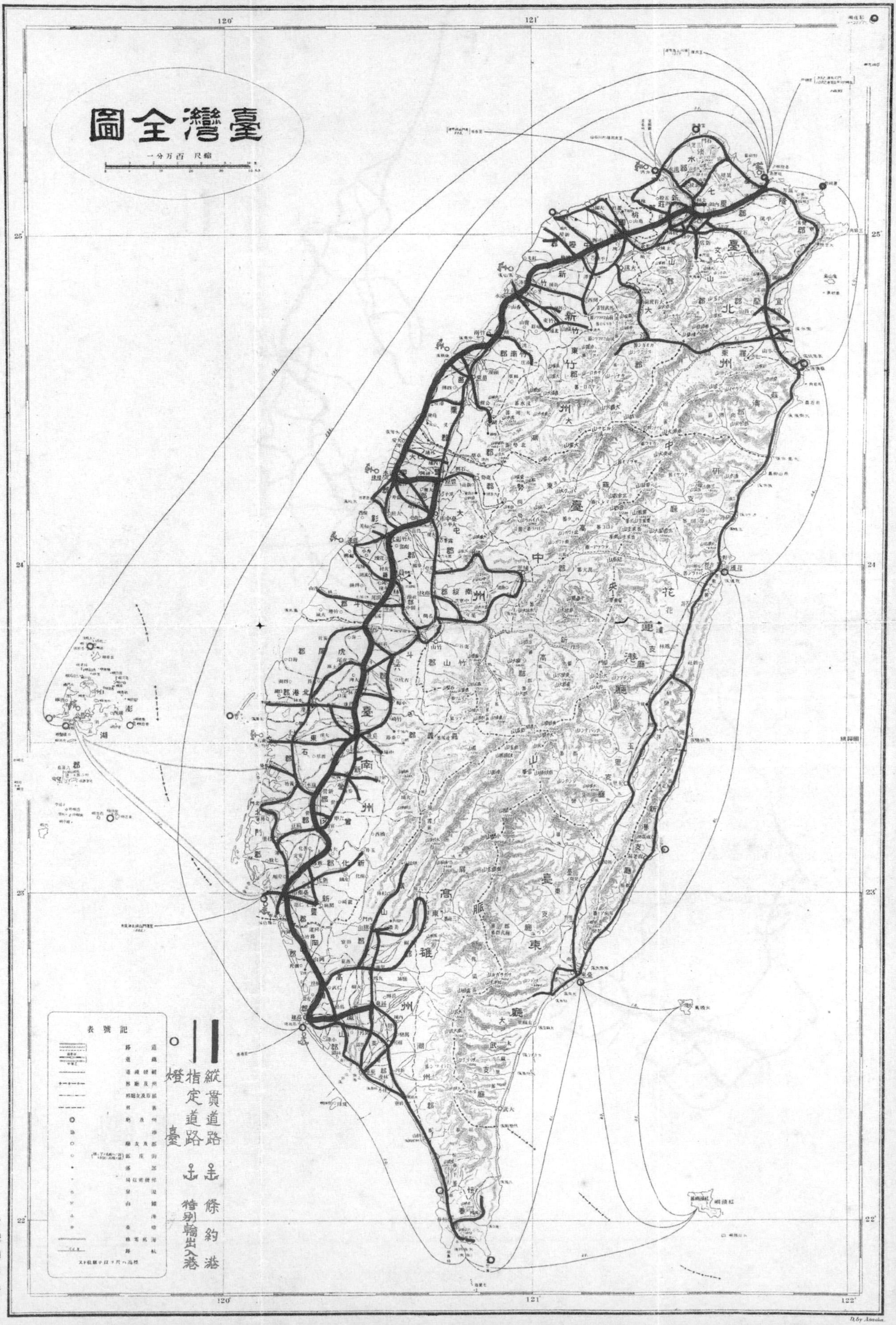

臺灣總督府

D. by Asaoka

廿九年三月始正式完成……」

全長不過三公里的道路竟然花了五年才完工，這還是最「神聖」的敕使街道，可見經費是相當拮据的。《臺北市市街史》上沒說敕使街道是否鋪設柏油，但書上說當時的公路，市街大多是砂石或煤渣鋪設的路面，臺北市是到了昭和十年（一九三五），主要的街道才開始陸續鋪設柏油路面。敕使街道既然是「本市最為完備之道路」，應該是首先鋪設才是。

領臺初期，臺灣的公路建設由總督府臨時土木部負責，曾訂定長期的公路計畫。可是到了明治三十一年（一八九八）總督府卻撤消臨時土木部，公路興建業務移交地方機關管理。隔年總督府成立鐵道部，民政長官後藤新平兼任鐵道部部長，同時在日本發行三、五〇〇〇萬公債，用於基隆港與臺鐵的建設。

公路鐵路一消一長，關鍵的決策，毫無疑問，應出自後藤之手。有人或許會認為後藤這個決策，可能是出於個人的喜好，因為後藤任滿離臺，便是出任南滿鐵路的官員。是否真是如此？已難以論證。

不過在財政有限的情況下，鐵路優先是符合現實的需求。雖然鐵路的硬體設施投資較大，但鐵路的運量也是公路無法比擬的。另外當時汽車工業還不發達，汽車的數量極為有限。在此現實條件下，將大筆資金投資在公路建設上並不是理性的決策。

臺鐵，尤其是西部縱貫線的完成，不但對臺灣單一市場的形成，具有相當的助益，但同時也使臺灣經濟加速殖民地化，也就是一種跛腳經濟，大量輸出廉價的農業產品，換取高價的工業產品。最明顯的例子，日本領臺五十一年，興建了十餘家規模龐大的製糖會社，但直到戰敗結束殖民統治，臺灣竟然沒有一家機械化的紡織廠，哪怕是生產一吋機織布料也做不到。

所以，戰後臺灣只得繼續由上海輸入高價的工業產品，直到上海陷入內戰，斷絕了貨源，迫不得已，在中日合約都還未簽定的情況下，倉皇簽下《臺日貿易協定》，繼續陷入對日本的依賴。

另外，在鐵路獨大的情況下，對城市聚落的發展也起到巨大的影響力。首先，只要離開鐵路，原本再大的城市聚落也會沒落，例如新莊、鹽水；當然也帶動一批鐵路沿線城市的發展。其次是形成南北兩極化的現象。這兩個現象，對均衡的發展當然不是一個好消息。

對地方而言，公路的需求可能還是比鐵路重要，但先鐵路後公路的政策已定，所謂「想要富，先開路」就只能靠自己了。

大正八年（一九一九）總督府計畫以國家預算支出拓寬臺南鳳山間縱貫公路，但金額只夠購置工具材料，道路地基的購地費用、勞動工資，只能靠地方政府籌集。於是臺南、高雄的地方政府便發動沿線百姓獻地與義務勞動。此後各州紛紛效仿，以地方提供義務勞動力，並捐贈土地的方式修築公路。

即使如此，一些跨越河川的大型公路橋樑，還得花上十年、八年才能分期完成。而且這些道路通常沒有排水的涵道，路面也只是沙子、細石鋪面，柏油、水泥路面都是難以想像的，事實上當時臺北市的街道也少有柏油、水泥路面。

所以，日本時代的公路，基本上有相當大的程度，是臺灣人民以義務勞動的方式鋪設開來的。義務勞動的到底占多少呢？有一個例子可以提供參考，臺東至新港道路總長大約四〇公里長，大正十一年（一九二二）開工，臺東地方政府支出二五萬圓，此外全賴沿線百姓提供百萬人次的義務勞動，歷時十二年，直到昭和八年（一九三三）才得以完成。

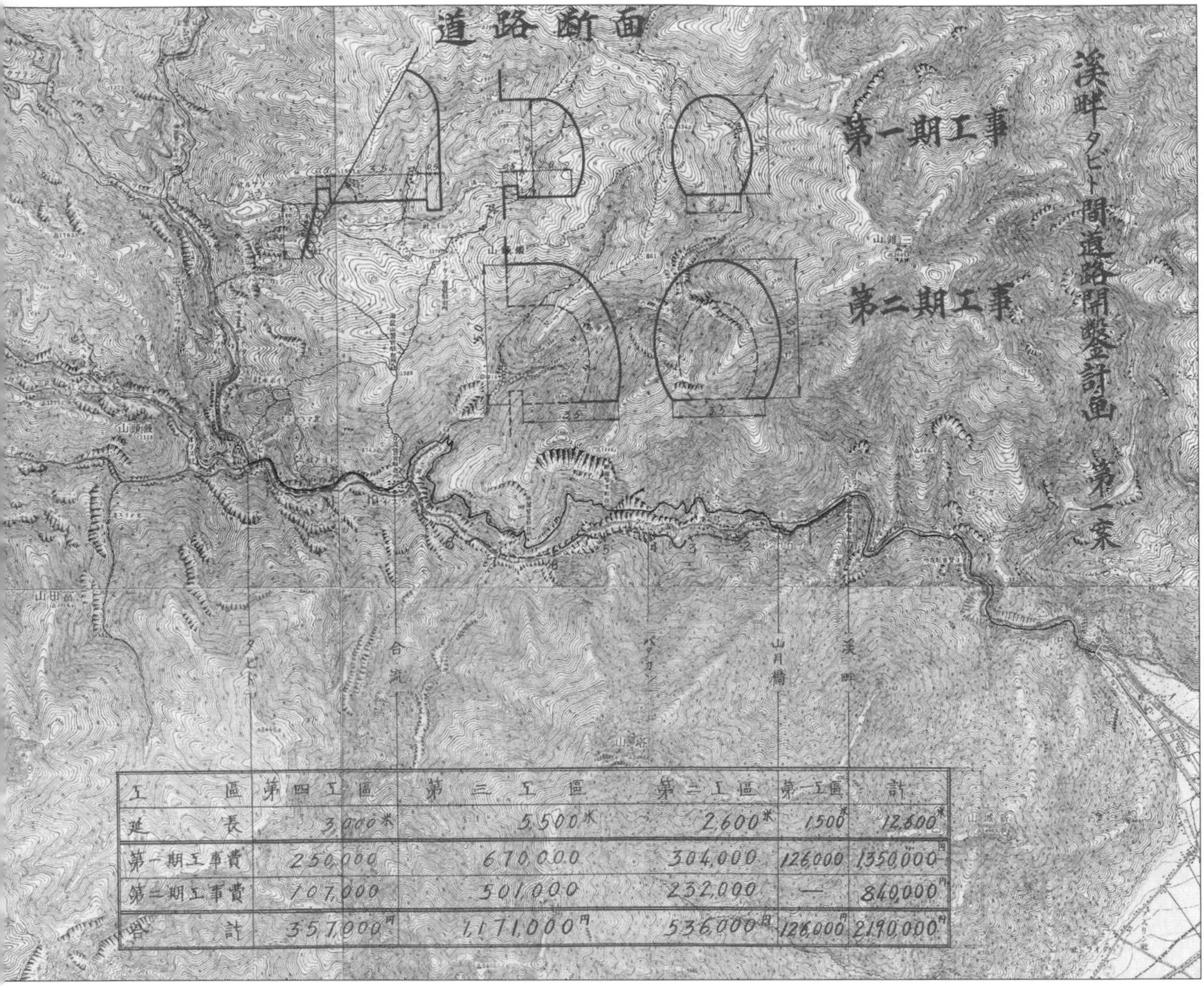

工區	第四工區	第三工區	第二工區	第一工區	計
延長	3,000米	5,500米	2,600米	1,500米	12,600米
第一期工事費	250,000	670,000	304,000	126,000	1,350,000円
第二期工事費	107,000	501,000	232,000	—	840,000円
合計	357,000円	1,171,000円	536,000円	126,000円	2,190,000円

上｜日本時代曾計畫修築橫貫公路溪畔至塔比多（天祥）間的道路，因中日戰爭爆發計畫並未實現。

下｜日本時代，臺灣縱貫公路跨越溪河之處很少興建橋樑，所以公路運輸並不發達，此圖為少見的公路橋樑。

公路大事記

明治29年｜1896
領臺至今近衛師團與第二師團工兵隊修築臺中臺南間、臺南安平間、臺南旗山間、鳳山打狗間、鳳山東港間、臺中埔里間，總長三百多公里簡易道路。

明治30年｜1897
總督府臨時土木部委任混成旅團工兵隊修築基隆臺北間、臺北新店間、臺北淡水間、北投新北投間、新竹臺中間、東港恆春間、枋寮臺東間之簡易道路。並進行臺北市內、芝山岩公路、新竹舊港公路、臺北宜蘭公路、臺灣神社公路進行路線調查。

明治31年｜1898
撤消臨時土木部，公路移交地方機關管理。

明治32年｜1899
因鐵路建設開巨大，公路計畫委靡不振。

明治33年｜1900
制定公路橋樑準則。

明治38年｜1905
明治35年（1902）後，地方秩序漸漸恢復，地方機關趁機開始修路，未滿十二呎寬的簡易道路已達八千公里。

大正8年｜1919
計畫以國家預算支出拓寬臺南鳳山間縱貫公路，各州紛紛效仿，以地方提供義務勞動力，並捐贈土地的方式修築公路。

大正13年｜1924
「理蕃」人行公路完工。

大正14年｜1925
計畫七年內完成臺北、大肚、二層行等三座大橋。

昭和元年｜1926
縱貫公路總長達350公里，但橋樑、暗渠付之闕如。計畫十年內由國庫支出1412.2萬元，完成濁水溪、下淡水溪等一系列公路大橋。後因財政困難，展延到1935年執行。

昭和2年｜1924
開始拓寬「理蕃」人行公路為十二呎寬之汽車道路，預訂三年後完成。

昭和8年｜1933
地方政府支出25萬，外加百萬人次義務勞動，歷時十二年之臺東至新港道路完工。
屏東楓港至臺東呂家公路開工，由國庫編列預算185.7萬元，預計五年完工。
臺北至基隆開始鋪設柏油路面，預算161萬元，預計七年完成。

昭和11年｜1936
新店至礁溪拓寬為汽車道路開工，預計五年完工。

水利篇

是幸福的農民？還是幸福的地主？

近年紀念嘉南大圳的總工程師八田與一的活動時有所聞。八田與一後來歿於南洋戰場，其妻自殺相隨，為嘉南大圳的傳奇平添了一段戲劇性的情節。關於嘉南大圳的紀念文物，比較普遍的，應該是日本時代嘉南大圳組合出版的《嘉南大圳水路其他平面圖》。而較少為人注意，我認為最有價值的，應該是臺南藝術大學影像傳播研究所修復的一套日本時代拍攝宣導紀錄片，其中有一段是關於嘉南大圳。

這部紀錄片片名為《幸福的農民》，大約是一九三〇年代「臺灣教育會」拍攝的。除了介紹嘉南大圳的工程實施過程之外，還以當地農民為演員，以個案的方式，陳述加

上｜日本時代嘉南大圳的主幹道上可行駛小船。
左｜臺灣省農田灌溉區分布圖｜縮尺五十萬分之一｜民國35年（1946）

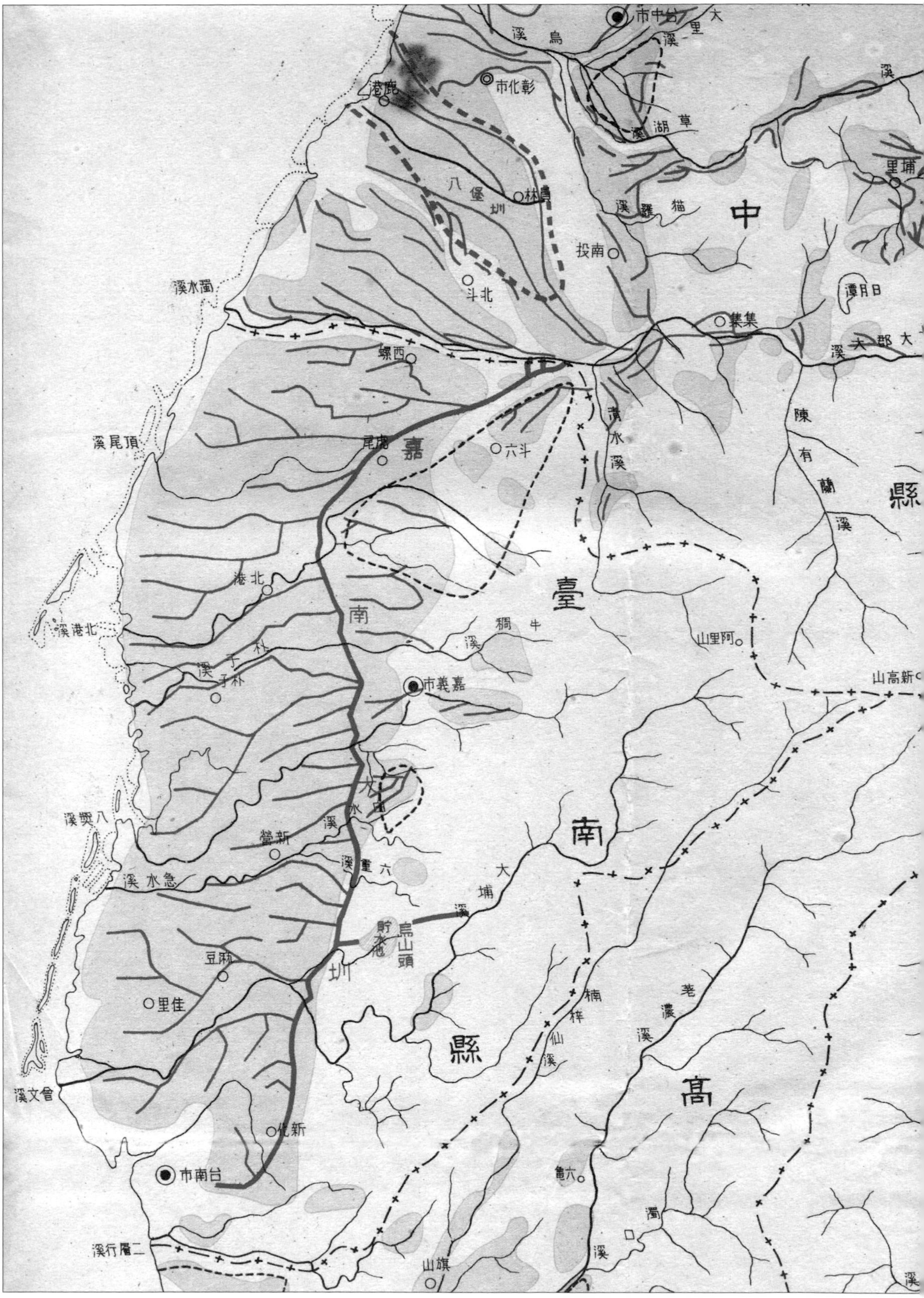
台中市
大里溪
烏溪
彰化市
鹿港
草湖溪
員林
八堡圳
猫羅溪
中
南投
北斗
濁水溪
集集
日月潭
西螺
清水溪
虎尾
嘉
斗六
陳有蘭溪
縣
頂尾溪
北港
北港溪
臺
南
牛稠溪
阿里山
朴子溪
朴子
嘉義市
新高山
八掌溪
新營
六重溪
急水溪
大埔溪
南
烏山頭貯水池
麻豆
佳里
楠梓仙溪
荖濃溪
縣
曾文溪
高
新化
台南市
六龜
濁口溪
二層行溪
旗山

上｜在堤堰中心澆灌混凝土的同時，使用大量牛隻踩踏兩側的泥土，據說是為了防止滲漏。
下｜光復後，嘉南農田水利會繼續在原有的基礎上增建灌溉渠道。

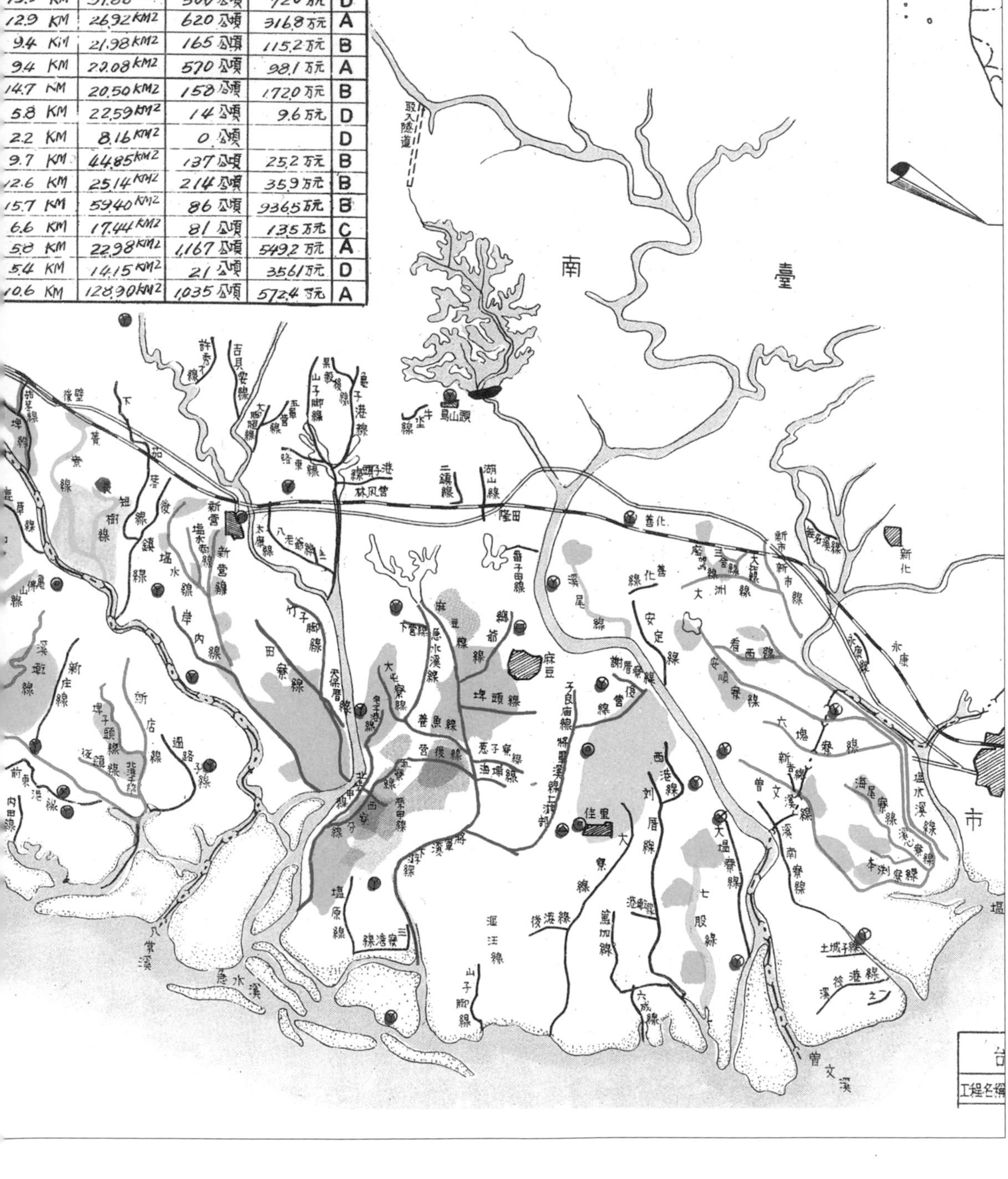

8.0 KM	39.06 KM²	1,895公頃	692.9万元	A
19.0 KM	28.00 KM²	604公頃	599.3万元	B
6.3 KM	29.90 KM²	462公頃	215.4万元	B
18.6 KM	59.52 KM²	1,089公頃	451.2万元	B
15.6 KM	149.70 KM²	1919公頃	3,282.7万元	A
28.2 KM	98.23 KM²	571公頃	1,393.7万元	B
19.1 KM	117.81 KM²	684公頃	1,346.2万元	B
27.9 KM	53.58 KM²	404公頃	1,062.1万元	A
9.0 KM	17.55 KM²	194公頃	174.7万元	C
28.2 KM	91.62 KM²	690公頃	601.1万元	B
9.3 KM	18.92 KM²	185公頃	27.3万元	B
15.9 KM	51.86 KM²	300公頃	72.0万元	D
12.9 KM	26.92 KM²	620公頃	316.8万元	A
9.4 KM	21.98 KM²	165公頃	115.2万元	B
9.4 KM	22.08 KM²	570公頃	98.1万元	A
14.7 KM	20.50 KM²	158公頃	172.0万元	B
5.8 KM	22.59 KM²	14公頃	9.6万元	D
2.2 KM	8.16 KM²	0公頃		D
9.7 KM	44.85 KM²	137公頃	25.2万元	B
12.6 KM	25.14 KM²	214公頃	35.9万元	B
15.7 KM	59.40 KM²	86公頃	93.65万元	B
6.6 KM	17.44 KM²	81公頃	1.35万元	C
5.8 KM	22.98 KM²	1,167公頃	549.2万元	A
5.4 KM	14.15 KM²	21公頃	35.61万元	D
10.6 KM	128.90 KM²	1,035公頃	572.4万元	A

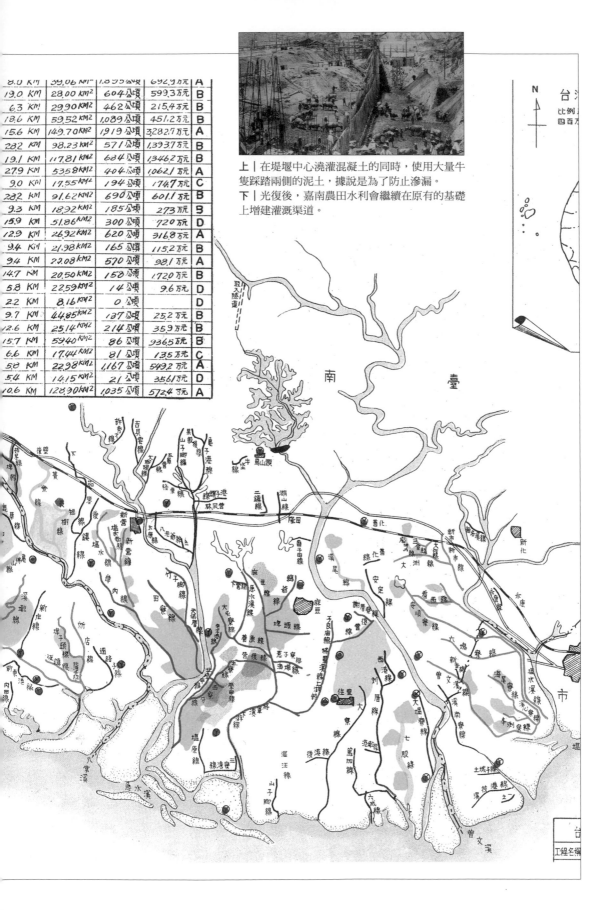

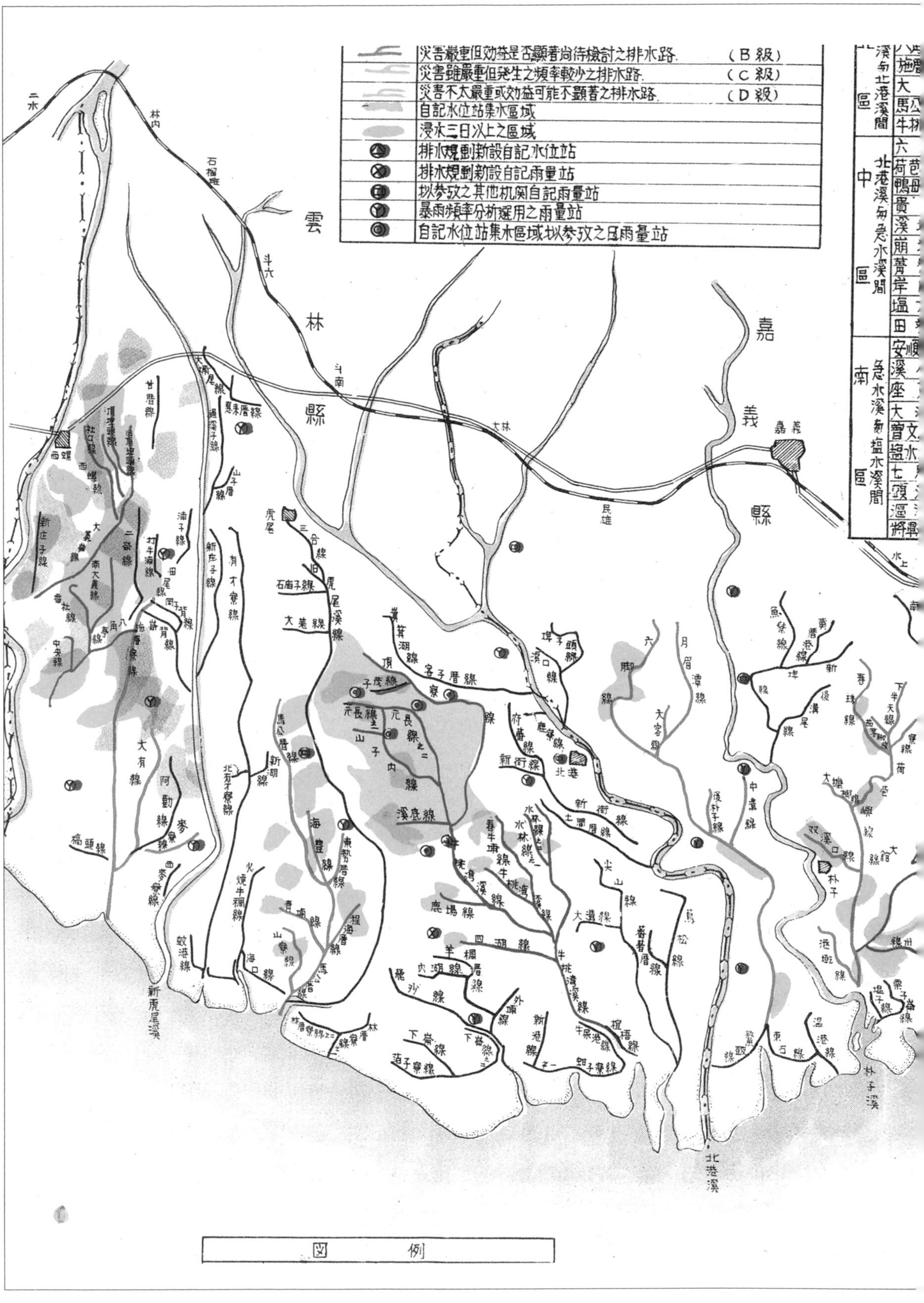

災害嚴重但効益是否顯著尚待検討之排水路 (B級)
災害雖嚴重但発生之頻率較少之排水路 (C級)
災害不太嚴重或効益可能不顯著之排水路 (D級)
自記水位站集水區域
浸水三日以上之區域
排水規劃新設自記水位站
排水規劃新設自記雨量站
以参攷之其他机関自記雨量站
暴雨頻率分析選用之雨量站
雲林縣
嘉義縣
新虎尾溪
北港溪
図例

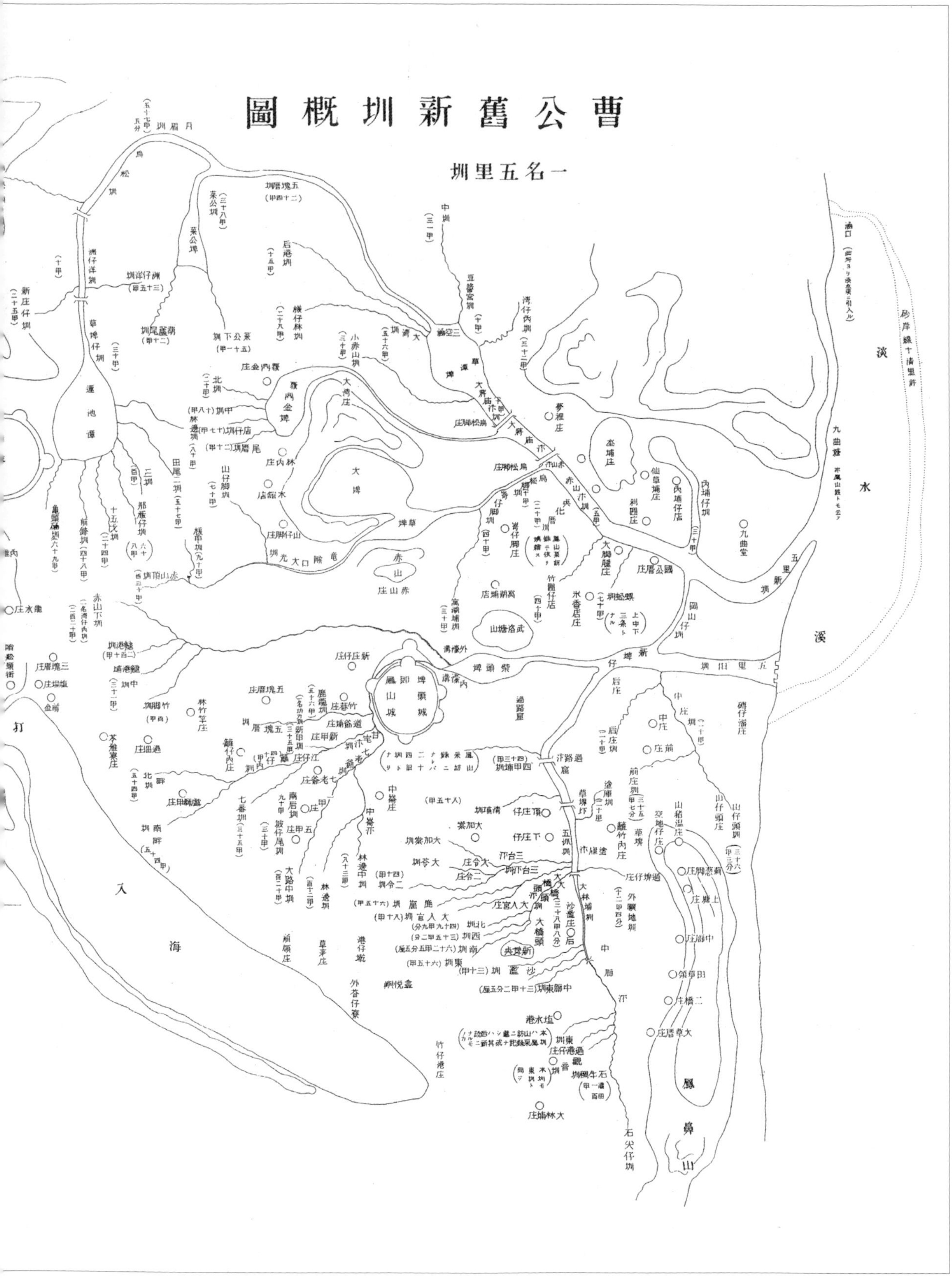
曹公舊新圳概圖
一名五里圳
淡水溪
鳳山縣城
鳳鼻山

入嘉南大圳水利合作社的利弊。劇情也是分「利」、「弊」兩部分鋪陳。

「弊」的部分，扮演「頑固分子」的是一名中年男子，拒絕加入水利合作社，碰上旱年，顆粒無收，求神問卜，甚至開壇作醮，迎龍王、乞甘霖，吃盡苦頭，皆不見效，最後只得乖乖加入嘉南大圳組合合作社，按時繳納水利費。

「利」的部分就有意思多了，劇情也很有趣。主人公是一位臺南州「後善庄」的林姓農村青年，相貌堂堂，不但到處勸說庄人、朋友加入水利合作社，還主動號召鄉民義務參與修築水圳的勞動。後來不但自家田地收穫豐碩，還得到水利合作社頒發的獎狀和銀質懷錶一枚，這價值就不好算了。

林姓青年的好事還沒就此打住，緊接著，林姓青年迎娶了一位美嬌娘。片中詳細的記錄了迎娶、婚宴等儀式的整個過程。四個穿得像「馬文才」的小男童提著大宮燈領路，後面是四人抬的大花轎嫁妝隊伍一長串。婚宴的席面上，四大盆、八大碗滿滿擺上一大桌，街坊、親戚圍得團團轉，熱鬧異常，最後連日本人都來參加婚宴了……。

《幸福的農民》當然是一部殖民政府主導拍攝的政令宣傳性質的紀錄片。事實上，嘉南大圳在興建之初，雖然改善了嘉南一帶的農業面貌，增加了總體收入，但農民卻為嘉南大圳付出了近半的工程費用，還有被徵收的水利用地，補償費用僅及時價的三分之一，農民的負擔是很大的。

當時土地主要集中在少數的大地主身上，絕大多數的農民都是佃農。地主「順水推舟」將工程費用及地價損失全轉嫁到佃農身上，佃農的收入不但沒有增加，生活反而更加困頓了。所以當時嘉南一帶龐大的佃農對嘉南大圳不但沒有絲毫的「幸福感」，火氣

右｜曹公舊新圳概圖｜伊能嘉矩繪

倒是不小，紛紛加入農民運動。

但七、八十年後我們回頭再看看這部紀錄片，殖民政府的政令宣傳味早已淡薄無存，反而顯得「喜感」十足。除此之外，我們的注意焦點不僅是關注嘉南大圳的初始面貌，更多的是當時臺灣庶民生活的面貌、傳統習俗與消逝已久的地景。

現存日本時代有關水利埤圳為主題的地圖，嘉南大圳自然是最受矚目的，可是最「壯觀」的一幅可能是《瑠公水利組合區域圖》。此圖涵蓋基隆河以南，臺北市大部分的區域，比例尺一萬兩千分之一，尺寸相當大。

瑠公圳名氣很大，對臺北市的發展影響至鉅。早年臺北市議員選舉，瑠公水利會是真正的「影武者」，也是臺北市的「大地主」。例如東區商圈的SOGO無論是地皮還是地上物，都歸瑠公水利會所有。但是說起它具體的路線，卻沒幾個人說得清楚。更別提臺北市民常將民國五〇年代之前，新生南北路未封蓋的大排誤認為瑠公圳。

上｜當時圳溝兩側的堤岸還只是土堤。

水利大事記

明治34年｜1901

7月　臺灣總督府以律令第六號，頒布《臺灣公共埤圳規則》，對凡有關公共利害關係之埤圳，實施管理監督。被認定的公共埤圳，當年有23個，灌溉面積18,038甲。至大正3年（1914），增至175個，灌溉面積157,800餘甲。

明治40年｜1907

官方撥款22萬元，支付埤圳改良工程。

明治41年｜1908

臺灣總督府頒布律令第四號，制定《官設埤圳規則》，以特別事業費之名目，分十六年，撥款3,000萬，修築十四條官設埤圳。

大正9年｜1920

8月　官佃溪埤圳（後更名嘉南大圳）開工，預定1926年完工。灌溉範圍為臺南州15萬甲看天田，以增加水稻與甘蔗的產量。總工程費預計4,200萬元，其中政府補助1,200萬元，餘額3,000萬由受益人分擔，其中2,100萬由銀行貸款，之後分期攤還。

昭和3年｜1928

桃園大圳完工，總工程費1,342萬元，其中政府補助774萬元，餘額由受益者分攤。

昭和5年｜1930

嘉南大圳完工，總經費也由4,200萬元暴增到5,413萬元。

樟腦篇

臺灣樟腦：Price of camphor is blood

日本時代繪製的臺灣地圖，我的印象中，大概以臺灣總督府專賣局出版的《臺灣產芳香揮發油之研究第二號：臺灣產樟牛油及油樹油之研究》一書附錄的五張樟樹分布圖最為精緻。我所謂的精緻，並非以地圖測繪的技術為標準，而是以地圖的配色和印刷而言。另外，書中有關樟樹、樟腦生長分布、採伐、煉製的圖片，無論從拍攝、沖印、印刷等角度也都屬於上乘之作，以當時（大正時代）的技術與設備，大概也只有「龜毛」的日本人再加上從樟腦所得到的暴利才幹得出來。

這本書雖是一本關於樟樹與樟腦的技術簡介，但是把它當作一本賞心悅目的美術書籍來欣賞，也是說得過去的。這麼漂亮的一

上｜深溝坑五號腦寮。
左｜日本樟樹蕃殖區域圖｜引自《臺灣產芳香揮發油之研究第二號：臺灣產樟牛油及油樹油之研究》。

日本樟樹蕃殖區域圖

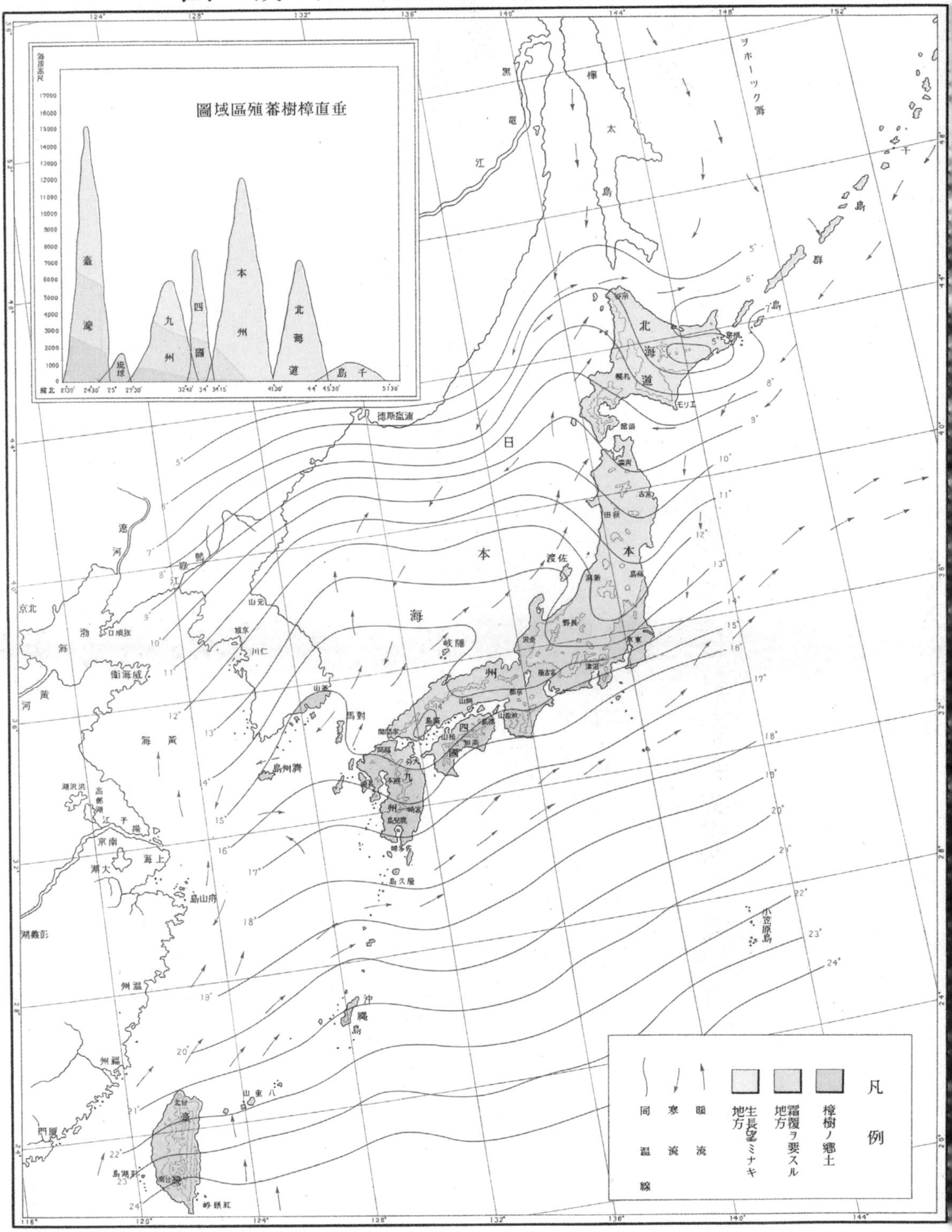
垂直樟樹蕃殖區域圖
凡例
樟樹ノ郷土
霜覆ヲ要スル地方
生長望ミナキ地方
暖流
寒流
同温線
日本海
北海道
本州
四國
九州
臺灣
樺太島
千島群島
沖繩島
小笠原島
オホーツク海

本書，用來介紹這個「血腥」的產業，我覺得實在有些詭異。

說樟腦業是個「血腥」的產業，絕不是我杜撰的。忘了是哪一本書、哪一個人說的一句話："Price of camphor is blood"（樟腦的代價是鮮血）。這句話說得有點沒頭沒腦，到底是為了生產樟腦而付出鮮血的代價？還是為了樟腦而去殺人？或許這是一句雙關語，既殺了人，自己也付出了鮮血的代價。

說這句話的人應該是一位十九世紀下半葉在臺灣參與樟腦業務的英國人或美國人。這個洋人可能不僅僅是舒舒服服的坐在淡水、安平甚至打狗的洋行辦事樓內下訂單，或驗驗貨色，他可能實際到過砍伐樟樹的深山老林中，視察煉製樟腦的實際情況。他也可能親眼目睹，在生產樟腦的過程中，所引發的殺戮。

現代的人可能無法了解，一九二〇年代之前，樟腦無可取代的價值。樟腦不就是放在衣櫃中用來薰薰衣服，或是放在小便斗中去除異味的小丸子嗎？除此之外還能有多大的用途？簡單的說，早期化工合成技術相對落後的時代，樟腦是製造藥品、無煙火藥、賽璐璐等無可取代的化工材料。

前幾年，一部叫《血鑽石》的好萊塢大片轟動一時，兩位黑白主角都有不錯的表現。或許"Price of camphor is blood"也可以換個說法"Price of diamond is blood"。可是

上｜深溝坑五號腦寮大樟樹。
左｜**臺灣全島樟牛樹及油樹分布之圖**｜引自《臺灣產芳香揮發油之研究第二號：臺灣產樟牛油及油樹油之研究》。

臺灣全島

樟牛樹及油樹分布之圖

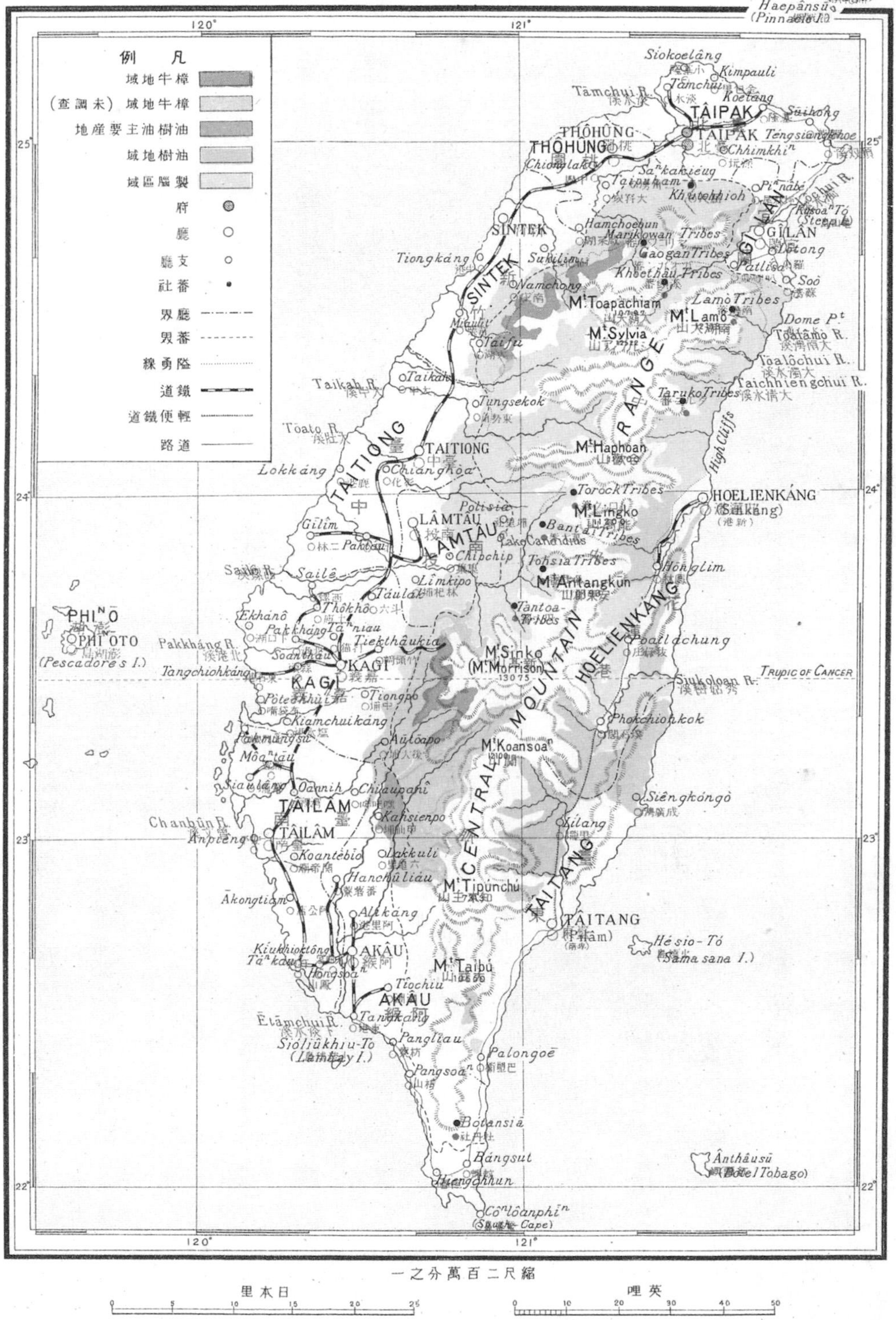

我覺得非洲獅子山生產的鑽石，血腥的程度可能還不如十九世紀末、二十世紀初臺灣的樟腦。

鴉片戰爭後，咸、同年間（一八六〇）臺灣開放對外通商，第一波湧入臺灣的，就是迫不急待和清政府死纏爛打的歐美樟腦貿易商。十九世紀下半葉，幾個來臺灣深入山區，後來出書以探險自炫、批評清政府官僚以自抬身價的西方探險家，真實的目地，說穿了也是為了尋找樟樹純林，一圓發財的美夢。當時除了少數樟腦在日本生產之外，臺灣幾乎生產了全球百分之九十五的樟腦，因為臺灣擁有全世界最大的樟樹純林。

當時樟腦的利潤相當驚人，而官方主導了樟腦的買賣。根據同治元年（一八六二）英國駐淡水領事的報告，外商向清政府支付樟腦的價格是十六塊銀元一擔，而清政府支付樟腦生產只有六塊銀元。外商再以十八塊銀元在香港出售。此外，外商還要向臺灣道臺衙門支付一筆巨額的承包費。根據淡水領事的推測，樟腦的專賣收入，在臺灣道臺衙門的財政收入占有相當大的比例。

到了劉銘傳時代，由於大力發展鐵路等現代化的基本建設，需要龐大的資金，在臺灣鉅富板橋林家與霧峰林家的支持下，設立撫墾局，專門從事樟腦開採，籌措建設資金。但平原的樟樹已砍伐殆盡，逐漸深入山區，與山地原住民關係便日趨緊張，撫墾局一面砍伐山區的樟樹，一面加強隘寮防線的建設，以防「番害」。

臺灣割讓給日本後，殖民政府對樟腦的控制更加嚴酷。當時現代化的糖廠還未興建，樟腦的生產對總督府而言，和清代的臺灣道臺衙門一樣，關係到財政收入的主要來源，不能等閒視之。

除了攸關臺灣總督府的財政主要收入

左｜新竹廳樟牛樹分布之圖｜引自《臺灣產芳香揮發油之研究第二號：臺灣產樟牛油及油樹油之研究》。

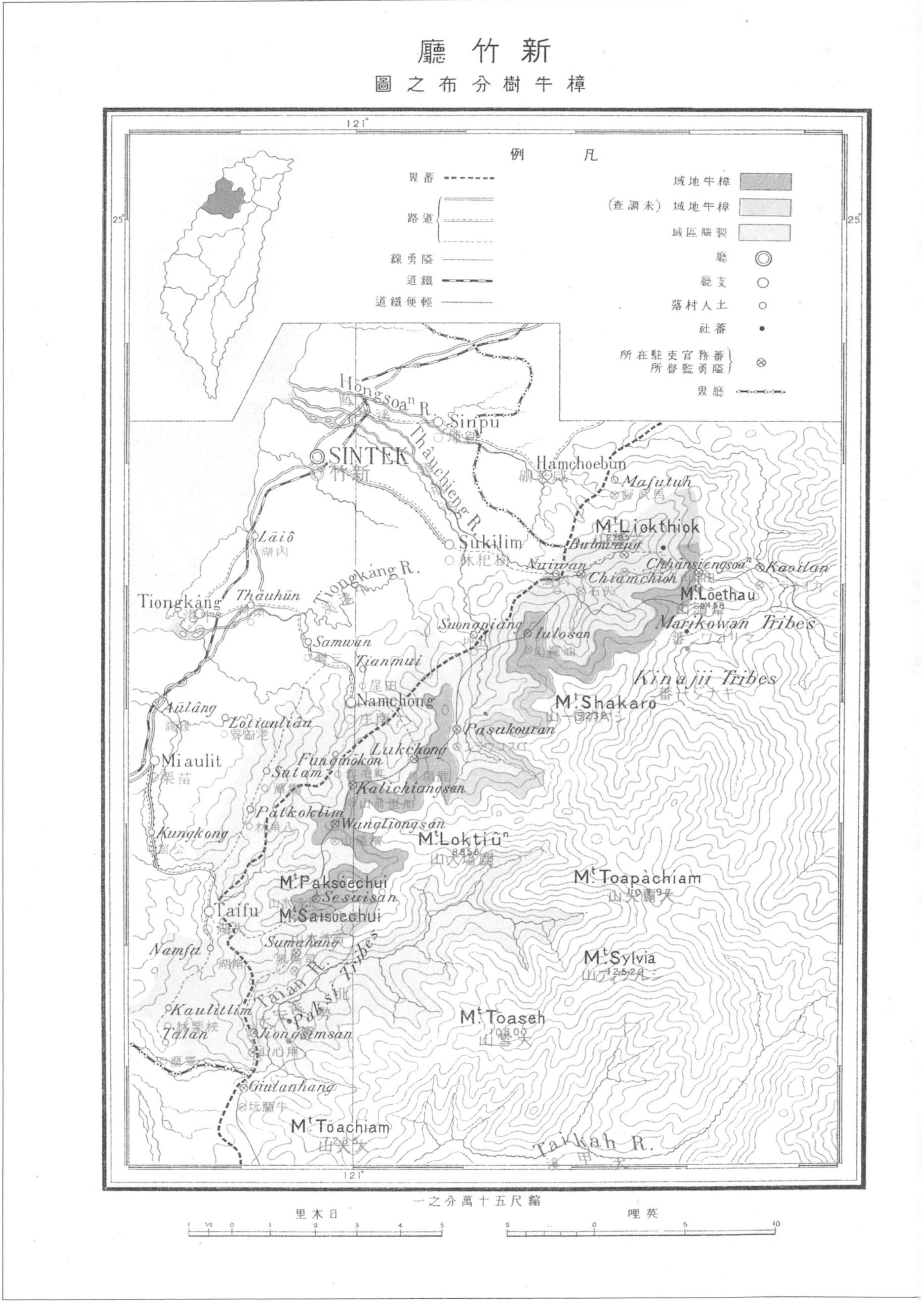
新竹廳
樟牛樹分布之圖
凡例
121°
25°
Hongsoaⁿ R.
Sinpu
SINTEK
Thâuchieng R.
Hamchoebun
Mafutuh
Mᵗ Liokthiok
Sukilim
Bulonnug
Nuiwan
Chiamchioh
Chhansiengsoaⁿ
Kaoilan
Mᵗ Lôethau
Marikowan Tribes
Lāiô
Tiongkáng R.
Tiongkáng
Thâuhūn
Suonapiang
Iulosan
Samwan
Tianmui
Kinajii Tribes
Namchong
Aūlâng
Lotiunliân
Mᵗ Shakaro
Pasukouran
Lukchong
Miaulit
Fungmokon
Satam
Kalichiangsan
Patkoklim
Wanglionsan
Kungkong
Mᵗ Loktiûⁿ
8856
Mᵗ Toapàchiam
Mᵗ Paksoechui
Sesuisan
Taifu
Mᵗ Saisoechui
Sumahang
Namsa
Taian R.
Pak s. Tribes
Mᵗ Sylvia
12522
Kaulitlim
Talan
Jiongsimsan
Mᵗ Toaseh
10800
Giulanhang
Mᵗ Toachiam
7265
Taikkah R.
縮尺五十萬分之一
日本里
英哩

外，還關係到日本樟腦業者的利益。日本本土是僅次於臺灣的最大樟腦生產地，而且日本業者原本就已經掌握了高純度樟腦的精煉技術，如果再控制臺灣的樟腦生產，那麼日本業者便能輕易擺脫歐美的經銷商，完全掌握全球樟腦的定價權，從而獲得樟腦生產的巨大利潤。

在占領臺灣的前幾年間，日本殖民政府與在臺歐美商人爭執而引發的外交事件，幾乎全和樟腦有關。日本人為了樟腦的利益，不惜和西方列強翻臉。部分史學家甚至認為，二十世紀初日本殖民政府發動大規模的「理蕃」戰爭，原本的目的就是為了擴大樟腦的生產。

明治二十八年（一八九五）十月，日軍剛結束與抗日義軍的作戰，殖民政府便迫不急待的頒布《樟腦製造取締規則》，在日本人的眼中，樟腦幾乎是除了統治權之外的頭等大事。

到了明治三十二年（一八九九），臺灣總督府乾脆宣布實施樟腦專賣制，將歐美樟腦貿易商全數趕出臺灣，然後發動大規模的「理蕃」戰爭，企圖鎮壓妨礙樟腦生產的高山地區的原住民。

不過就在「理蕃」戰爭獲得全面勝利之際，戲劇性的一幕發生了，德國研發的人工合成樟腦宣告成功，臺灣生產的樟腦，出口幾乎陷於絕境。大正十年（一九二一）臺灣樟腦的產量由最高的五〇〇多萬公斤銳減到一

上｜削切樟樹。
下｜阿里山樟樹。
左｜**嘉義廳樟牛樹及油樹分布之圖**｜引自《臺灣產芳香揮發油之研究第二號：臺灣產樟牛油及油樹油之研究》。

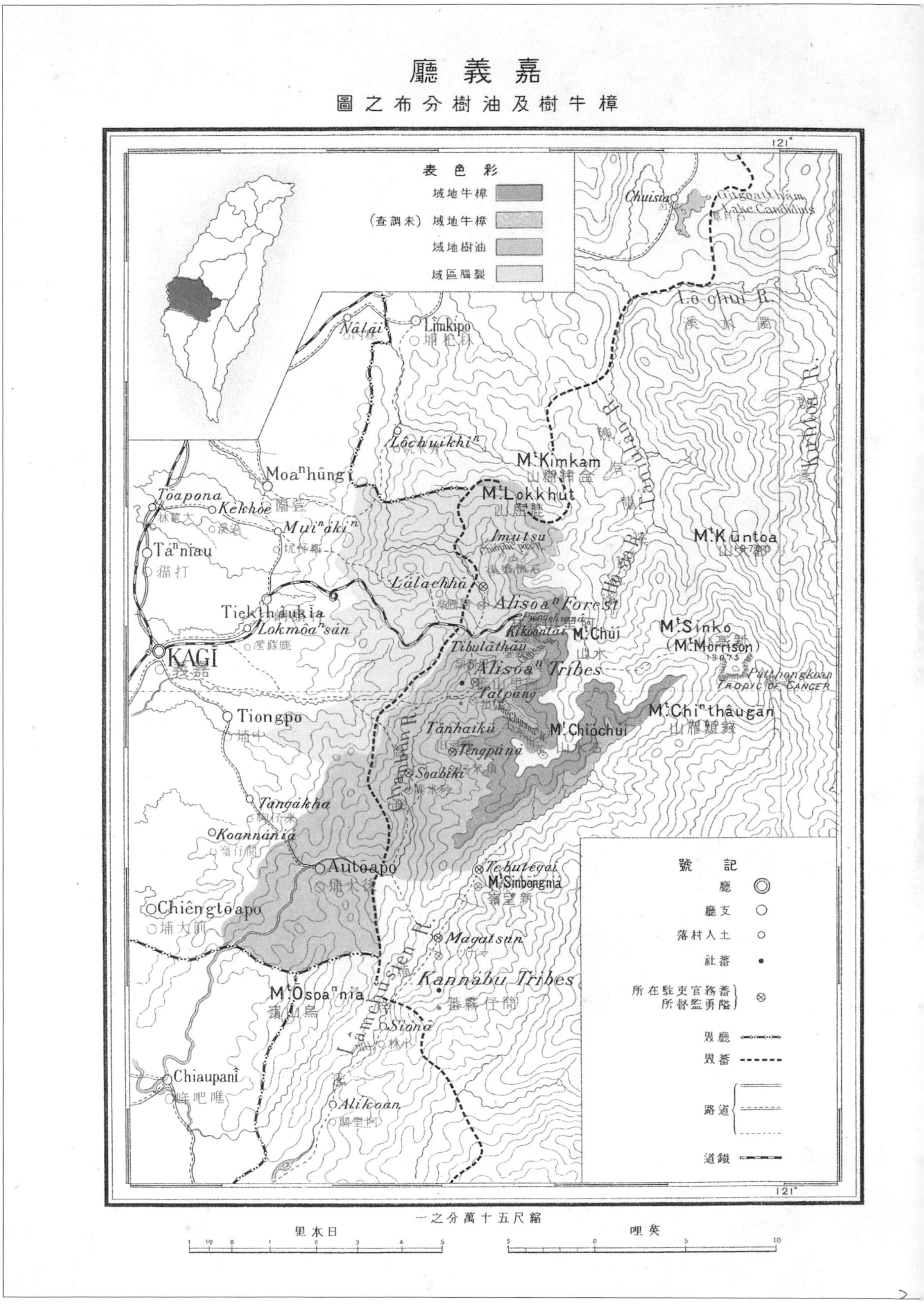
嘉義廳
樟牛樹及油樹分布之圖
彩色表
樟牛地域
樟牛地域（未調查）
油樹地域
製腦區域
記號
廳
支廳
土人村落
蕃社
蕃務官吏駐在所 隘勇監督所
廳界
蕃界
道路
鐵道
縮尺五十萬分之一
日本里
英哩
KAGI
嘉義
Tiongpo
Autoapo
Chiengtoapo
Chiaupani
Alikoan
Siona
Magatsun
Kannabu Tribes
M.t Osoa^n nia
M.t Simbongnia
Tekutegai
Soabiki
Tengpuna
Tanhaiku
Taipang
Alisoa^n Tribes
Tibulathau
Kikoantai
Alisoa^n Forest
Lalachha
Imutsu
M.t Lokkhut
M.t Kimkam
Lochuikhi^n
Moa^n hung
Toapona
Kekhoe
Mui^n aki^n
Ta^n niau
Tiekthaukia
Lokmoa^n san
Tangakha
Koannania
M.t Chiochui
M.t Chi^n thaugan
M.t Sinko
(M.t Morrison)
13075
Putthongkoan
TROPIC OF CANCER
M.t Chui
M.t Kuntoa
Lo chui R.
Chuisia
Lake Candidius
Nalai
Limkipo
Lamchusien R.
121°

〇〇萬公斤，出口到歐美的僅剩下一四・六萬公斤。

此後為了與德國的人工合成樟腦對抗，殖民政府用盡各種辦法，甚至組織業者成立「臺灣樟腦株式會社」集中經營，降低營運成本，最後不見起色，乾脆將「臺灣樟腦株式會社」移交專賣局直接經營。後來才勉強恢復了部分美國市場，但臺灣樟腦已難重現昔日盛況，淪為夕陽產業。

這本印製精美的《臺灣產芳香揮發油之研究第二號：臺灣產樟牛油及油樹油之研究》一書，正是發刊於臺灣樟腦由盛而衰的大正末年，為血色的臺灣樟腦，譜寫出一曲優雅的輓歌。

上｜削切樟樹。
下｜阿里山平遮那腦寮。
左｜**阿緱廳樟牛樹及油樹分布之圖**｜引自《臺灣產芳香揮發油之研究第二號：臺灣產樟牛油及油樹油之研究》。

阿緱廳

樟牛樹及油樹分布之圖

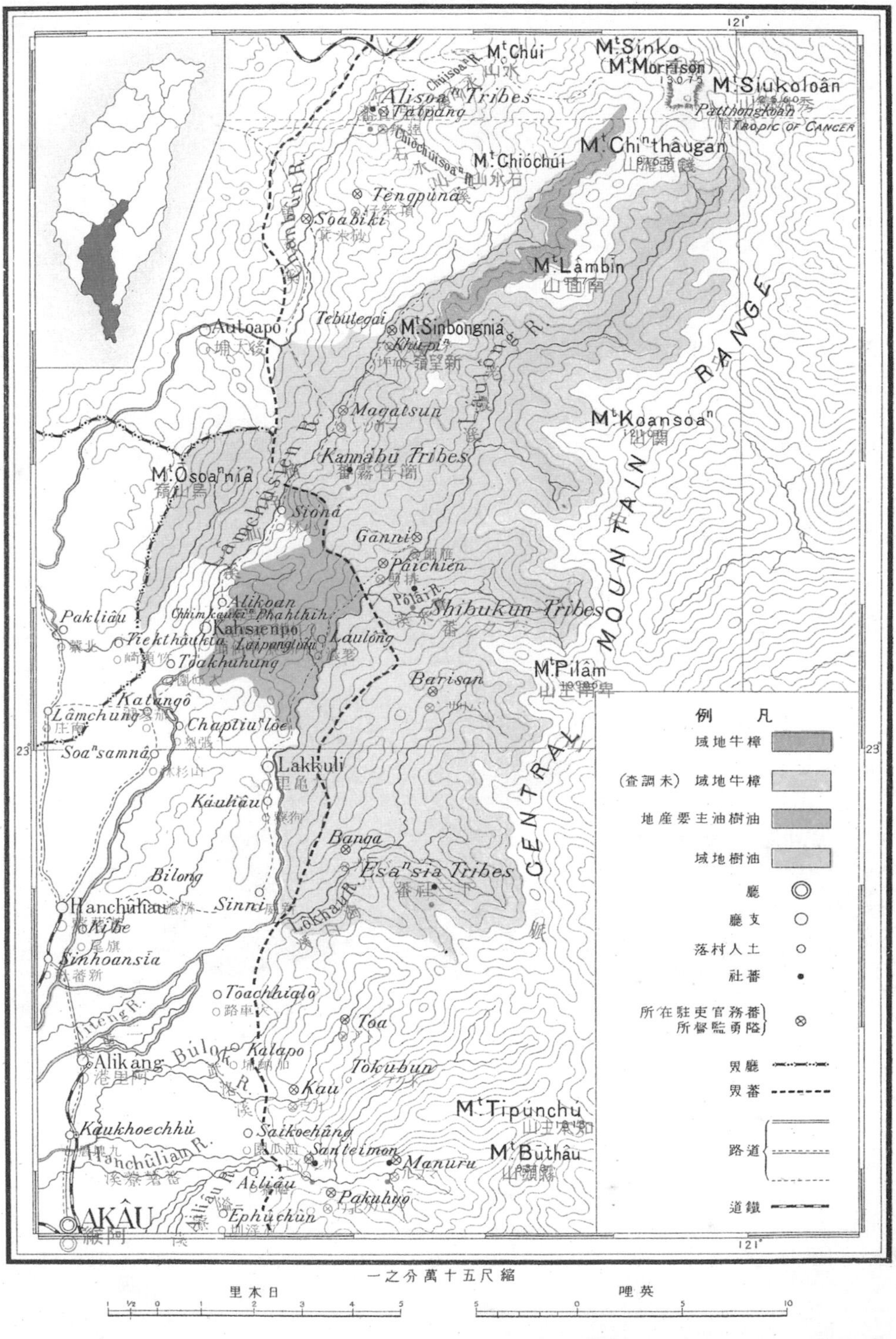

樟腦大事記

明治28年｜1895

因受戰爭影響，樟腦出口由上年198萬公斤銳減至172萬公斤。10月公布《樟腦製造取締規則》。

明治29年｜1896

恢復出口榮景，增至263萬公斤，224萬元。3月公布樟腦規則，因而與外商發生衝突，時而釀成外交事件。

明治30年｜1897

出口日本61萬元，此後逐年增加。

明治32年｜1899

將臺北以外的五處樟腦局，納入臺灣總督府民政部殖產局內。實施樟腦專賣法，斷絕外商之樟腦貿易。開始實施造林，並改良品種，確保業者之地位。

明治34年｜1901

大嵙崁因泰雅族「出草」事件頻發，臺灣樟腦出產減少。日本本土樟腦業者因專賣法之實施，大幅增產，導致臺灣樟腦滯銷。臺灣出口日本樟腦94.5萬公斤，樟腦油178.2萬公斤，共289萬元。

明治36年｜1903

6月　實施臺日共通之專賣法。

大正5年｜1916

出口樟腦與樟腦油達到最高583.4萬公斤，466萬元。

大正7年｜1918

日本樟腦精製業者合組「日本樟腦株式會社」。海外銷售由該會社委託三井物產株式會社辦理。

大正8年｜1919

全臺樟腦粗製業者23家合組「臺灣樟腦株式會社」，由臺中廳廳長三村三平任會社取締役。

大正9年｜1920

因德國人工合成樟腦問世，臺產樟腦出口幾乎斷絕，為與德國人工合成樟腦對抗，殖民政府收購「臺灣樟腦株式會社」，交專賣局直接經營。

大正10年｜1921

產量100萬公斤，出口歐美激減至14.6萬公斤，28萬元。

大正12年｜1923

因改進販售方式，產量增至350萬公斤，價值超過1,000萬元。

昭和元年｜1926

產量又減至200萬公斤左右。

昭和4年｜1929

產量增至418萬公斤，價值756萬元。出口日本樟腦129.6萬公斤，樟腦油493.8萬公斤，565.2。此後景況不再。

昭和6年｜1931

產量減至146萬公斤，價值244萬元。此後才又逐年增長。為確保日本賽璐璐業的銷路，日本賽璐璐業者合組「大日本賽璐璐株式會社」。

昭和10年｜1935

出口日本樟腦109.2萬公斤，樟腦油259萬公斤，共443萬元。出口歐美96萬公斤，203.8萬元，其中美國占八成以上。

蔗糖篇

日本時代的臺灣糖業地圖為什麼一成不變？

我收藏的三張日本時代糖業地圖，只有一個主題，即各大製糖會社的原料採取區域圖。我常覺得有些不解，製糖業是日本時代臺灣最重要的產業、製造業，為何相關地圖的類別會如此單一？我曾試圖尋找其他主題的地圖，結果終歸徒勞，一無所獲。更令我不解的是，光復後關於糖業的主題地圖，數量也不多，卻獨缺這個門類，大多是蔗田土質、蔗田分布之類的。

後來我才了解，光復後之所以沒有類似《各製糖場原料採取區域圖》的地圖，原因很簡單，因為日本時代的日資製糖株式會社全被國民政府以「敵產」的名義接收了，合組成台灣糖業公司，也就是大家熟悉的「台

上｜臺灣製糖株式會社屏東工場的規模，在全臺首屈一指。

左｜臺灣糖業圖｜《臺灣糖業年鑑》｜縮尺百二十萬分之一｜大正8年（1919）

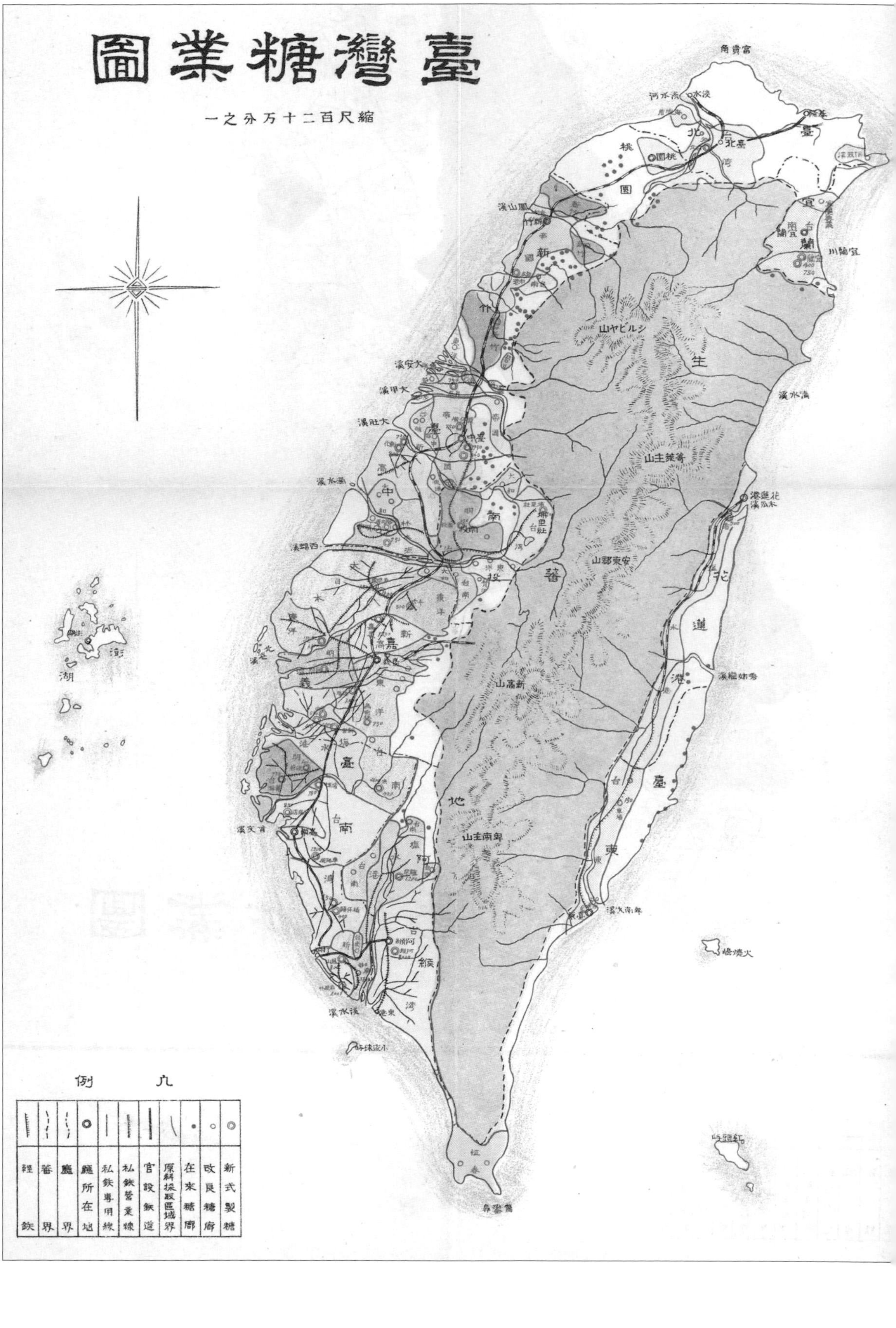
臺灣糖業圖
縮尺二百十万分之一
凡例
新式製糖
改良糖廍
在來糖廍
官設鉄道
廳所在地
廳界
蕃界

糖」，不再需要區分各糖廠的「勢力範圍」，所以不用再繪製這個類別的地圖。

在老地圖的領域，我的見識雖然談不上「無出其右者」，但也非新入門的生手，所以我總覺得這個「奇怪」的現象，應該可以說明點什麼……。

我就讀的高中在高雄的郊區，校園除了大門那一面，其他三面都被甘蔗園包圍。幾個同學常躲在甘蔗園裡吸菸，或者乾脆鑽過甘蔗園逃課去看電影、打撞球。當時製糖的甘蔗是青白外皮的品種，有個調皮的同學不知從哪弄來了一把柴刀，打算用來削甘蔗，滿以為青皮甘蔗和一般的紫皮甘蔗一樣可以嚼汁，結果不但沒嚼到甘蔗汁，反而弄得滿口的渣渣，狼狽不堪。

每當蔗農看到我們逃課躲在蔗園裡吸菸，就消遣我們說：「阮是天下第一憨，種甘蔗給會社磅。你們是第三憨，吃菸吹風。」

上｜臺灣總督府檢糖所。
左｜臺灣糖業圖｜《臺灣糖業統計》｜縮尺百二十萬分之一｜昭和9年（1934）

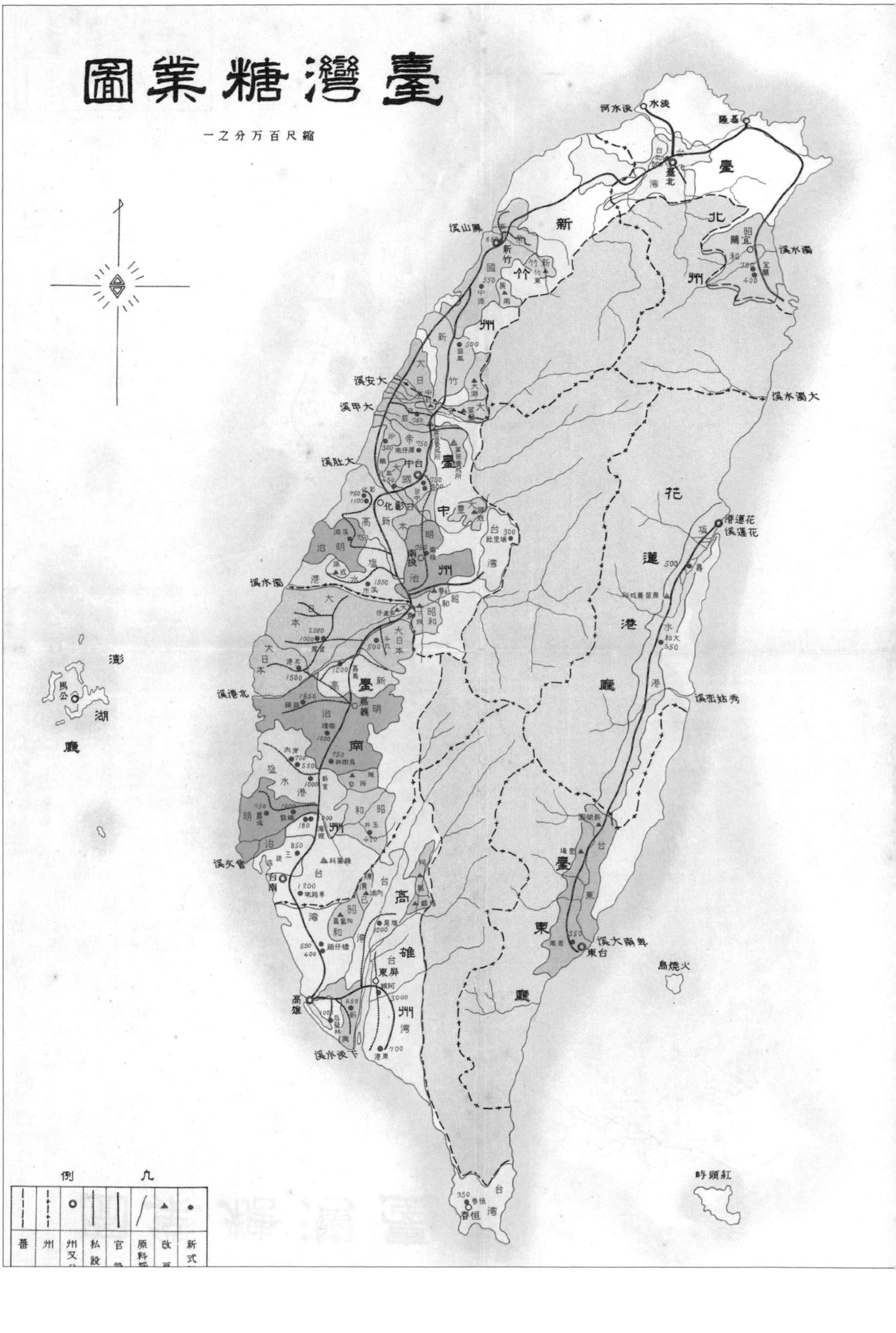
臺灣糖業圖
縮尺百万分之一
凡例
臺北州
新竹州
臺中州
臺南州
高雄州
花蓮港廳
臺東廳
澎湖廳
火燒島
紅頭嶼

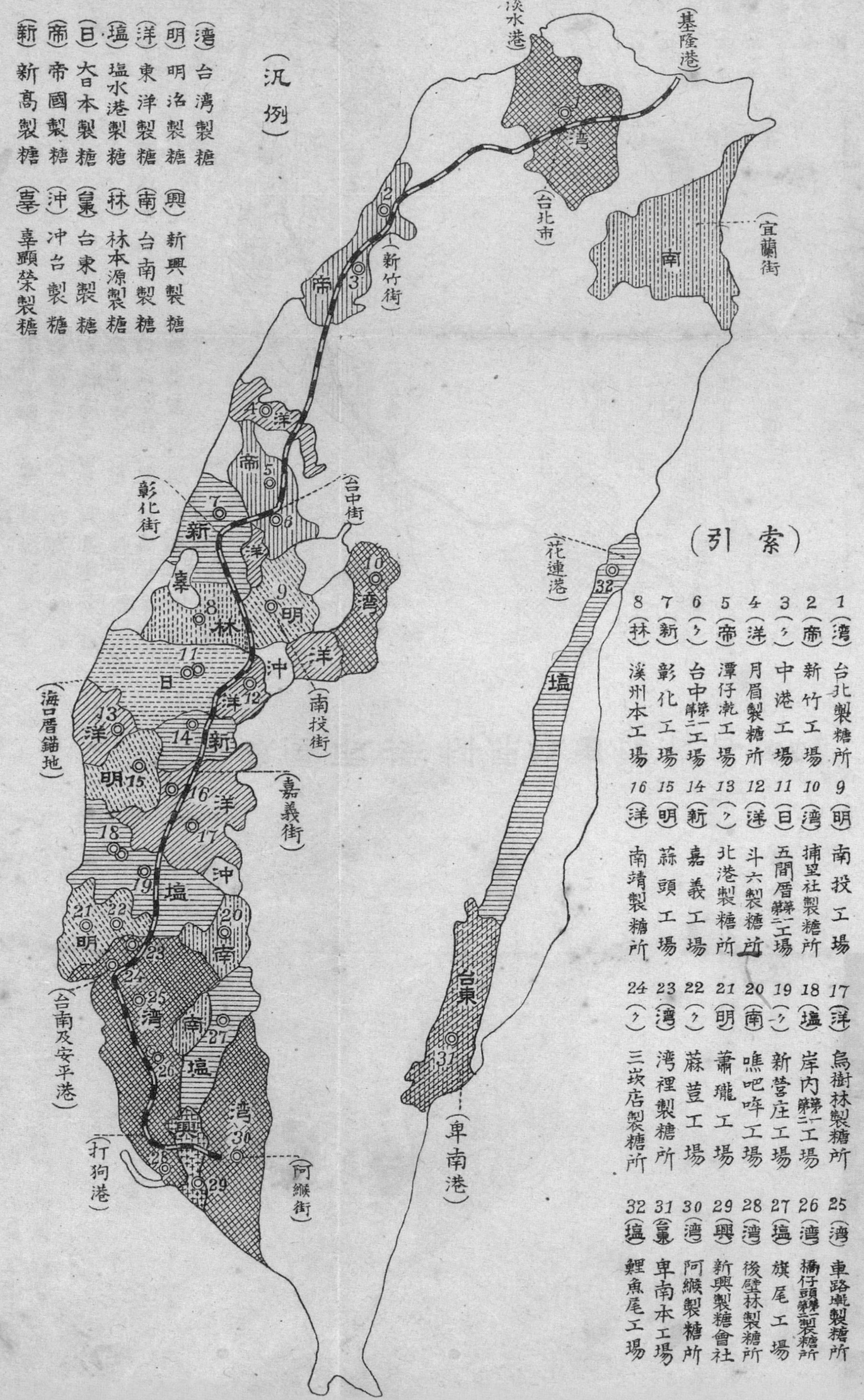

（凡例）
（湾）台湾製糖
（明）明治製糖
（洋）東洋製糖
（塩）塩水港製糖
（日）大日本製糖
（帝）帝國製糖
（新）新高製糖
（興）新興製糖
（南）台南製糖
（林）林本源製糖
（台東）台東製糖
（沖）沖台製糖
（辜）辜顯榮製糖
（索引）
1（湾）台北製糖所
2（帝）新竹工場
3（〃）中港工場
4（洋）月眉製糖所
5（帝）潭仔漧工場
6（〃）台中第二工場
7（新）彰化工場
8（林）溪州本工場
9（明）南投工場
10（湾）埔里社製糖所
11（日）五間厝第二工場
12（洋）斗六製糖所
13（〃）北港製糖所
14（新）嘉義工場
15（明）蒜頭工場
16（洋）南靖製糖所
17（洋）烏樹林製糖所
18（塩）岸内第二工場
19（〃）新營庄工場
20（南）噍吧哖工場
21（明）蕭壠工場
22（〃）蒜荳工場
23（湾）湾裡製糖所
24（〃）三崁店製糖所
25（湾）車路墘製糖所
26（湾）橋仔頭第二製糖所
27（塩）旗尾工場
28（湾）後壁林製糖所
29（興）新興製糖會社
30（湾）阿緱製糖所
31（台東）卑南本工場
32（塩）鯉魚尾工場
淡水港
基隆港
台北市
宜蘭街
新竹街
台中街
彰化街
南投街
海口厝錨地
嘉義街
台南及安平港
打狗港
阿緱街
花蓮港
卑南港

「天下第一憨，種甘蔗給會社磅。」是日本時代臺灣流行很廣的諺語。後來好事者又追加了兩句：「第二憨，打球相撞；第三憨，吃菸吹風。」有的版本第三憨是「帶女朋友吹東風」。

吸菸、撞球、交女朋友是當時年輕人的「成年式」，蔗農拿這些話消遣我們，純屬「過來人」的戲謔，並無惡意。但當時我們並不瞭解為什麼名列第一的是種甘蔗，而且種甘蔗和吸菸、撞球、交女朋友，風馬牛不相及，怎會湊在一起？種甘蔗為什麼是普天之下最愚蠢的行當？當時只覺得怪，也沒想弄清楚。

後來才知道，所謂「種甘蔗給會社磅」，是指日本時代蔗農將收成甘蔗交付日本經營的糖業株式會社過磅，為什麼是「天下第一憨」？因為製糖株式會社的地磅很「坑人」。

當時臺灣還流行另一句諺語，說明製糖株式會社地磅「坑人」的程度：「三個保正八十斤」。保正相當於現在的里長，八十臺斤等於四十八公斤，所以平均一人十六公斤。說「天下第一憨，種甘蔗給會社磅」時，可能還帶點上當後的「餘怒」，而說到：「三個保正八十斤」時，大概已火氣全消，只剩下自我消遣的無奈了。

話說一九二〇年代某日，彰化二林一位蔗農將剛採收的甘蔗送到溪洲的林本源製糖株式會社過磅，結果和心中預期的「斤兩」相差太遠了，實在氣不過，便找了當地三位「保正」來主持公道，三位保正往地磅上一站，結果只秤出八十臺斤，這還有什麼可說的呢？不久便爆發了著名的「二林事件」。

製糖株式會社之所以敢明目張膽的「坑殺」蔗農，是因為有「制度」上的保障。

保障製糖業者的「制度」是明治三十八年（一九〇五）臺灣總督府頒布的《糖廠取

右｜（臺灣）各製糖會社原料採取區域圖｜相良捨男｜大正8年（1919）

締規則》。此項規則規定，禁止糖廠跨區收購原料，蔗農也不得跨區銷售甘蔗。表面上是為了抑制糖廠無限的擴張，以確保製糖業者得以合理的價格收購甘蔗。但甘蔗的收購價格既不由市場決定，蔗農也無表達意見的權力，而是由政府與糖廠協商制定的。那麼如何確保農民的利益？抱歉當時沒這種觀念。

至於租賃糖廠土地種植甘蔗的佃農所受的待遇更是不合理、規定更加嚴苛，除非糖廠同意，佃農不得種植甘蔗以外的作物，收成時由會社派遣苦力收割甘蔗，工資則由佃農負擔，過磅和蔗價會社說了算。此外，還得使用會社供應的肥料，肥料的價格由會社制定。如果施肥量不足，還要苛扣蔗價。

反之，糖業資本不但受到臺灣總督府的政策保護，對新式糖廠還給與實物與資金的獎勵。至明治三十九年（一九〇六）為止，僅現金資助便高達一〇九萬元，其他如低利貸款、蔗苗無償供給等實物援助，更是不知凡幾。

在制度與金錢、物質的保障下，製糖會社的獲益是相當驚人的。當時臺灣前五大製糖會社的獲益率，平均是百分之二十五，獲益率最高的近四成，說是暴利真不為過。當

上｜蔗園工人。
左上｜臺灣製糖橋仔頭第一工場。
左下｜臺灣製糖阿緱酒精工場。

然這種暴利，並非來自經營上的成效，主要是靠圖利製糖會社資本的政策性支撐，與犧牲蔗農利益的代價換來的。「天下第一憨，種甘蔗給會社磅」便是對此制度化的掠奪，最無奈的控訴。

在此無情的壓迫下，臺灣農民當然不可能永遠逆來順受。一九二四年溪洲林本源製糖會社、西湖的明治製糖會社、虎尾的大日本製糖會社、鳳山的新興製糖會社的所在地紛紛發生蔗農抗爭事件。一九二五年又連續發生十二件蔗農抗爭事件，其中較有名的就是「二林事件」。此後形成臺灣農民運動，之後再與政治運動合流，匯聚成波瀾壯闊的民族解放運動。

現在，再回頭看看日本時代為何不斷重複單調、一成不變的《製糖會社原料採取區域圖》，便豁然開朗，不覺得奇怪了。不管是總督府殖產局糖業實驗所，還是糖業研究會、糖業聯合會等機構所不斷繪製的《製糖會社原料採取區域圖》，目的其實只有一個，那便是無時無刻的確認各個製糖會社不容侵犯的勢力範圍，而且這也是日本時代臺灣糖業蓬勃發展的本質性構造與內容的全部。

蔗糖大事記

明治28年｜1895

甘蔗栽種面積16,000甲，單位產量每甲4至5萬臺斤。新式糖廠僅一家，製糖能力年產300噸。

明治29年｜1896

出口砂糖366,580擔，金額152.9萬元。由爪哇引進「羅士曼布」蔗種，先試種於臺北，因產量高，後普及全臺。

明治33年｜1890

臺灣糖業株式會社於日本創立。

明治34年｜1901

留美農業博士新渡戶稻造任臺灣總督府民政部殖產局長，提出《糖業改良意見書》，主張按甘蔗產地，成立新式大型糖廠。於臺南設置殖產局辦事處，辦理糖業改良事務。

明治35年｜1902

公布《糖業獎勵規則》，對新式糖廠給予實務與資金之獎勵。本項獎勵至明治39年（1906）為止，僅現金便高達109萬元。成立糖務局於總督府，分局設於臺南、嘉義、鹽水港、鳳山、阿緱、斗六社辦事處。

明治36年｜1903

甘蔗栽種面積接近3萬甲，收穫683百萬臺斤。舊式糖廍約1,000家。

明治38年｜1905

出口砂糖396,900擔，金額198.4萬元。公布《糖廠取締規則》，實施原料採取限定制度；甘蔗收購價格由政府與糖廠制定，蔗農不得跨區銷售甘蔗。臺灣糖業株式會社於阿緱設廠，同時併購臺資之南昌、大東兩家糖廠，二廠於橋仔頭成立。

明治39年｜1906

本年下半年起，各地成立新式大糖廠，臺灣糖業協會也於本年成立。殖產局成立糖業實驗所。明治糖業株式會社成立，獲准設立蕭壠第一工場、蒜頭第二工場。

明治42年｜1909

改良式糖廍74家。臺灣糖業株式會社併購臺資之臺南糖廠

明治43年｜1910

臺灣、明治、東洋、鹽水港及新高五家宣告成立糖業聯合會，從此取代臺灣糖業協會。舊式糖廍減至500家左右。臺灣糖業株式會社新設車路墘工場。

明治44年｜1911

輸日蜜糖漸漸取代爪哇糖。撤廢糖務局，於民政部殖產局內設糖務課。臺灣糖業株式會社阿緱酒精工場竣工，並收購神戶精糖株式會社之精糖工場。明治糖業株式會社於麻豆成立總爺第三工場。

大正元年｜1912

由爪哇引進之「羅士曼布」蔗種逐年退化，乃計畫於臺中設立官營蔗苗養成所，至大正5年（1916）起開始配給優良蔗苗。

大正3年｜1912

新式糖廠增至31家，改良式糖廍減至34家，舊式糖廍減至217家。

昭和6年｜1931

甘蔗栽種面積大約10萬甲，甘蔗收穫達戰前最高水平，13,415百萬臺斤。

昭和7年｜1932

舊式糖廍僅餘78家，製糖能力達6,100噸。改良式糖廍僅餘7家。

昭和9年｜1934

甘蔗收穫減至8,838百萬臺斤，價值超過3,000萬元。製糖株式會社增至50家，新式製糖廠45家，產能達42,000餘噸。45家舊式糖廍亦增至92家。改良式糖廍減為6家，製糖能力為4,440噸。

昭和10年｜1935

出口日本本土砂糖37,800擔，金額160.2萬元。甘蔗栽種面積10萬甲，單位產量每甲12至13萬臺斤。新式糖廠增至47家，製糖會社10家。製糖會社的獲利相當驚人，平均約百分之二十五，最高的將近四成。

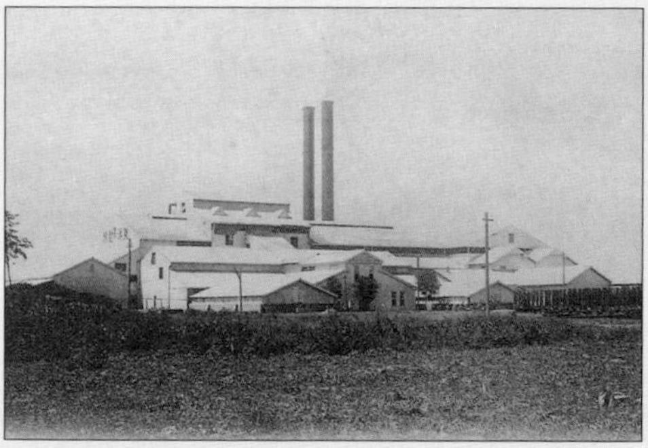

右｜明治製糖溪湖工場。
左｜東洋製糖第一工場（南靖）。

族群篇

臺灣的客家人到底占多少？

長期以來，流行一種說法：客家人占全臺人口的百分之十五左右。一般人的印象，客家人傳統的分布區域如桃竹苗、花東、屏東六堆、高雄美濃等。但長期的田野調查與採訪經驗，使我對這個說法產生質疑。臺中的山線、彰化、雲林、嘉南地區的山線、宜蘭等地現在雖然都使用閩南語，不再說客家話，其實這些地區的住民應該大都是客家族群的後裔。例如前總統李登輝、陳水扁都不會說客家話，他們卻都承認自己是客家族群的後裔。

我的岳父姓游，世居新北市中和，他無法確定他的父親會不會說客家話，不過確定他的祖父還能說客家話。他說童年時代家裡

上｜馬偕牧師拍攝的客家農村，曬穀婦人的髮式、衣著和閩南婦人明顯有別。

左｜臺灣在籍漢民族鄉貫別分布圖｜縮尺百萬分之一｜昭和元年（1926）｜本圖根據1926年臺灣總督府舉辦的臺灣在籍漢民族鄉貫別調查結果繪製。

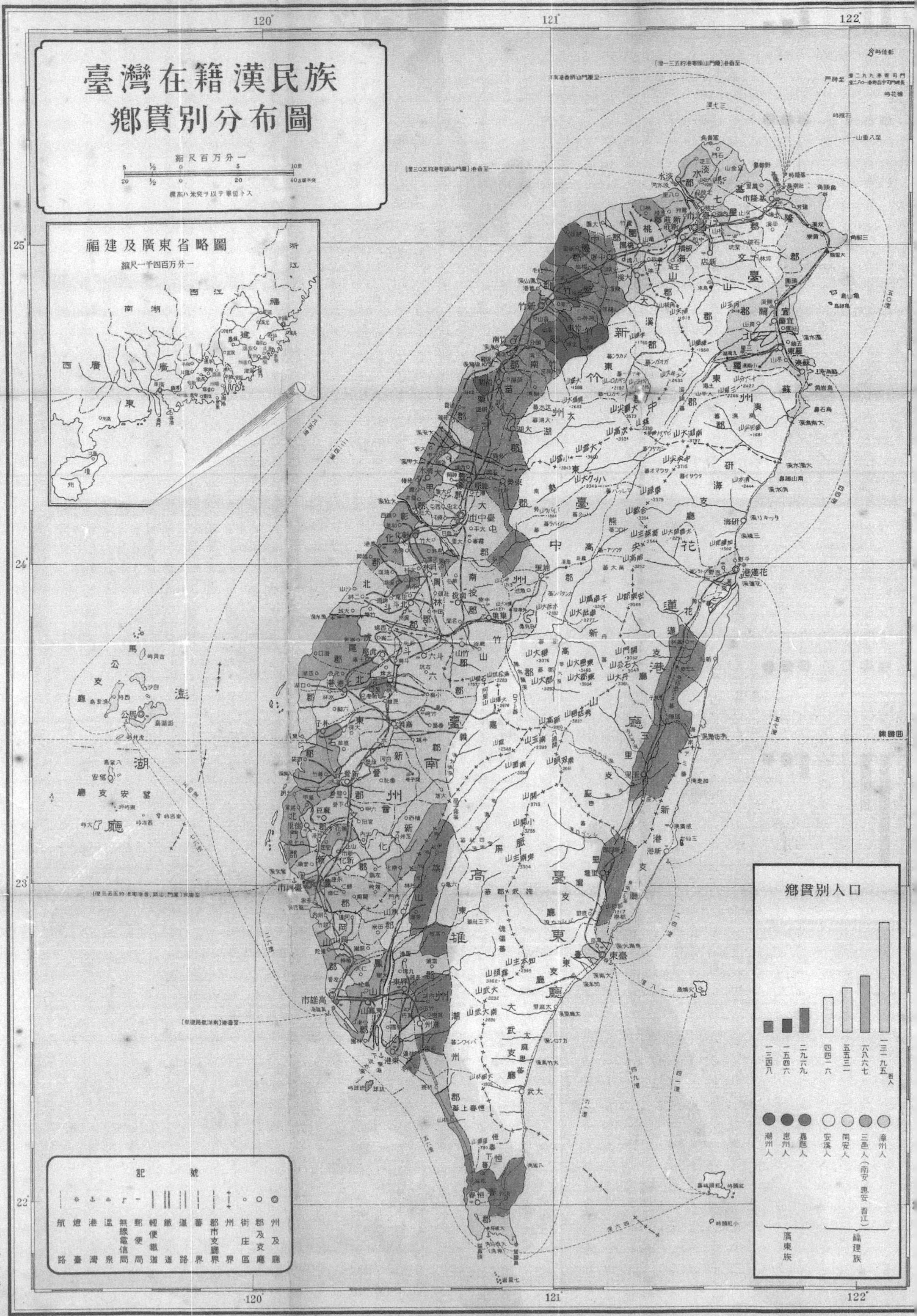

臺灣在籍漢民族鄉貫別分布圖
縮尺百万分一
福建及廣東省略圖
縮尺一千四百万分一
鄉貫別人口
潮州人 一三四八
惠州人 一五四六
嘉應人 二九六九
廣東族
安溪人 四四一六
同安人 五五三一
三邑人(南安 惠安 晉江) 六八六七
漳州人 一三一九五 百人
福建族
記號
州及廳
郡及支廳
街庄區
州界
郡市支廳界
蕃界
道路
鐵道
輕便鐵道
郵便局
無線電信局
溫泉
港灣
燈臺
航路

臺灣總督府

祭祖，祖父上香時都會說一種他聽不懂的話，後來他的母親才告訴他，祖父說的是客家話，也是從那一刻起他才知道他家、甚至整個中和的居民有許多是客家人的後裔。中和老住戶主要的姓氏如游、呂、江，也都是客家傳統的姓氏。一九八〇年後，大陸開放探親，不少中和的居民根據祖上留下祖居地址，返鄉祭祖，發現祖居地講的竟是客家話，才知道自己是客家族群的後裔。

那麼為什麼會有「客家人占全臺人口的百分之十五左右」的說法？我認為這個說法可能源於日本時代。包括《日本地理大系・臺灣篇》在內，許多日本出版的刊物將臺灣的漢人區分為「閩族」與「粵族」。這種說法是日本人根據在臺漢人祖籍調查所作的分類。「閩族」就是福建人，「粵族」就是廣東人，有時日本人也會用「福建人」、「廣東人」代替「閩族」與「粵族」。在日本人的調查中，「粵族」、「廣東人」占臺灣漢人的百分之十五左右。我想這就是「客家人占全臺人口的百分之十五左右」說法的源頭。

日本人將臺灣的漢人區分為「閩族」與「粵族」，本身就毫無意義，將「閩族」與「粵族」轉換為「閩南人」、「客家人」更是荒唐。將臺灣祖籍廣東的歸類為客家人，問題不算太大，但祖籍福建的就不能全歸類為「閩南人」了。雖然祖籍為福建的大多來自閩南地區的州縣沒錯，但如果將祖籍閩南地區的稱為「閩南人」，可能會與閩南語連結，造成誤解，尤其在與「客家人」對稱的時候。事實上，不但閩南的汀州府，客家人占絕大多數，漳州也有一大半是客家人。我岳父和陳水扁祖籍都是漳州府詔安縣二都。

所以，在回答「臺灣的客家人到底占多少？」問題之前，應該對「客家人」作一個清楚的定義。我認為最簡單的定義，可以這

右｜種茶、採茶、製茶是北部客家族群傳統的產業。
左｜臺灣在籍漢民族鄉貫別分布圖（中北部地區）

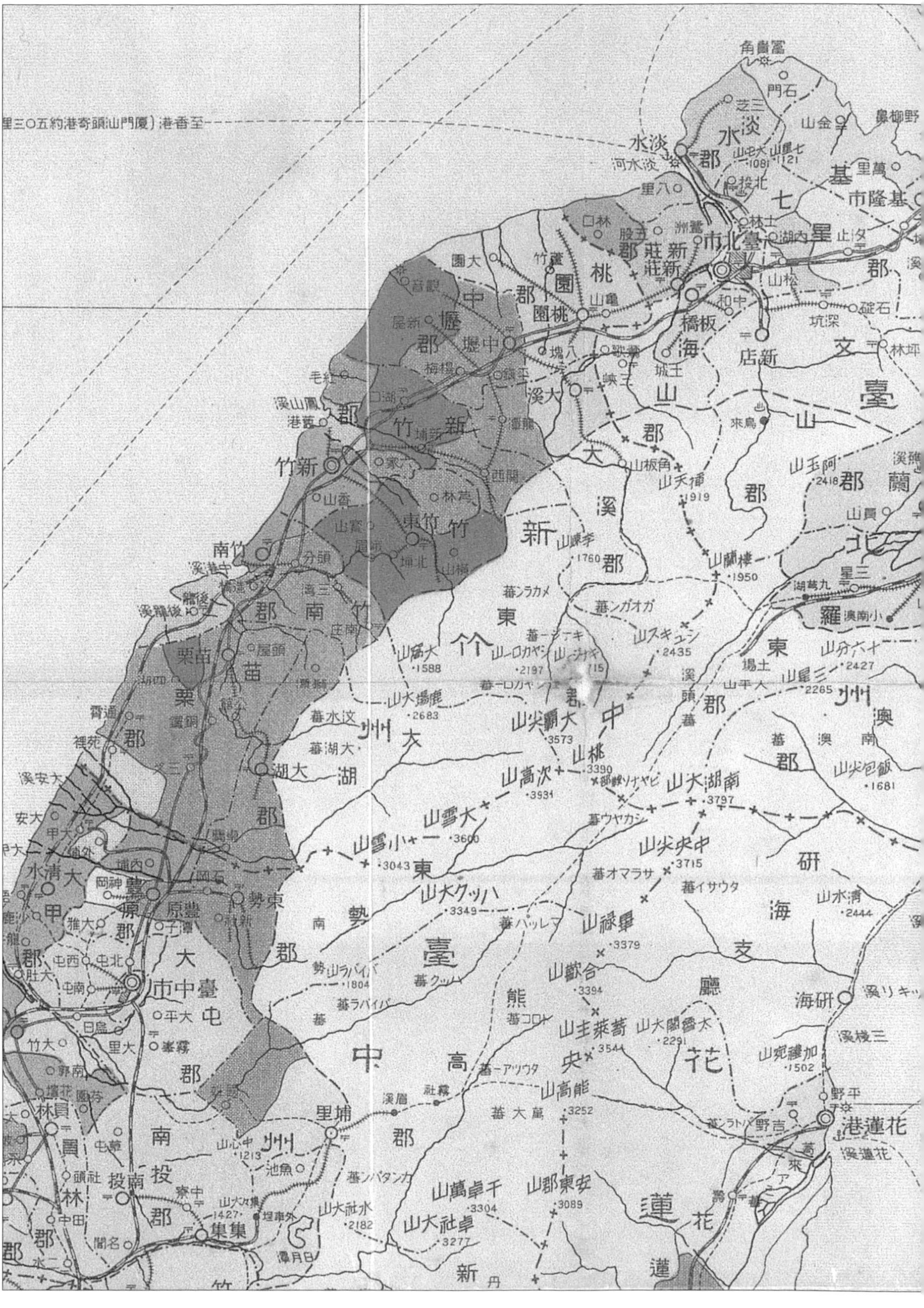

至香港（廈門山頭寄港約五〇三里）
富貴角
淡水
淡水郡
七星郡
基隆市
臺北市
新莊郡
桃園郡
中壢郡
中壢
桃園
新竹郡
新竹
竹東
竹南郡
竹南
苗栗郡
苗栗
大湖郡
大湖
東勢郡
東勢
大甲郡
豐原郡
豐原
臺中市
大屯郡
員林郡
員林
南投郡
南投
集集
埔里
新店
海山郡
大溪郡
大溪
文山郡
羅東郡
蘭陽
宜蘭郡
新竹州
臺中州
臺北州
花蓮港廳
花蓮港
研海支廳
次高山
3931
大霸尖山
3573
南湖大山
3797
中央尖山
3715
雪山
3600
日月潭

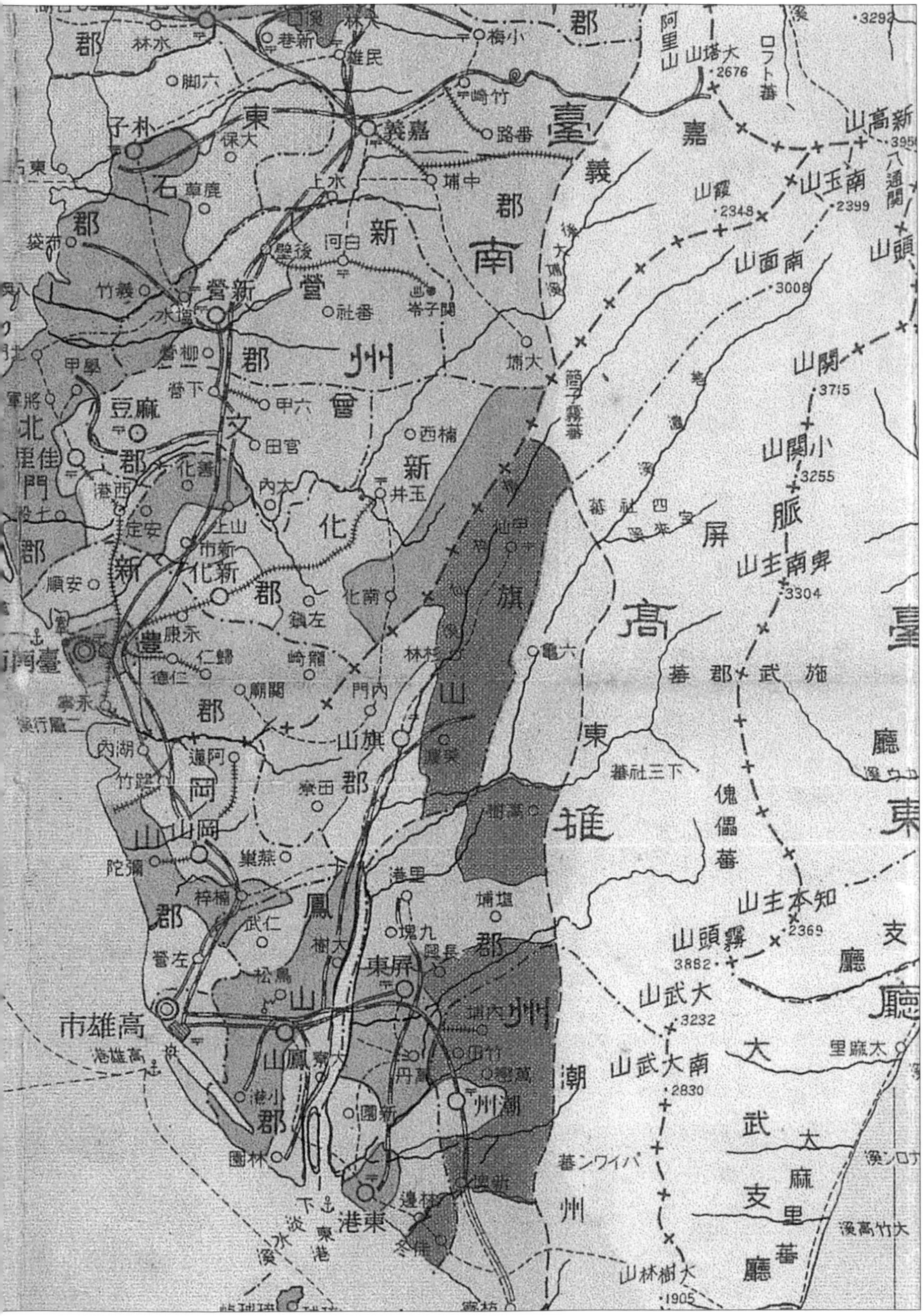
臺南州
高雄州
臺東廳
嘉義郡
新營郡
曾文郡
新化郡
新豐郡
北門郡
東石郡
新化
岡山郡
旗山郡
鳳山郡
屏東郡
潮州郡
東港郡
嘉義
新營
麻豆
佳里
新化
臺南市
岡山
旗山
屏東
鳳山
潮州
東港
高雄市
高雄港
朴子
鹽水
大林
民雄
小梅
竹崎
番路
大埔
玉井
南化
左鎮
關廟
歸仁
永康
安定
安順
西港
官田
六甲
下營
柳營
學甲
將軍
大內
楠西
內門
田寮
燕巢
阿蓮
路竹
湖內
二層行溪
彌陀
楠梓
仁武
左營
鳥松
大樹
九塊
長興
鹽埔
里港
六龜
甲仙
杉林
美濃
內埔
竹田
萬巒
新園
小港
林園
新埤
林邊
佳冬
枋寮
東港溪
淡水溪
下淡水
阿里山
大塔山
2676
新高山
3950
八通關
玉山
南玉山
2399
霞山
2348
南面山
3008
關山
3715
小關山
3255
卑南主山
3304
知本主山
2369
霧頭山
3882
大武山
3232
南大武山
2830
大樹林山
1905
中央山脈
施武郡蕃
下三社蕃
四社蕃
傀儡蕃
パイワン蕃
大武支廳
大麻里支廳
大麻里
3292
ロフト蕃
簡仔霧蕃
大竹高溪

麼說，祖居地的方言為客家語的就應歸類為客家族群。那麼臺灣的客家族群到底占多少呢？祖籍調查應該最能提供較可靠的說法。

一九二六年臺灣總督府針對在臺漢人舉辦了一次「臺灣在籍漢民族鄉貫別調查」。這是臺灣歷史上唯一的一次祖籍調查，相信以後不可能再進行此類調查，即使再作調查，調查結果大概也不會具有太大的參考價值。所以這次調查的數據彌足珍貴。調查的結果也繪製成《臺灣在籍漢民族鄉貫別分布圖》。

這份調查資料雖然珍貴，但至今還沒看到根據這份調查資料作出較有學術價值的研究報告。也沒人根據調查資料推算客家人在臺灣的漢人所占的比例，所以上述的問題還沒有答案。

一九二六年距離乙未割臺正好三十年，來自中國大陸的移民潮已經中斷，島內的分類械鬥也平息下來，所以不管是來自島內還

右｜**臺灣在籍漢民族鄉貫別分布圖（臺南州、高雄州）**
左｜右圖為閩南夫妻的傳統服飾與髮式，左圖則是客家夫妻的傳統服飾與髮式。

是島外，臺灣島內漢人的移動，應該處於相對的穩定狀態。

另外，整個日治時代，臺灣在殖民政府「工業日本，農業臺灣」的定位下，都市化尚未有太大的進展，都市所增加的人口，日籍人口占了相當大的部分，漢人居住地的分布也處於相對的靜置狀態。這對祖籍的調查是個絕佳的時機，所以調查結果應該具很高的參考價值。

一九二六年，全臺漢人三七五萬人，占全臺總人口的百分之八八，福建籍三一二萬，占總人口的百分之七三·五或漢人的百分之八三·一。廣東籍五九萬，占總人口的百分之一三·八；漢人的百分之一五·六。福建籍中，泉州府最多，漳州府次之，兩者占福建籍人口的百分之九六，其餘的百分之四，依次為汀州府、福州府、永春府、龍岩府與興化府。廣東籍的人口中有一半來自嘉應州（梅州），另一半，惠州府稍多、潮州府其次。

如果由分布地點來看，泉州人主要分布在臺灣西部沿海平原地帶、澎湖以及臺北。漳州人分布在西部平原的內側、北部丘陵地帶、蘭陽平原以及花東縱谷的南北端。廣東籍的人口主要分布在西北部丘陵、屏東平原的北部與東部以及花東縱谷的中段。

從分布地點來看，祖籍是臺灣人口分布的主要特徵之一，這是非常值得研究的人文地理現象。首先，我們會發現各府人口的多寡和所占的地理位置是相關的。泉州府人口最多，所占有的地點最適合居住，交通、工商業也較發達，而且也是主要的城市地帶。漳州府、嘉應州次之。之所以如此，一般的說法是和「先來後到」有關。我對此說法，不表認同。有幾個例子可以說明：

一、大臺北盆地最早的開拓者是漳州府

左｜閩粵兩族分布圖｜山崎繁樹｜大正6年（1917）｜此圖引自山崎繁樹撰述之《臺灣史》，不但繪製較粗糙，閩、粵兩族更是毫無根據的說法。

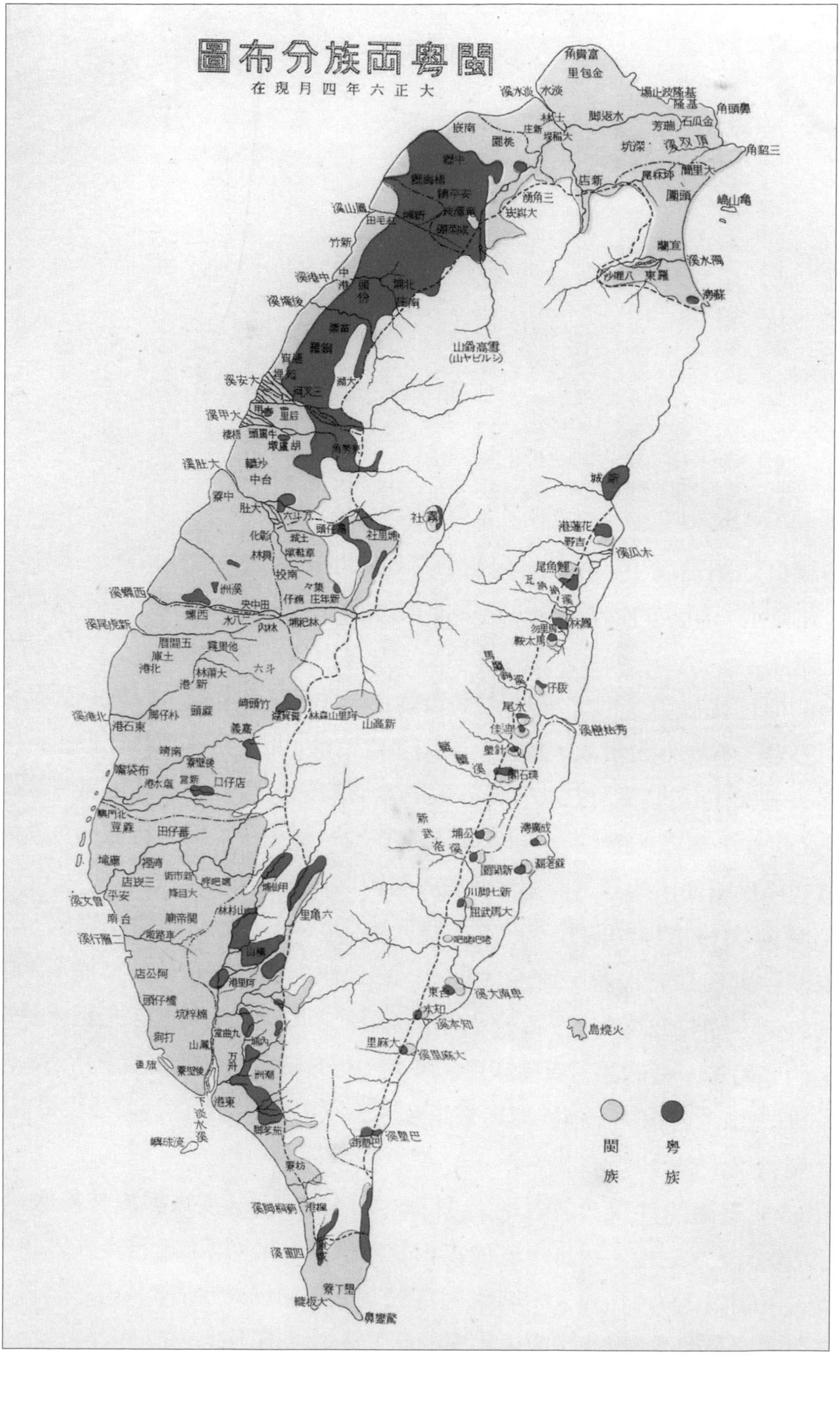
閩粵兩族分布圖
大正六年四月現在
粵族
閩族

的客家人，當時盆地內的最大商滬新莊，是漳州府客家籍移民的地盤，可是後來在分類械鬥中敗北，退到新竹、桃園，此後不但新莊，連艋舺、大稻埕都成了泉州人的勢力範圍。

二、新竹市以閩南人為主，新竹縣以客家人為主，主要的原因是新竹市的閩南人有許多是不在地地主，新竹縣的客家人大多是墾號招募來的佃戶。兩者是租佃關係，很難說是先來後到。

三、屏東平原六堆地帶的客家籍移民雖然略晚於高屏溪沿岸的泉州人，但六堆的開發年代也不晚於嘉義以北的地區。

「先來後到」對臺灣人口的分布當然有一定的影響，但是否是主要的因素，值得加以探討。分類械鬥是貫穿臺灣歷史的長期社會現象，它是以由相同祖籍所結合的團體，與其他籍貫的群體展開勢力範圍的爭鬥。分類械鬥常常引發大規模的民變。分類械鬥、民變對人口的分布應該有相當程度的影響。

我在臺灣老地名中總共查到一百三十餘個和祖籍或籍貫相關的老地名。這些地名的分布和上述的祖籍分布，並沒有太大的關聯性，而且顯得相當零散，沒有什麼規律可言。譬如，泉州人為主的區域，出現了一個純海豐人的聚落，那麼這個聚落大概就會被稱為「海豐厝」。所以此類的地名正反映了該籍貫的人群在當地是屬於少數。

值得注意的是，這類的地名有三分之二，將近八十個左右，分布在彰化、雲林、嘉義三縣的連續地帶，這個現象反映了什麼問題呢？我還無法說明。

還有一些地區，以祖籍為地名的一個也沒有，或是十分稀少，例如北臺灣、花東地區還有澎湖，我也無法說明原因。

左｜臺灣在籍漢民族鄉貫別分布圖（花東地區）

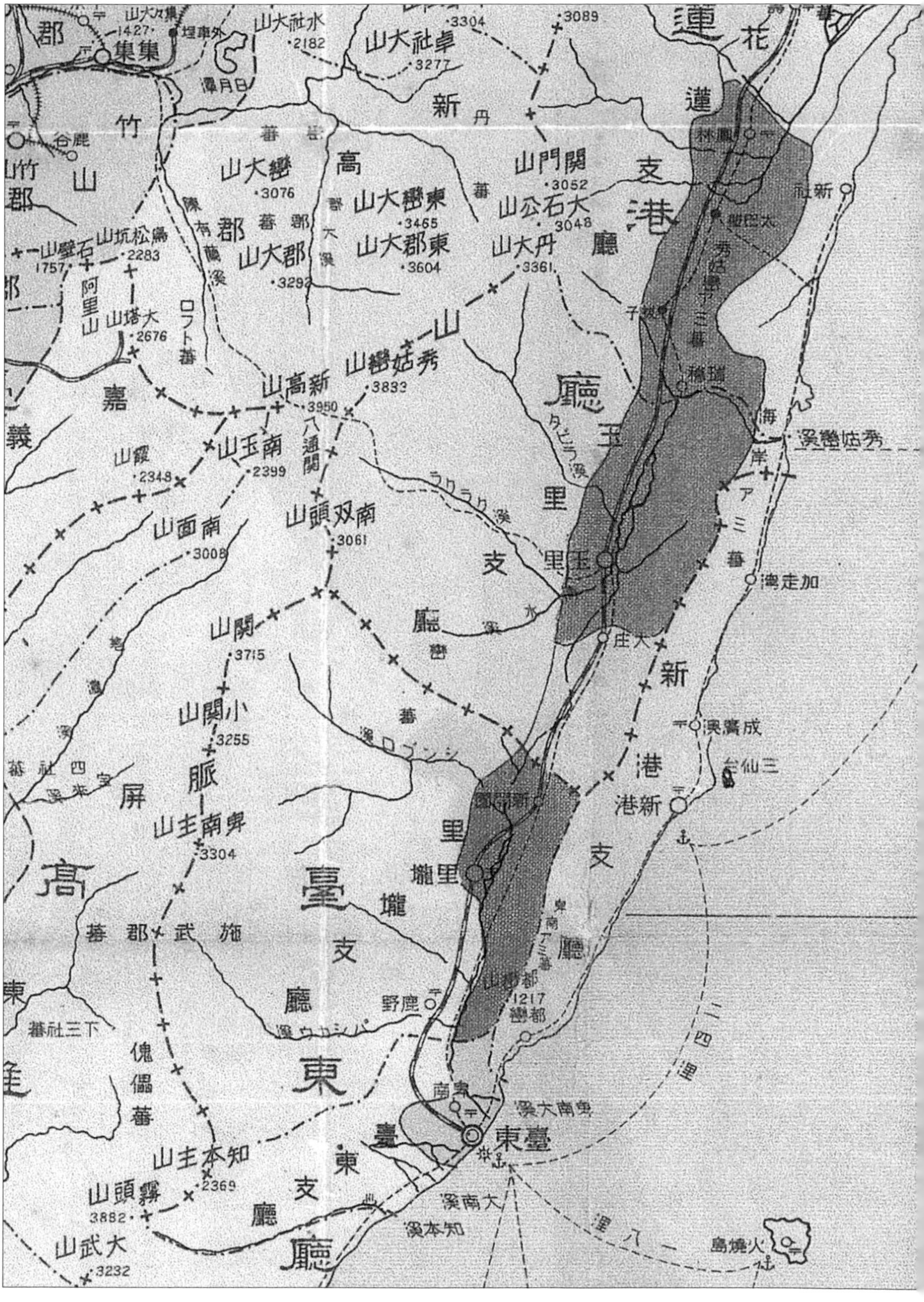
集集
水社大山
2182
卓社大山
3277
日月潭
花蓮港廳
巒大山
3076
東巒大山
3465
關門山
3052
大石公山
3048
郡大山
3292
東郡大山
3604
丹大山
3361
鳥松坑山
2283
石壁山
1757
阿里山
大塔山
2676
新高山
3950
秀姑巒山
3833
八通關
南玉山
2399
霞山
2348
南面山
3008
南双頭山
3061
關山
3715
小關山
3255
卑南主山
3304
施武郡蕃
下三社蕃
傀儡蕃
知本主山
2369
霧頭山
3882
大武山
3232
鳳林
新社
瑞穗
秀姑巒溪
玉里支廳
玉里
加走灣
大庄
新港支廳
成廣澳
三仙台
新港
新開園
里壠支廳
里壠
都巒山
都巒
1217
鹿野
臺東支廳
臺東廳
卑南
卑南大溪
臺東
大南溪
知本溪
火燒島

移民篇

花蓮；日本農業移民的大本營

移民分布圖在日本時代繪製的各種主題地圖中，並不算起眼，但也算是獨具一格的。又因為日本籍的農業移民主要分布在花蓮一帶，所以花蓮的地名日本味道很濃厚，像是玉里、春日、松浦、長良、鶴岡、舞鶴、見晴、富里、奇美、紅葉、瑞穗、磯崎、豐濱……等等不勝枚舉。這在臺灣的地名中算是一項特色，這些「和式」地名究竟是如何形成的？這還得從日本時代花蓮日本移民村的歷史說起。

「七腳川事件」之後，日本人沒收了知卡宣社所擁有的土地，開始引進日本移民，經營官辦移民村。因為日本移民中以四國德島縣人最多，新移民便以德島縣境內的吉野川

上｜吉野移民村位於花蓮吉安鄉，分宮前、草分、長屋等部落。

左｜花蓮港附近移民地略圖｜縮尺二十萬分之一

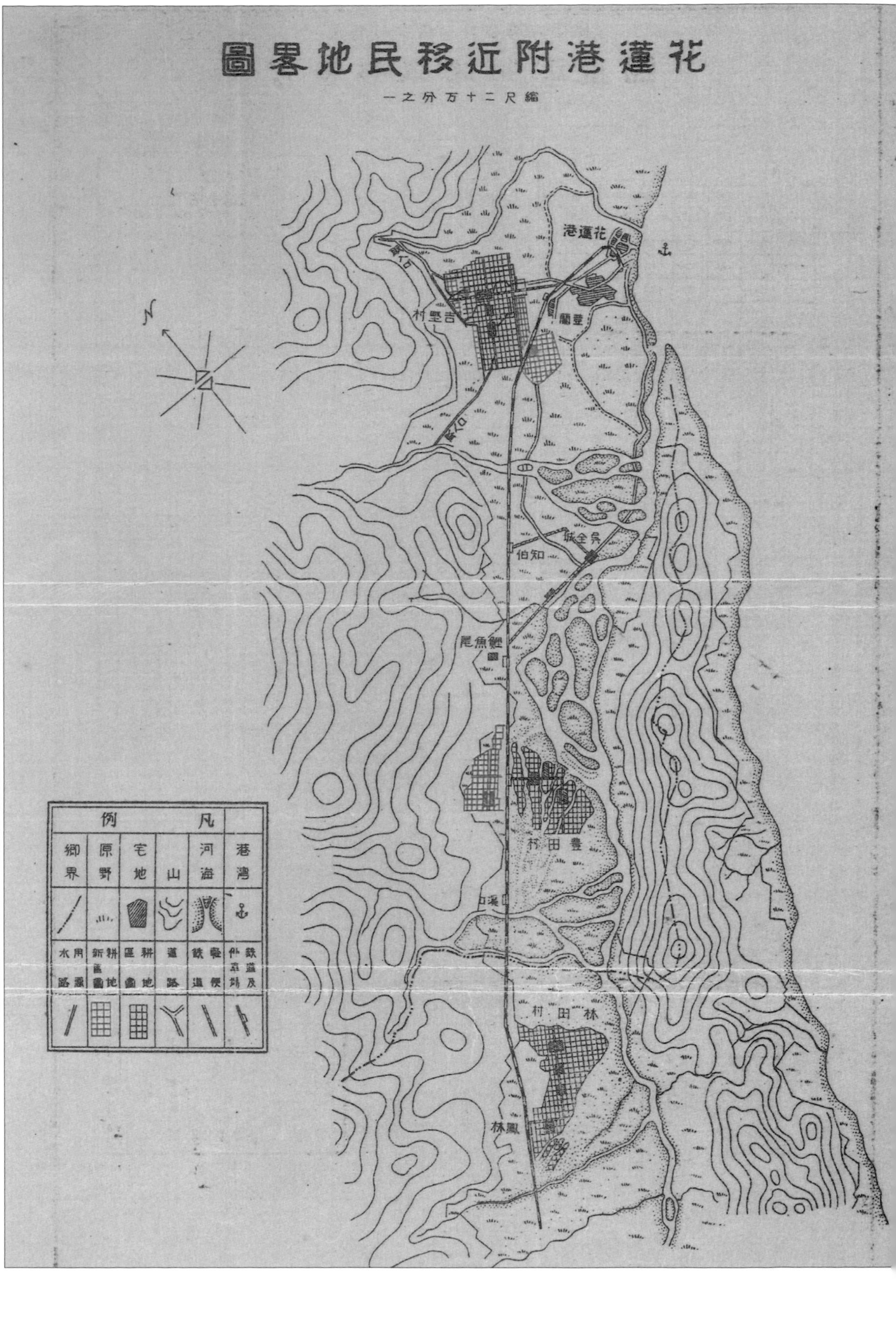
花蓮港附近移民地略圖
縮尺二十万分之一
花蓮港
吉野村
荳蘭
吳全城
知伯
鯉魚尾
豐田村
溪口
林田村
鳳林
凡例
港灣
河海
山
宅地
原野
郷界
鉄道及停車場
輕便鉄道
道路
耕地區劃
新耕地區劃
用水路

為名，正式命名移民村為「吉野村」，於是七腳川被吉野所取代。花蓮地區類似的例子，還有壽豐鄉的豐田移民村、鳳林的林田移民村。

十九世紀末，日本發動甲午之戰，為國內過剩的人口找出路是原因之一。占領臺灣之後，當然想在臺灣推動殖民事業。但殖民政府為什麼將農業移民選擇在花蓮，而非西部平原地帶？主要是考慮西部平原地區，人口壓力已重，如果再移入日本農業人口，可能會與在地農民發生衝突，不利殖民統治。而當時花東地區地廣人稀，似乎是較適當的選擇。經過幾次調查，殖民政府認定臺灣東部還有近三萬公頃土地可供利用，於是開始進行農業移民政策。

根據一九一六年的統計，花蓮地區的日本農業移民總共三千六百餘人，而臺灣其他地方的日本農業移民還不到花蓮的零頭。為了在臺灣東部推動日本農業移民政策，臺灣總督府特設移民事業委員會及移民課，專管移民事宜。並在基礎建設上，如道路、醫療、自來水、學校等設施給予極大的補助。

到一九三四年為止，臺灣總督府共花費四百五十萬日圓補助臺灣東部的日本移民事業，比整個花蓮廳的預算還多出一百多萬。臺灣總督府幾乎是以救濟的方式來保障日本移民的生活。但即使殖民政府花費了那麼大的力氣，花蓮的日本移民事業並不成功。

主要的原因在於花蓮的特殊地理條件。花蓮多颱風，如果沒有完善的水利設施，根本無法從事水稻耕作，因此移民村只能以種植甘蔗為主，而食用米就必須以高價購入，如此一來日本移民的淨收入反而不如當地一般的臺灣農民。

光復後，地名自然有所調整，但其實變動也不大。例如花蓮有一個鄉名叫光復，早年光復鄉分屬阿美族馬太鞍、太巴塱兩大社群，日本時代馬太鞍改名「大和」，太巴塱改名「富田」。光復後大和改成大平、大華、大全、大安、大馬、大進等一系列和「大」有關的村名；富田則改為東富、西富、南富、北富等一系列和「富」有關的地名。這種地名的變更方式，對花蓮的原住民而言，不過是殖民政策的延續，實在談不上什麼「光復」。

大和是日本民族的稱號，保留「大和」、「富田」之類的純日本地名，對抗戰八年的接收大員而言，實在太交代不過去了，但是在地名上留個「大」、「富」的尾巴，再加上個東、西、南、北，這種更改方式形同兒戲。中國人對地名的態度，還不如對自己的名字來得慎重。光復後，國民政府對於臺灣地名的態度，似乎只要求對日本味道太重的加以更改，而且更改地名也是全憑接收官員的裁

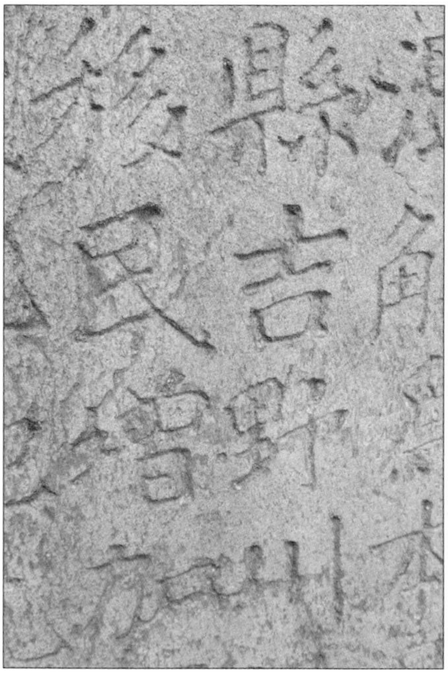

上｜位於吉野村神社遺址上的「拓地開村」碑。碑文為第十六任臺灣總督中川健藏、花蓮港廳廳長今井昌治題寫。

定，並沒有一套明確的地名更改政策。

花蓮地區的地名，除了一些日本味道太重的，稍作更改之外，其餘的基本上一字不動的被保留下來。這是不是顯示花蓮的接收官員較喜愛日本式地名？我想應該不能如此看待這個問題。

清政府真正開始經營花東地區，是在一八七四年牡丹社事件之後，到乙未割臺，才不過二十年。因為當時島內東西交通困難，所以經營成效不彰，直到日本時代之前，漢人的村落還十分稀少。當時花東縱谷全部人口才不過三萬五千人，而漢人也才三千出頭而已。所以地名基本上還是以原住民地名為主。在地名上，這是花東地區和西部地區最大的差異。

日本時代之後，地名命名權落在殖民政府手中，直接由原住民地名轉換成日式地名。所以，這也可以說明為什麼花蓮地區的客家族群雖然占多數，但客家式地名卻是非常罕見，甚至可以說根本沒有的原因。

雖然花蓮的日本移民事業並不成功，留給花蓮最大的遺產，大概就是這些未被改掉的、獨具日本風情的地名。

移民大事記

明治39年｜1906

頒發私營移民獎勵辦法，隔年開始實施。

明治42年｜1909

由於私營移民成效不彰，本年4月以敕令第九〇號令制定官營移民辦法。於全臺調查出9餘甲土地適合辦理移民，並於花蓮荳蘭社，試行移植日本德島縣農民9戶20人。

明治43年｜1910

臺灣總督府創設移民事務委員會，負責移民業務及土地審議機構，官營移民主要在花蓮吉野、豐田、林田三個移民村。同年花蓮七腳川（吉野村）收容日本德島縣農民52戶275人。同時在卑南設立移民指導所，計畫在呂家開發移民村落。

明治44年｜1911

臺東原住民起義，遂放棄呂家開發移民村落計畫，全力發展花蓮移民事業。同年吉野村再增加日籍移民173戶912人。

大正元年｜1912

吉野、豐田移民村因風災損失慘重，田地、房舍、設備破壞殆盡。至本年為止，私營移民案獲得許可者共38件，開墾面積38,145甲，以阿緱最多，16件，13,740甲；花蓮1件，11,541甲；嘉義8件，5,070甲；臺東3件，3,979甲。但實際移民僅455戶1,109人，且大多在兩、三年內離開，私營移民實際淪為資本家斂財、轉賣土地的工具。

大正2年｜1913

吉野村再增加日籍移民139戶674人，同時於林田村設立移民指導所，收容75戶307人。

大正3年｜1914

本年又因風災，導致吉野、豐田移民村損失慘重，除設備外，農地淪為石礫地。乃向花蓮荳蘭社、薄薄社購買土地320甲，吉野村收容51戶262人，林田村54戶309人。同年，鑒於移民事業已成熟，臺灣總督府移民事務委員會宣布停止辦公。

大正6年｜1917

臺灣總督府決定停辦官營移民業務，為獎勵私營移民業務，施行獎勵移民綱要。

中國篇
日本時代國民政府出版過臺灣全圖嗎？

光緒二十五年（明治三二年；一八九九）《欽定大清會典》《皇清一統輿地全圖》出版，其中《臺灣省全圖》是清政府出版的最後一張臺灣全圖。當時臺灣已割讓日本，《欽定大清會典》還包含《臺灣省全圖》似乎不太合乎常軌，清政府應該不是有意為之，因為光緒年版的《欽定大清會典》於光緒十二年（一八八六）開局編輯，當時臺灣尚未割讓日本。之後民國時代是否曾出版過臺灣全圖？至今仍是一個令人好奇的問題。

日本時代，西方各國出版的臺灣全圖不能說是十分普遍，但我至少找到了三縣一廳、二十廳、十二廳、五州三廳等時代幾個外文版本，幾乎涵蓋了日本領臺的各個時

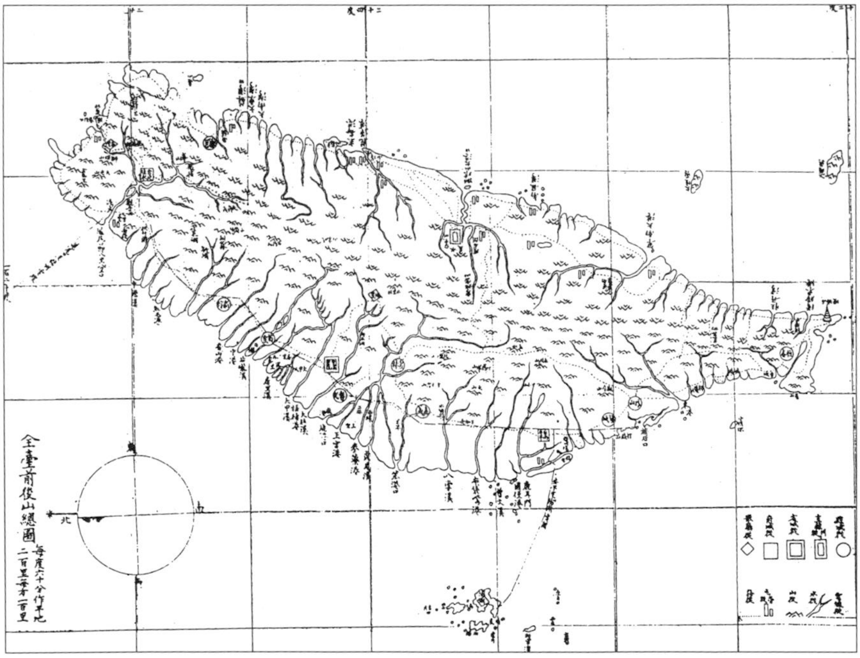

上｜全臺前後山總圖｜引自《臺灣地輿總圖》｜光緒17年（1891）｜本圖是清代最後繪製的臺灣全圖之一，也是比例尺控制得最好的一幅。
左｜臺灣分區全圖｜民國34年（1945）｜這幅地圖更是在八縣九市制確定之前出版的地圖，除澎湖外，其他五州二廳都以「區」稱之，十分罕見。

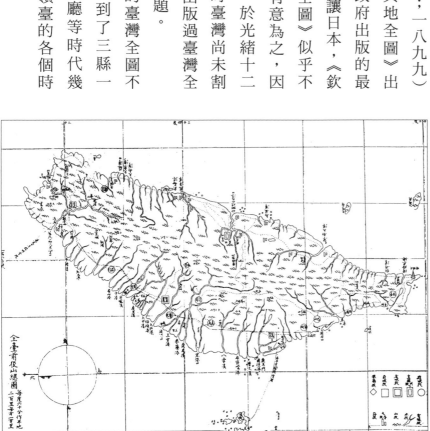

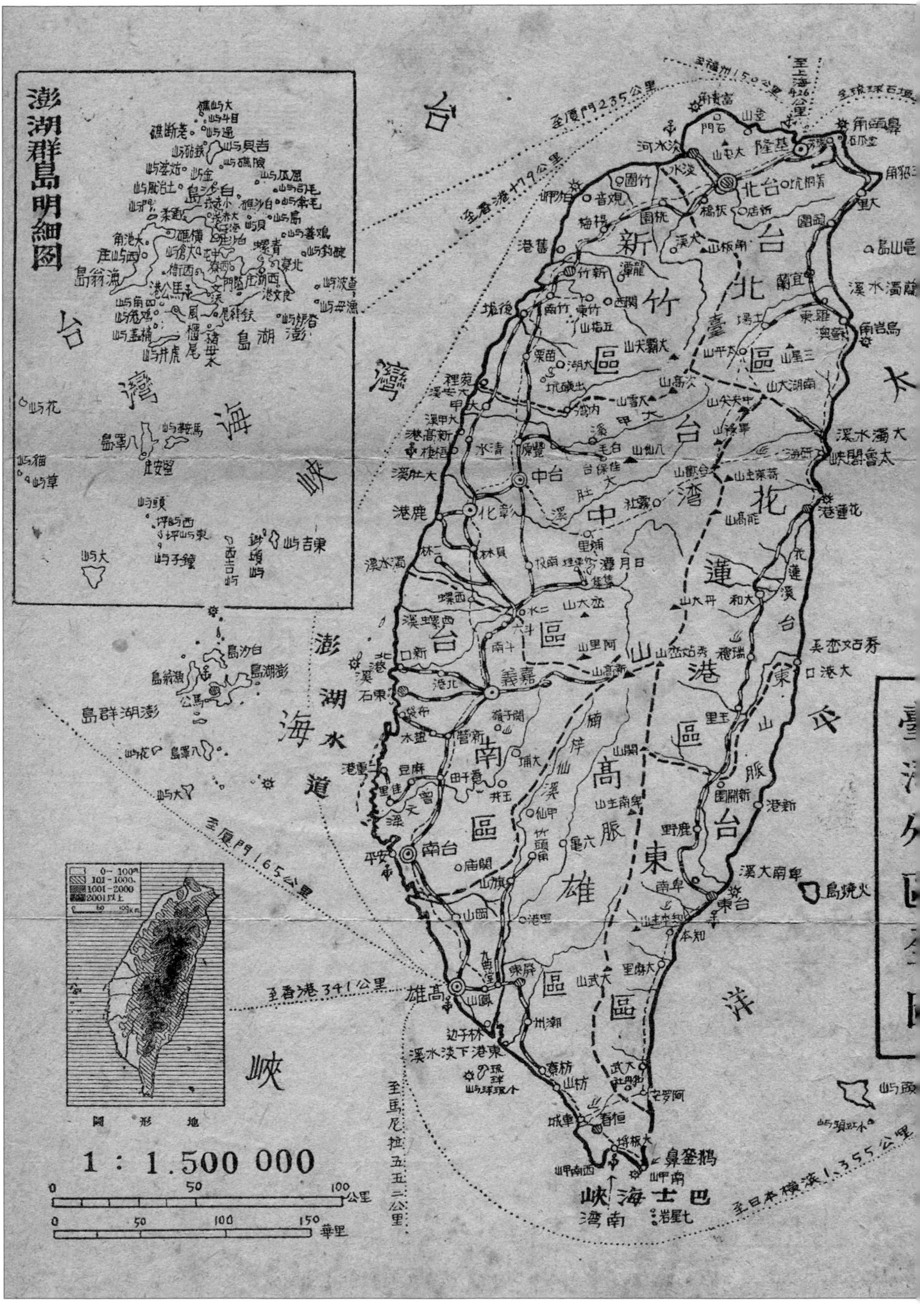
澎湖群島明細圖
台灣海峽
澎湖水道
澎湖群島
地形圖
1：1.500 000
公里
華里
至廈門235公里
至香港479公里
至廈門165公里
至香港341公里
至馬尼拉五五二公里
至日本橫濱1355公里
巴士海峽
鵝鑾鼻
台北
基隆
新竹
台中
彰化
嘉義
台南
高雄
花蓮港
台東
新竹區
台北區
台中區
台南區
高雄區
花蓮港區
台東區
太平洋

期，所以也不能說是絕無僅有。倒是至今為止，我還未看過一張日本時代北洋政府或國民政府出版的臺灣全圖。究竟是我孤陋寡聞？還是真的沒出版過？只能待知情者相告。

當然，光緒二十一年（一八九五）清政府割讓臺灣之後，中國繪製的全國地圖，基本上都會涵蓋臺灣的。例如光緒年間出版的《大清輿圖——附最近水陸商埠行船海線鐵道礦產圖》就有臺灣，地圖中的臺灣雖然面積不大，但透露出的訊息卻不少。例如縱貫線鐵路北段已從新竹延伸到北港，南段則從打狗修到臺南。

明治三十二年（一八九九）臺灣總督府決定鐵路縱貫線南北同時動工時，基隆到新竹段在明治二十八年（一八九五）之前已通車。根據當年日本人剛占領臺灣時繪製的臺灣北部地圖，新竹至中港（現名竹南）段雖然還未通車，但土木工程已進行到相當的程度，《大清輿圖》中的「北港」，從相對位置判斷，應該是「中港」（竹南）之誤。至於南段部分，從打狗修到臺南應該是明治三十三年（一九〇〇）的事。這在日本人繪製的臺灣地圖幾乎不曾見過，可見《大清輿圖》的繪製者應該不是從地圖，而是從新聞上獲得這方面訊息的。距離割地已屆五年，他仍關注著這塊故地，《大清輿圖》的繪製者應該是個有心人。

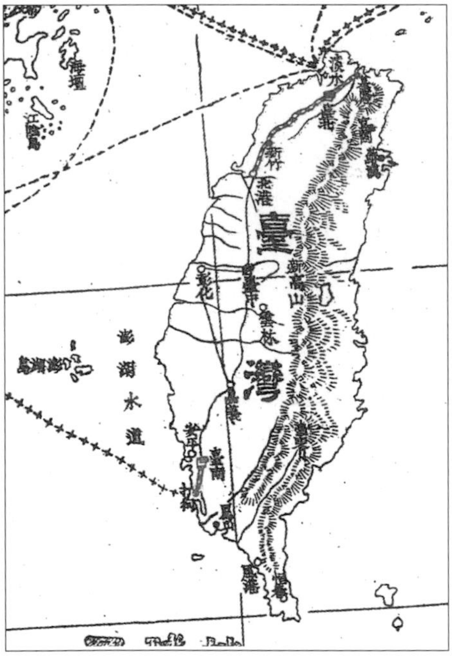

上｜大清輿圖——附最近水陸商埠行船海線鐵道礦產圖｜光緒末年｜這幅《大清輿圖》是光緒末年出版的，當時臺灣已割讓日本。地圖中的臺灣雖然面積不大，但透露出的訊息卻不少。例如縱貫線鐵路北段已從新竹延伸到北港，南段則從打狗修到臺南。「北港」從相對位置判斷，應該是「中港」（竹南）之誤。至於南段部分，從打狗修到臺南應該是明治33年（1900）的事。這在日本人繪製的臺灣地圖幾乎不曾見過，可見《大清圖》的繪製者應該不是從地圖，而是從新聞上獲得這方面訊息的。

大清輿圖
附冣近水陸商埠行船海綫鐵道礦產圖

另外，圖上還標示了「新高山」，也就是玉山。「新高山」是明治三十年（一八九七）日本人對玉山的重新命名，對中國人而言，這是個新名詞。在此之前，中國人稱之為玉山，西方人稱之為「莫理遜山」（Mt. Morrison）。不過玉山在中國的名氣並不大，《大清輿圖》的繪製者可能並不知道「新高山」原名是玉山。

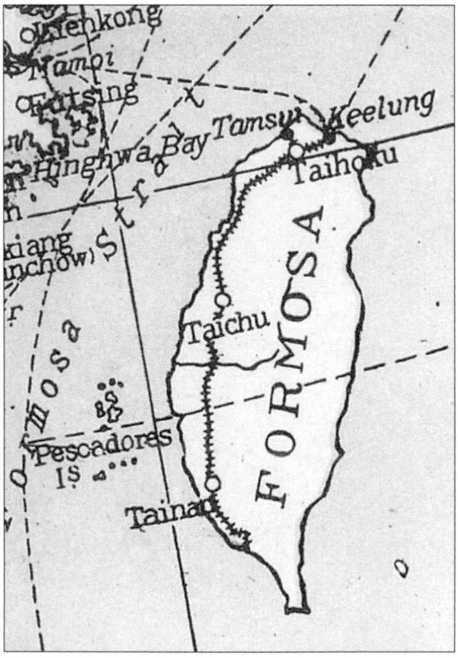

上／右｜Map of China｜引自英文版《中國年鑑》｜1944｜這張1944年中國政府發行的英文版《中國年鑑》附錄地圖，是以西方人較熟悉的Formosa和Pescadores標示臺灣和澎湖。令人不解的是，竟然將臺北標示為Taihoku。Taihoku是日語「臺北」的發音。以Formosa和Pescadores標示臺灣和澎湖，是為了便於西方人的認知，這個理由勉強還可以被接受，以日語發音的Taihoku標示臺北，又算是怎麼回事？

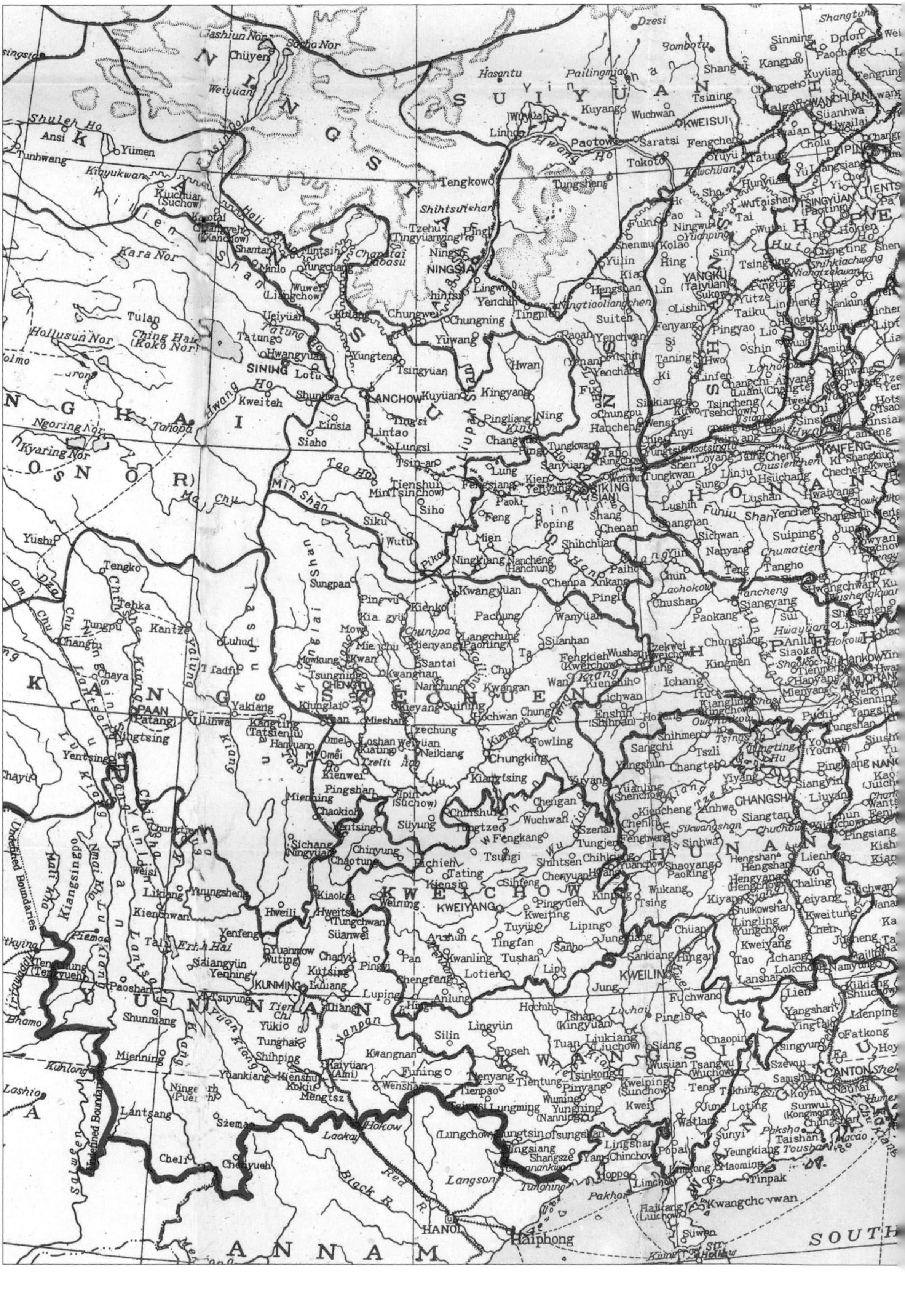
NINGSIA
SUIYUAN
KANSU
CHINGHAI (KOKO NOR)
SZECHUEN
YUNNAN
KWEICHOW
KWANGSI
HUNAN
HUPEH
HONAN
SHENSI
SHANSI
HOPEI
KWANGTUNG
ANNAM
SOUTH
Ningsia
Kweisui
Paotow
Yangku (Taiyuan)
Peiping
Tientsin
Kaifeng
Sian
Lanchow
Sining
Chengtu
Chungking
Kweiyang
Kunming
Kweilin
Changsha
Hankow
Canton
Hanoi
Haiphong
Hwang Ho
Yangtze Kiang
Undefined Boundaries
Undefined Boundary

多年來我一直希望能夠找到國民政府出版的臺灣全圖，但未能如願。後來我在民國三十三年（一九四四）中國政府發行的英文版《中國年鑑》中發現一張附錄的中國全圖，圖中也涵蓋了臺灣。前一年，開羅會議決定在日本投降之後，必須將清末以來占有的中國領土，歸還中國。因此，我對這張中國全圖究竟會如何標示臺灣，倍感興趣。

《中國年鑑》是英文版，所以這張地圖的地名也是以英文標示。臺灣是按西方人的習慣以Formosa標示，澎湖則是Pescadores，是漁夫的意思。澎湖的西嶼又名「漁翁島」，不知是否就是源於Pescadores？Formosa和Pescadores都是葡萄牙人命名的，因為葡萄牙人是明末最早到中國來經商的歐洲人，所以葡萄牙對臺灣、澎湖的命名也成了歐洲人的通識。

據說一九四三年開羅會議召開時，中、美、英三國達成協議，主張將十九世紀末以來，日本從中國掠奪的領土東三省、臺灣、澎湖應該歸還中國。可是在地名的表述上，出現了分歧。英美兩國對臺灣、澎湖認可的正式地名是Formosa、Pescadores，Formosa好理解，但Pescadores到底算是怎麼回事？中方幕僚從來沒聽過Pescadores，事關主權領土，沒人敢大意，導致雙方一線談判幕僚相持不下。中方幕僚發電回重慶請求確認，重慶方面也是一頭霧水。忽然有人想到有位在重慶政府部門任職的臺灣人可能會有答案，於是立即去電詢問，此人果真確認了Pescadores就是澎湖，這件意外的插曲才終於圓滿落幕。

這位在重慶政府任職的臺灣人叫游彌堅。游彌堅是臺北內湖人，畢業於臺灣總督府國語學校，擔任小學教員。後來轉赴內地，曾經在蔣百里上將麾下任職。「開羅宣言」正式發布後，重慶政府為收復臺灣，正式成立了「臺灣設計委員會」，游彌堅也被聘為委員，他就是光復後兩度擔任官派臺北市長的游彌堅。「二二八事件」就發生在他擔任市長的任內。為了彌平省籍之見，他邀請呂泉生寫下了名曲「杯底不可飼金魚」。

大概是因為「開羅宣言」剛發布的關係，這張一九四四年發行的英文版《中國年鑑》的附錄地圖也是以西方人較熟悉的Formosa和Pescadores來標示臺灣和澎湖，但這張地圖比較令人不解的地方是，繪圖者將臺北標示為Taihoku。

Taihoku是日語「臺北」的發音，日本時代日本官方發行的英文版臺灣地圖，臺北都被標示為Taihoku。以Formosa和Pescadores標示臺灣和澎湖，是為了便於西方人的認知，這個理由勉強還可以接受，但是將臺北以日語發音的Taihoku標示，這又算什麼呢？

西方出版的臺灣地圖中，比較特別的一張是一九三〇年代西班牙出版的臺灣地圖，名稱是《Mapa De La Isla de Formosa E Islas Pescadoras》。這個題名應該是延續十六、七世紀歐洲版臺灣地圖的地圖名稱。有趣的是，這張一九三〇年代西班牙出版的臺灣地圖，在地圖上臺灣輪廓中間標示的竟然是TAIUAN而非FORMOSA。西班牙不愧為老牌的殖民帝國，連地圖的標示也是充滿著濃郁的十七世紀風格。

鳥瞰圖

鳥瞰圖到底是畫？還是地圖？

日本時代，浮世繪風格的鳥瞰圖到底是畫？還是地圖？這個問題困擾我很久。從某個角度而言，日本時代的鳥瞰圖和清代的山水畫式地圖很相似，既然學者肯定山水畫式地圖是地圖類型的一種，那麼浮世繪風格的鳥瞰圖為什麼不能算是地圖？我的疑問是，山水畫式地圖是「古代」專為帝王簡報用的地圖，到了一九三〇年代地圖繪製已高度發展，還需要山水畫式、鳥瞰圖充當傳達地理資訊的地圖功能嗎？如果不是用來傳達地理資訊，它還算是地圖嗎？

清初，清政府已派遣西方傳教士以較準確的西方測繪技術繪製新型地圖，之所以仍然以山水畫的形式繪製地圖，是為了讓皇帝

上｜臺北市大觀｜金子常光繪｜昭和9年（1934）

熟悉的地點卻冠上似曾相識、異國情調的地名，這兒是日本時代臺北市的城中區。

能夠以較直觀的視角，了解地方的地理訊息與軍事部屬。山水畫式地圖是專為帝王服務的御用地圖。

日本時代，繪圖技術已高度發展，各式地圖類別相當多，為什麼還會需要如此費力、又不精確的方式繪製地圖？如果鳥瞰圖真是以傳達地理資訊為目的，那麼提供這種「帝王級」服務的對象又是誰？這得從一位大正年間的畫家吉田初三郎談起。

昭和十年（一九三五）臺灣總督府舉辦「始政四十周年臺灣博覽會」時，臺灣日日新報社邀請日本著名鳥瞰圖畫師吉田初三郎及其弟子來臺，巡迴全島旅行寫生四十天，為臺灣八景十二勝和鳥瞰圖作準備。

吉田初三郎承攬日本各地鳥瞰圖的案子相當多，不可能每幅鳥瞰圖都親手繪製，此次隨同吉田來臺的四個大弟子，其中一位叫金子常光，後來這批吉田畫室承包的臺灣鳥

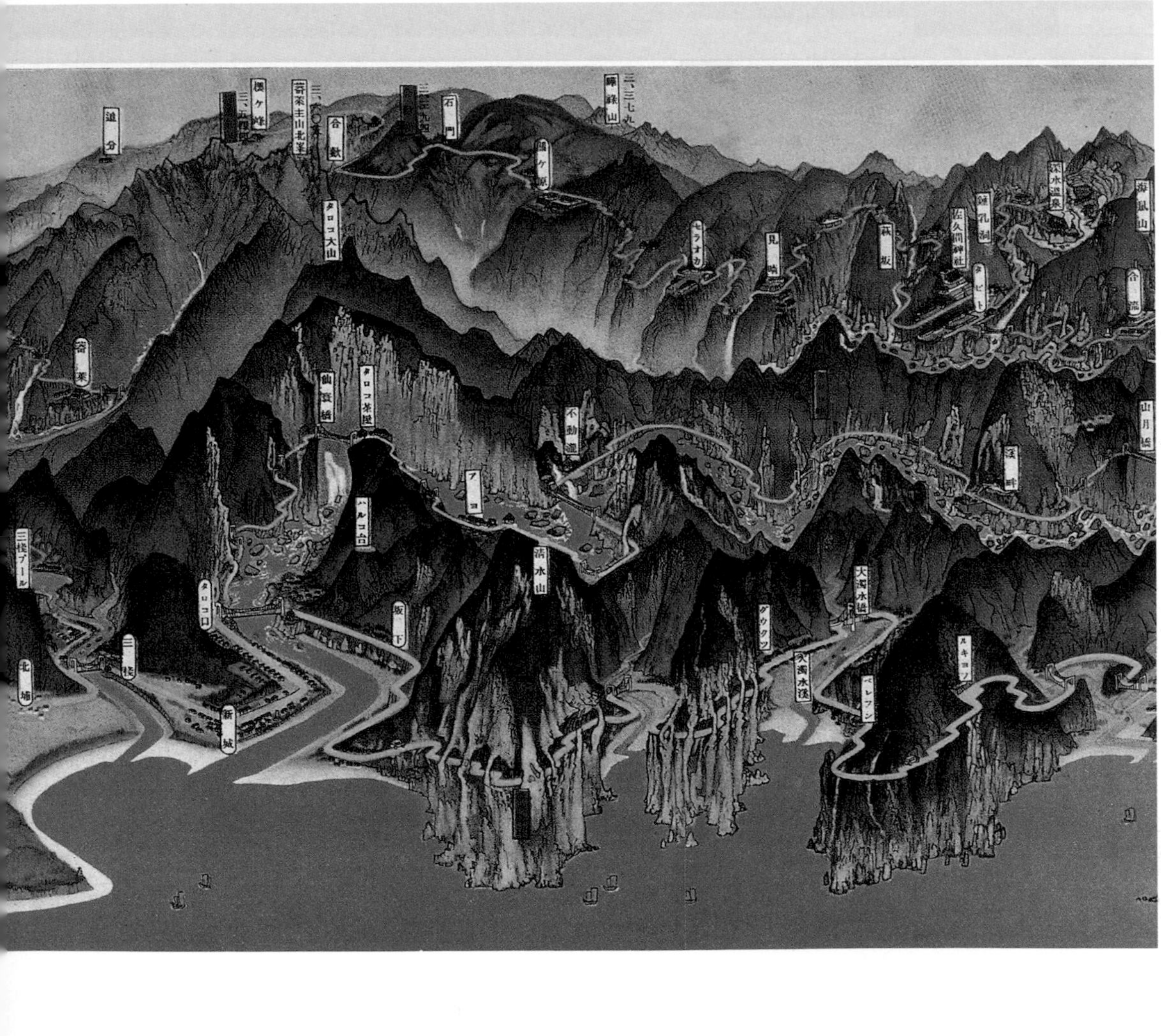

下｜大太魯閣交通鳥瞰圖｜吉田初三郎｜昭和9年（1934）｜臺灣現存的日本時代鳥瞰圖大多出自吉田弟子金子常光之手筆，真正吉田親筆所繪並不多見。其中《大太魯閣交通鳥瞰圖》就是少數吉田親筆所繪的佳作，也是眾多臺灣鳥瞰圖中的代表作。《大太魯閣交通鳥瞰圖》不但整體氣勢磅礴，繪畫手法更是深得日本浮世繪畫風的神髓。

大太魯閣交通鳥瞰圖（左半部）｜花蓮市的南方是日本農業移民臺灣的「樣板」吉野村，位於現今的吉安鄉。為了在臺灣東部推動日本農業移民政策，臺灣總督府特設移民事業委員會及移民課，專管移民事宜。到1934年為止，臺灣總督府共花費450萬日圓補助臺灣東部的日本移民事業，比整個花蓮廳的預算還多出100多萬。但即使如此，花蓮的日本移民事業並不成功。

主要的原因在於花蓮的特殊地理條件。花蓮多颱風，如果沒有完善的水利設施，根本無法從事水稻耕作，日本移民只能以種植甘蔗為主，食用米必須以高價購入，如此一來日本移民的淨收入反而不如當地一般的臺灣農民。

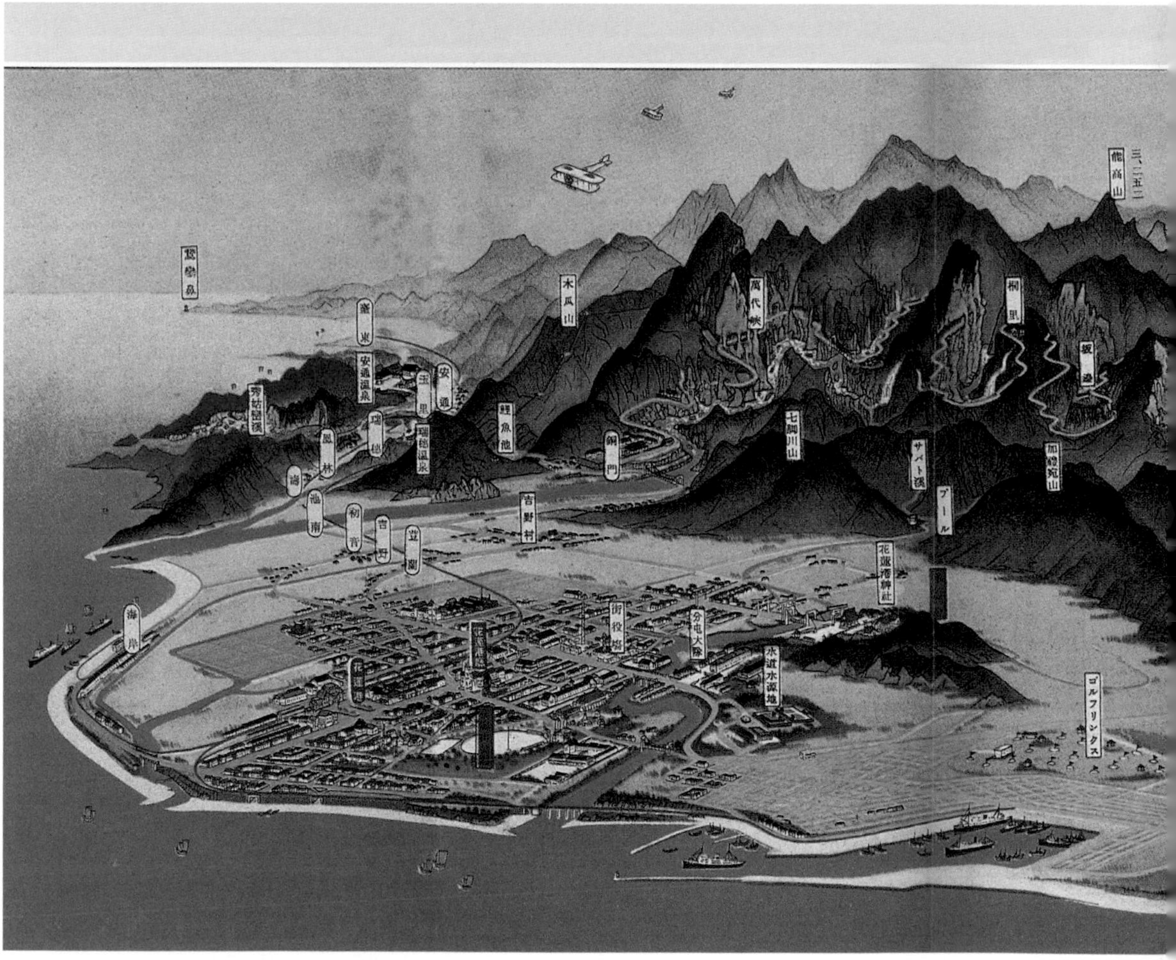

大太魯閣交通鳥瞰圖（右半部）｜蘇花公路日本時代叫作「臨海道路」，北起蘇澳，南抵花蓮市，全長118.5公里。起點蘇澳鎮上標示有名勝「炭酸泉」，即著名的蘇澳冷泉。途經大濁水溪，今名為和平溪。本圖上方的山間道路，並非現在的東西橫貫公路，而是錐鹿古道。錐鹿古道沿著太魯閣峽谷的上方而行，現在的東西橫貫公路路線雖然和錐鹿古道差不多，但與之相去數百公尺，較接近峽谷的底部。日本時代曾計畫修築「溪畔」到「塔比多」的道路，但因故並未施行。「塔比多」今名「天祥」，塔比多的「佐久間神社」為紀念進行「理蕃事業」的第五任臺灣總督佐久間左馬太。

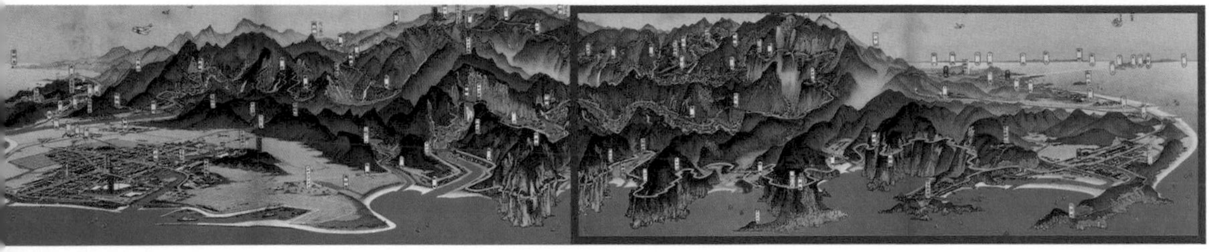

瞰圖，大多是出自金子常光的手筆，吉田親手繪製的其實不多。

吉田畫室全盛時代，繪製的鳥瞰圖不但涵蓋日本各地，還遍及日本的殖民地滿洲、朝鮮、臺灣、庫頁島，臺灣是除日本本土之外，保留鳥瞰圖最多的地方。近年臺灣有關日本時代的憶舊展品，鳥瞰圖是一大看點，許多展場將鳥瞰圖放大，製作成大型看板，吸引人們駐足觀賞。甚至有人還誤以為，日本時代的臺灣地圖就只有這類鳥瞰圖。

日本時代繪製的臺灣鳥瞰圖種類不少，繪製的風格大多屬於江戶時代的「浮世繪」，看似有點像國畫，可用色野艷，筆觸生硬，無濃淡之分，亦無遠近之別，明顯是日本風俗畫的風格。為什麼鳥瞰圖會以「浮世繪」的風格繪製？或者說日本時代為什麼流行這種類型的鳥瞰圖呢？這還得從吉田初三郎的崛起說起。

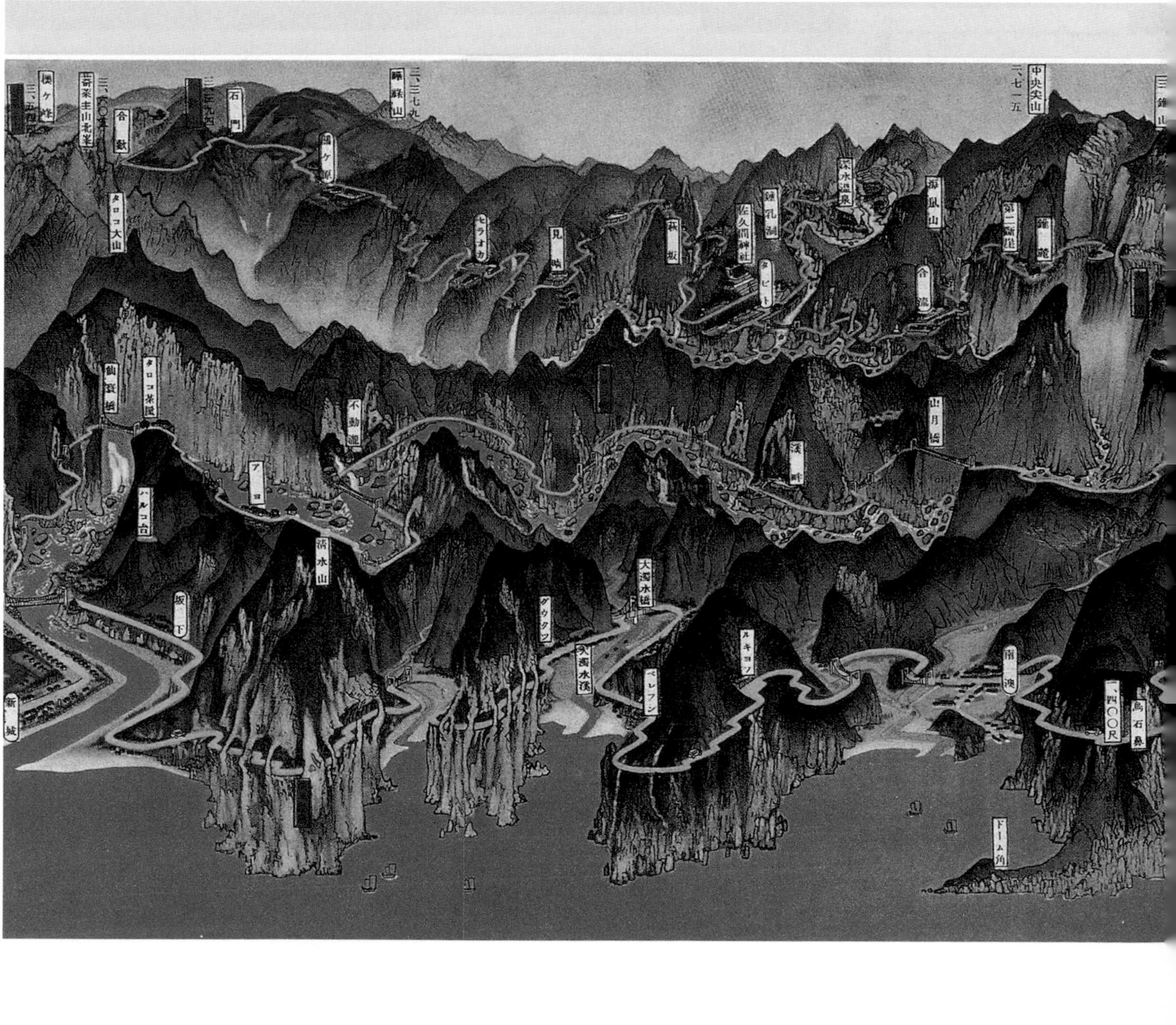

吉田初三郎早期是學西畫出身的，他的老師大概是覺得他在畫壇內難成大器，勸他改走商品畫的路子，為自己謀一份可靠的生計。後來吉田果然揉合西畫的技巧、浮世繪的畫風，創造出獨樹一格的鳥瞰圖。

大正二年吉田完成《京阪電車御案內》（京都大阪電車旅遊），裕仁皇太子正好到關西旅行，看到這幅旅遊圖，大加讚賞，吉田一畫成名，從此全心投入鳥瞰圖的繪製工作上。

從他自署「大正廣重」的別號看來，江戶時代的浮世繪應該是吉田自覺模仿的繪畫風格，更準確的說法是，吉田是以浮世繪的風格繪製鳥瞰圖。這種組合滿足了兩種需求，一是浮世繪畫風滿足日本人的傳統審美情趣；二是以鳥瞰圖的手法，使一般人對旅遊地點能夠以俯覽的視覺角度，不必透過一般地圖上抽象的符號加以轉換，即可獲得全景式的直觀理解。

一次大戰後，日本國力大增，在全球範圍中上升至列強之林，一般百姓的生活水平也有所提升。另一方面，日本國內的鐵路建設基本上已經滿足人員交通往來、貨物流通的需求。鐵路部門、旅館業者、地方政府因此聯手推動國民旅遊，擴大鐵路營運效益、增加地方產業的營收。吉田式的鳥瞰圖正好可以用以推動國民旅遊，達到廣告宣傳效果。

浮世繪畫風是日本人靈魂深處、牢不可破的民族審美觀，我想無需在此作深入的解釋，而鳥瞰圖為什麼能滿足人們旅遊的需求？反而是需要釐清的觀點。

按說一般平面地圖完全能達到解說風景區的功能，但是不少人對閱讀普通地圖有不同程度的障礙。相對於普通地圖採用抽象符號與二維平面的表現方式，鳥瞰圖訴諸視覺的直觀經驗，好像站在高處俯瞰大地一樣，

後頁（P.182~185）｜臺灣鳥瞰圖｜金子常光｜昭和10年（1935）｜金子常光是吉田初三郎的弟子之一。昭和10年(1935)臺灣總督府舉辦「始政四十周年臺灣博覽會」時，臺灣日日新報社邀請吉田初三郎及其弟子來臺巡迴全島旅行寫生40天，為臺灣八景十二勝和鳥瞰圖作準備。吉田初三郎不可能每幅鳥瞰圖都親手繪製，這幅臺灣鳥瞰圖就是出自其弟子金子常光的手筆。

日本時代類似的臺灣鳥瞰圖，還有其他幾個版本，相較之下此幅算是其中的精品。除了繪畫技巧之外，此圖還有幾個特色：一、地名較完整，郡以上地名都標示了，大城市還用黃色色塊以示區別。二、產業與特產標示的較為完整。三、三千米以上的名山大岳，標示的不少。四、景區的標示，以溫泉風景區為主。五、日本移民村的標示。

一目了然，不需要運用抽象思維能力，就能將普通地圖上的符號與二維平面表現方式，轉換成可理解的地理訊息。

少掉這層轉換過程，再加上適度美術手法處理，鳥瞰圖當然比一般普通地圖更具親和力，也更受歡迎。這是吉田式鳥瞰圖獲得成功的主要原因。

昭和初年時，臺灣除了北迴鐵路、南迴鐵路尚未通車外，東西部的鐵路交通已相當完備。更值得誇耀的是，歷經十六年的艱苦施工，昭和六年（一九三一）「臨海道路」（即蘇花公路）的完工更是一大盛事。

昭和十年（一九三五）臺灣總督府舉辦「始政四十周年臺灣博覽會」時，自然希望藉著吉田初三郎繪製的臺灣鳥瞰圖為臺灣的建設成就大肆宣傳一番，另外也希望藉此吸引更多的日本遊客來臺觀光。所以才有臺灣日日新報社邀請吉田及其弟子來臺寫生的文化盛事。

如今，臺灣現存的日本時代鳥瞰圖大多出自吉田弟子金子常光之手筆，真正吉田親筆所繪並不多見。其中《大太魯閣交通鳥瞰圖》就是少數吉田親筆所繪的佳作，我認為這幅是眾多臺灣鳥瞰圖中的代表作。不但整體氣勢磅礴，繪畫手法更是深得日本浮世繪畫風的神髓，其他的鳥瞰圖，我認為沒有一幅可以與之相提並論，當然這純粹是從繪畫與藝術的角度來評論。

日本時代日本籍的農業移民主要分布在花蓮一帶，所以花蓮的地名日本味道很濃厚，像是玉里、春日、松浦、長良、鶴岡、舞鶴、見晴、富里、奇美、紅葉、瑞穗、磯崎、豐濱……等等不勝枚舉。這在臺灣的地名中算是一項特色。東部的日本移民村，除吉野村之外，花蓮還有豐田村、林田村、瑞穗村，以及臺東的鹿野村。殖民政府為什麼將農業移民選擇在東部？主要是考慮西部平原地區，人口壓力已重，如果再移入日本農業人口，可能會與在地農民發生衝突，不利殖民統治。
雖然西部平原區日本農業移民較少，但在這幅鳥瞰圖上，還是可以看到美濃、里港一帶以種菸葉、苧麻為主的千歲村、常盤村、日出村，還有虎尾的榮村，二林的秋津村。

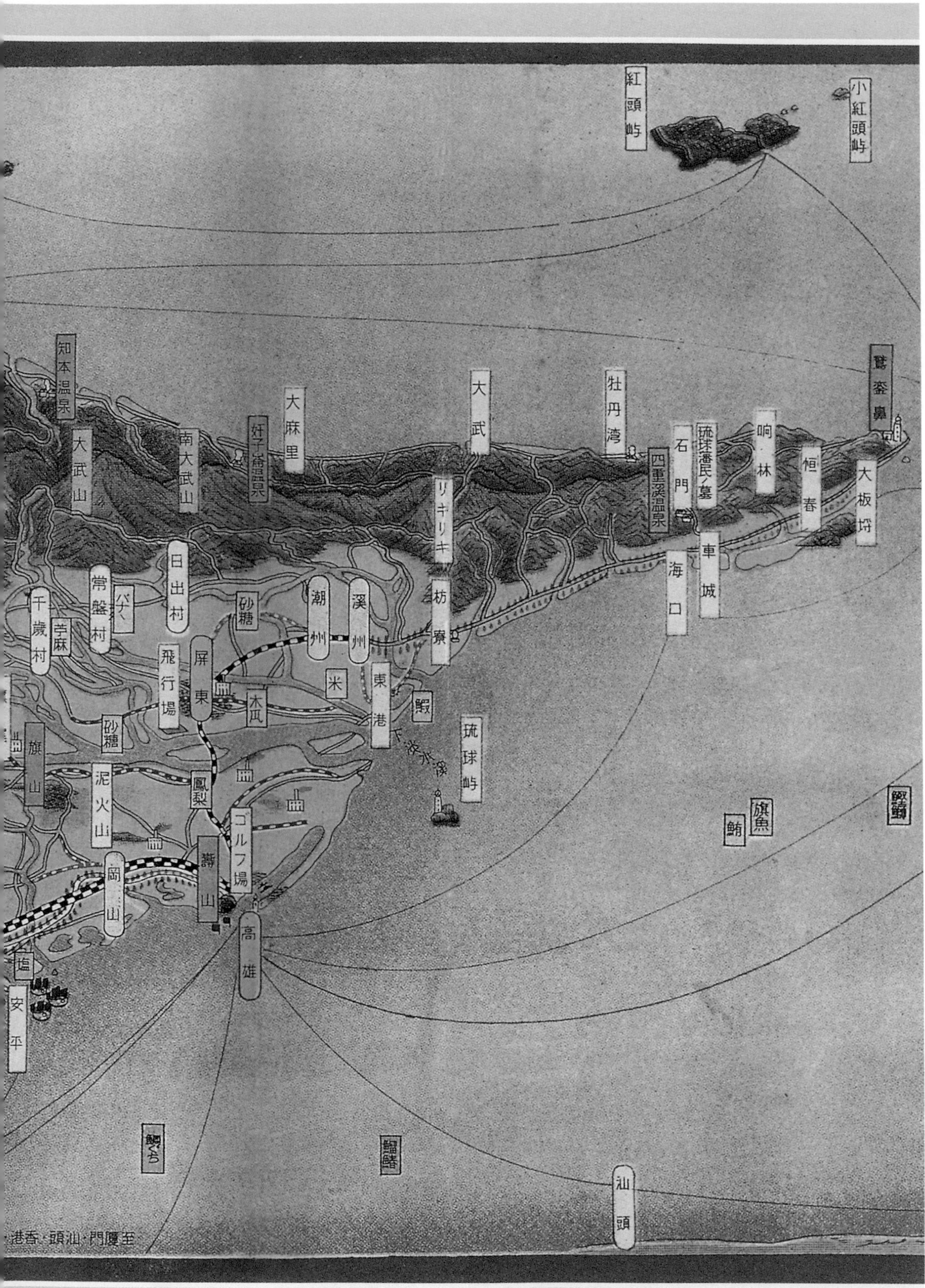
紅頭嶼
小紅頭嶼
知本温泉
大武山
南大武山
大麻里
大武
牡丹湾
石門
四重溪温泉
琉球藩民ノ墓
響林
恒春
鵞鑾鼻
大板埒
リキリキ
車城
海口
枋寮
日出村
常盤村
千歳村
苧麻
砂糖
潮州
溪州
米
東港
飛行場
屏東
木瓜
鰕
砂糖
旗山
泥火山
鳳梨
下淡水溪
琉球嶼
ゴルフ場
旗魚
鮪
岡山
壽山
高雄
塩
安平
汕頭
至厦門·汕頭·香港

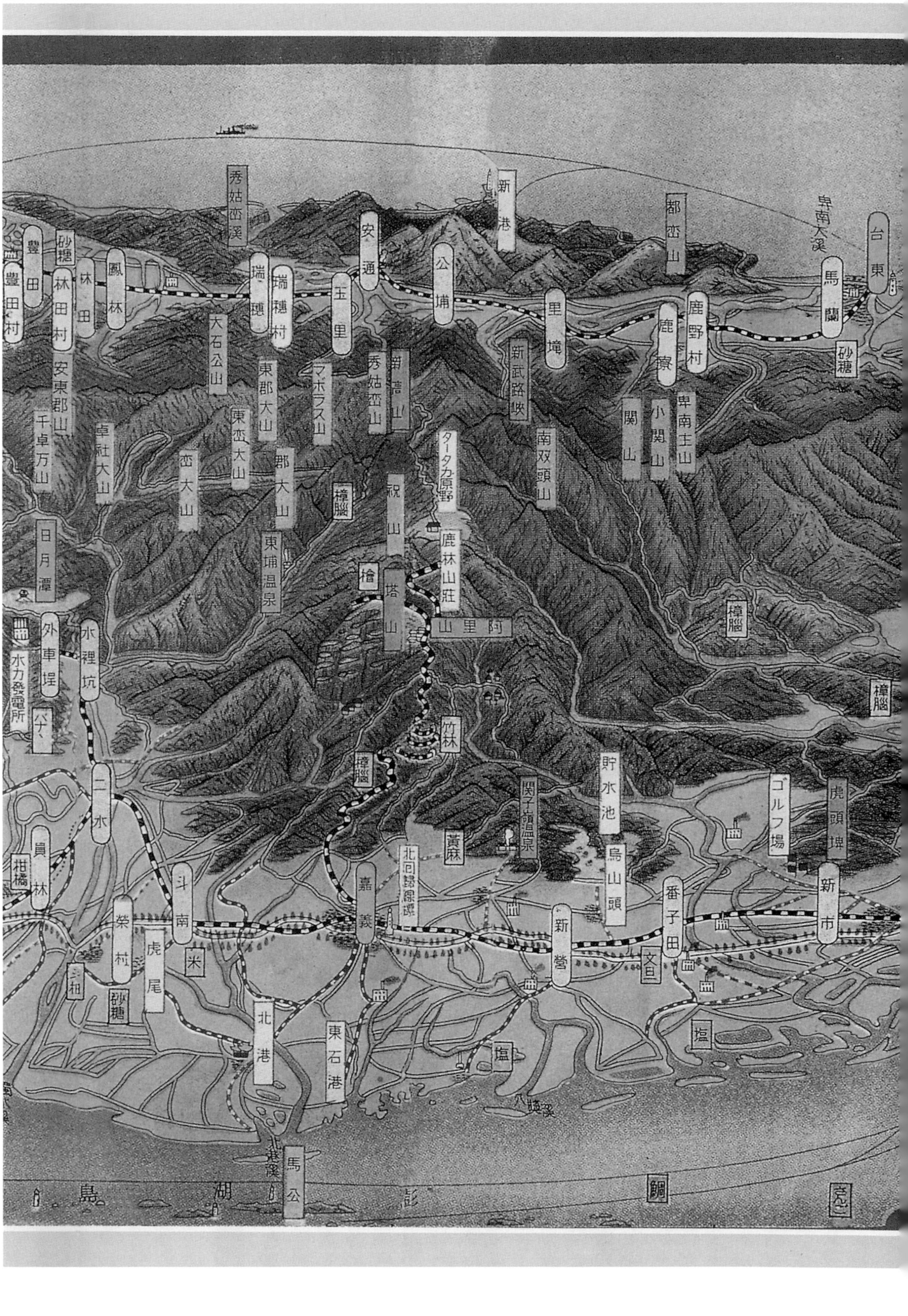
秀姑峦溪
新港
都峦山
卑南大溪
台東
馬蘭
砂糖
豊田
豊田村
砂糖
林田村
林田
鳳林
瑞穗
瑞穗村
玉里
安通
公埔
里壠
鹿寮
鹿野村
大石公山
東郡大山
マボラス山
秀姑峦山
新武路峡
南双頭山
関山
小関山
卑南主山
安東郡山
千卓万山
卓社大山
東峦大山
峦大山
郡大山
樟脳
祝山
タータカ原野
鹿林山荘
東埔温泉
日月潭
檜
塔山
阿里山
樟脳
樟脳
外車埕
水裡坑
水力發電所
竹林
樟脳
貯水池
関子嶺温泉
黄麻
烏山頭
ゴルフ場
虎頭埤
二水
員林
柑橘
斗南
嘉義
北回歸線標
新營
番子田
新市
虎尾
米
砂糖
文旦
北港
東石港
塩
塩
馬公
澎湖島

飛魚
蘇澳
太平山
檜
土場溫泉
大濁水溪
清水断崖
三錐山
タツキリ溪
砂金
花蓮港
ゴルフ場
吉野
吉野村
木瓜溪
豐田
豐田村
砂糖
林田村
林田
鳳林
ピヤナン鞍部
大タロコ
合歡山
深水溫泉
能高山
檜
樟腦
櫻溫泉
霧社
安東郡山
千卓万山
卓社大山
大霸尖山
桃山
次高山
ハツク大山
太雪山
小雪山
明治溫泉
八仙山
檜
埔里
日月潭
井上溫泉
桃山
五指山
獅頭山
南庄ノ櫻
茶
員崠子
石油
錦水
石油
出礦坑
石油
上島溫泉
二本松
外車埕
水裡坑
水力發電所
后里
豐原
台中
二水
竹南
造橋
苗栗
蕨
黄麻
米
ゴルフ場
砂糖
米
八卦山
彰化
員林
柑橘
後龍
通霄
苑裡
大甲
梧棲
鹿港
秋津村
大安溪
大甲溪
大肚溪
濁水溪
虎尾
砂糖
島

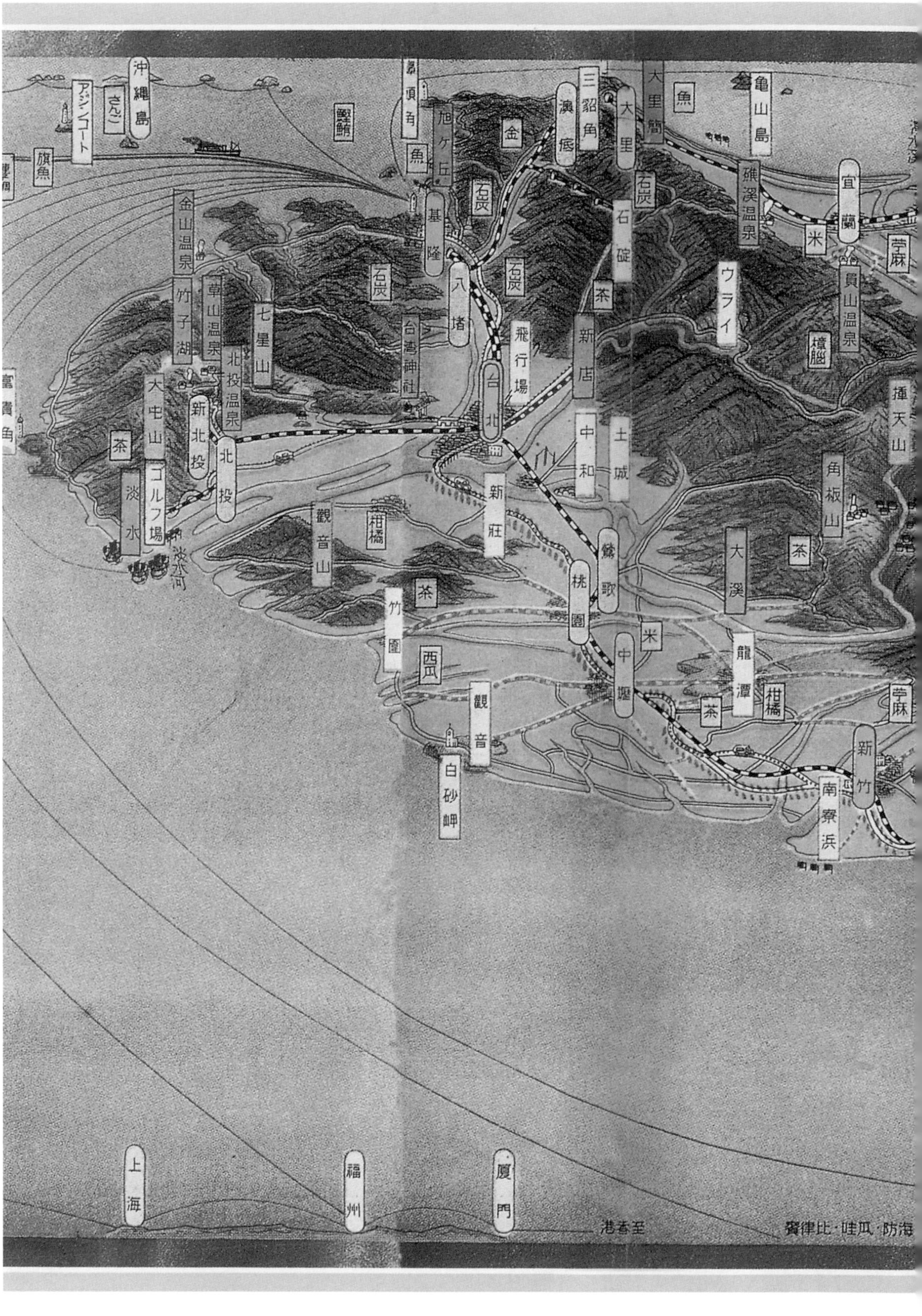
沖縄島
さんご
アジンコート
旗魚
鰹鮪
鼻頭角
旭ケ丘
魚
金
三貂角
澳底
大里
大里簡
魚
亀山島
石炭
基隆
八堵
石炭
石炭
石碇
礁溪温泉
宜蘭
米
苧麻
員山温泉
樟脳
金山温泉
竹子湖
草山温泉
七星山
台湾神社
飛行場
新店
ウライ
茶
台北
北投温泉
新北投
北投
大屯山
富貴角
茶
淡水
ゴルフ場
淡水河
中和
土城
新荘
観音山
柑橘
鶯歌
桃園
大溪
角板山
插天山
茶
竹圍
西瓜
米
中壢
龍潭
柑橘
茶
苧麻
観音
白砂岬
新竹
南寮浜
上海
福州
厦門
至香港
海防・瓜哇・比律賓

空襲篇

疲勞轟炸下的臺灣

大概是十多年前，網路上出現一批二戰時期美軍繪製的臺灣地圖，這批地圖和日本時代日本人繪製的臺灣地圖相當不同，雖然不是實地測繪，地理資訊標示的也是模擬兩可，但以整體水平而言，比日本人畫的臺灣地圖，要高出不止一個量級，所以相當吸引地圖愛好者的眼球。

美國人相當慷慨，將這些地圖高畫素的電子檔「Po」在網站上任人隨意下載。美軍繪製這些地圖，首要的目的當然是為轟炸機的領航員提供明確的轟炸目標，以及辨識地形地貌之用，現在我們並不需要這方面的功能，除此之外，我們該如何運用這些地圖？

在探討這些問題之前，一個不能迴避的問題是我們該如何看待這批地圖？這些地圖是為轟炸臺灣而繪製的，二戰末期盟軍對臺灣的轟炸，主要目的當然是殲滅日軍的作戰能力，但實際執行轟炸任務時，根本就是無軍民差別的「狂轟濫炸」，日本籍軍民死傷不少，無辜的臺灣平民，死傷也不在少數，如題所言，這是一批沾滿臺灣人鮮血的地圖。

或許有人會說，轟炸臺灣是為了解放臺灣，空襲造成臺灣人的傷亡，是必要之惡，無可避免。我對這種說法不表認同。

面對盟軍的轟炸、空襲，一九四四年下半年日本的作戰飛機還能作出微弱的抵抗，進入一九四五年之後，駐臺日軍的作戰飛機已消耗殆盡，完全失去抵抗的能力，此時盟

左｜1945年5月31日美軍戰機大舉轟炸臺北，多處引發大火，總督府中彈，冒出大量濃煙，災情慘重，混亂狀況持續數日。

軍仍持續大規模的空襲，作戰型態已轉變為「疲勞轟炸」的性質，目的是在肉體上削弱抵抗的體力、在心理上瓦解抵抗的意志，是一種無限制、無差別的轟炸。對一個沒有反抗能力的地方進行「疲勞轟炸」，究竟想達到什麼樣的目的？我百思不得其解。

二戰末期盟軍對臺灣的空襲也許是「在劫難逃」，總比實施登陸作戰來得好。如果像美軍登陸琉球一樣，臺灣人的死傷，可能就不是空襲所能比擬，所以只空襲沒實施登陸作戰，對臺灣而言，可能算是不幸中的大幸。

臺灣的「好運」，其實只是歷史上的偶然，當然也有人不認為這是「好運」，例如美國海軍軍官葛超智（George H. Kerr）。民國五十四年（一九六五）葛超智撰寫《被出賣的福爾摩沙》（*Formosa Betrayed*），內容是關於「二二八事件」與戰後的臺灣。

這本書在臺灣一直有相當的市場，一般

人比較陌生的是，葛超智的另一個身分：美國海軍情報局官員，他和臺灣結緣於太平洋戰爭時代。二戰時期，盟軍在太平洋戰場的作戰主要由美國海軍主導。在美國海軍的計畫中，跳島作戰應該是越過菲律賓，直接對臺灣實施登陸作戰。因為菲律賓比臺灣大得多，時間也要耗費更多。打下臺灣後，便可直接攻擊日本本土，不用再登陸琉球。後來美軍不但沒有登陸臺灣，還在琉球遭到空前慘重的傷亡，連帶的也造成琉球百姓十餘萬人死於戰爭。不過，這已是後話了。

美軍之所以放棄登陸臺灣，改向菲律賓，主要是因為美國陸軍將領麥克阿瑟為了報復日軍將他逐出菲律賓的恥辱，便對羅斯福總統施壓，要求海軍改變作戰方向。由於麥克阿瑟在美國國內政壇擁有巨大的影響力，羅斯福只得答應他的要求。

美國海軍為此很不痛快，葛超智更不痛快，因為他為了登陸臺灣的作戰計畫已辛苦工作了兩年，編寫了十一巨冊關於占領臺灣後的民政工作方案。略過臺灣，改向菲律賓、琉球，使得葛超智努力工作兩年的成果變成了廢紙，但他並沒有因此錯失與臺灣的緣分。

葛超智在日本宣布投降後，和美國海軍第一批工作人員進入臺灣，一直待到「二二八事件」發生之後，見證了那段動亂的歲月，《被出賣的福爾摩沙》便是這方面的紀錄。

就像麥克阿瑟念念不忘菲律賓，美國海軍自咸豐四年（一八五四）年佩理准將（Matthew Perry）率領艦隊入侵基隆港後，就念念不忘在臺灣建立基地，甚至占領臺灣。美國海軍認為臺灣位於太平洋第一島鏈的關鍵位置，在此建立基地，便能控制整個西太平洋，管控歐亞大陸國家進出太平洋，保障美國在太平洋的利益。甲午戰爭前，美國海軍錯過一次機會，二次大戰他們又錯過了機會，只留下這批珍貴的地圖。

二次大戰末期美軍利用空拍照片繪製的這批地圖，大概是日本時代最特別的臺灣地圖。這批地圖有一個非常特別之處，建築物與交通設施如港口碼頭、鐵公路描繪得非常清楚，可是標示的地理訊息卻是模稜兩可，沒有等高線，所以不能算是地形圖。之所以如此，原因很簡單，因為美軍繪製地圖時只是根據空拍照片，以及少數參考地圖，並沒有經過實際測量。

從昭和十九年（一九四四）年底開始，美國陸、海軍航空隊的戰機分別從菲律賓、中國大陸、航空母艦上出發，對臺灣進行大規模的轟炸，一直持續到昭和二十年（一九四五）年的七月。美軍雖然沒有對臺灣實施登陸作戰，但臺灣卻飽受轟炸之苦，所有的工業、電力、交通設施、政府機構乃至民房無一不成為轟炸目標。甚至有些地方如北港、鹿港、竹南既沒有軍事設施、也沒有重要的工業區，更不是政府的主要機構所在，甚至連火車站都沒有，卻被美軍列為空襲目標，只因為當地有座小糖廠，美軍大概是怕日本人把糖蜜拿去提煉酒精吧！

我認為這批地圖，從文獻的角度來看，最可貴之處在於記錄了日本時代末期在各地建設的軍工設施。日本殖民政府在中日戰爭開打後，進入戰時體制，地圖的繪製明顯減少，甚至到了戰爭後期，為了怕美軍實施登陸作戰，還動員保正、警察的力量，要求公私機構、個人將地圖送交警政機構銷毀。所以日本時代末期許多新建的軍、工設施，很難在日本地圖上看到，只能在美軍用於空襲的地圖上看到完整的面貌。

KIIRUN-KA
Miyanoshita
Lumber Mill
ŌMIYACHŌ
Shrine
Taiwan-jinsha
Park
Meiji-bashi
Kentan-ji
School or Garrison
Daichoku
Ka-tōyū
Ceramic Plant
Tōsei
North Dispersal Area
Maruyama Park
Zoological Gardens
Military Cemetery
MARUYAMACHŌ
Maruyama
Iron & Alloy Experimental Plant
Army Convalescent Hospital
Slaughter House
Cattle Market
Nishi-shinshōshi
Matsuyama Airdrome
West Dispersal Area
Hangar & Repair Area
Ruins
SHIMO-HITŌ
AREA NAME
Hospital
HŌRAICHŌ
Maso-kyū
Health Project Office
North Police Sta
School
Christian Church
MIYAMAECHŌ
Insane Asylum
Hospital
Soren
Alcoholic Beverage Monopoly Factory
Powerhouse
Barracks
Storage
Southeast Dispersal Area
Possible Gun Emplacement
Shusakuron
Crematory
Chūshōshi
NISSHINCHŌ
Soy Bean Factory
ONARICHŌ
MIHASHICHŌ
American Consulate
SHIMO-KEIFUCHŌ
KENSEICHŌ
Hospital
TAIHOKU
Taishōgai
Market
TAISHŌCHŌ
HOUSING DEVELOPMENT
Probable Administration
Chō-tōsei
School or Garrison
KAMI-KEIFUCHŌ
Ice Plant
Tobacco Factory
JŪKANDŌ HIGHWAY
Taihoku
RAILROAD YARDS
Health Project Office
Water Works Work Shop
Railroad Shops
HOKUMONCHŌ
City Hall
Railway Hotel
KABAYAMACHŌ
Brewery
KAMI-HITŌ
HOMMACHI
Bank
Prefectural Office
AKASHICHŌ
Fishing Industry Workshop
Brewery
JŪKAN MAIN LINE
OMOTECHŌ
SAIWAICHŌ
School
Museum
Research Station
Industry
Hospital
College
Taihoku Park
Prefectural Govt Residence
Residence of Governor General
Red Cross Hospital
Medical College
BUMBUCHŌ
Weights & Measures Bureau
High Officers Quarters
Red Cross Society
TŌMONCHŌ
Garrison Hdqtrs
School or Garrison
AKASHICHŌ
Officers Barracks
Observatory
Mountain Artillery Battalion
Arms Repair Shop
ASAHICHŌ
Regimental Hdqtrs
First Inf Reg
Monopoly Bureau Factory
Monopoly Bureau
FUKUZUMICHŌ
Prison
Daian
Camphor Plant
Botanical Garden
Health Project Office
SHINEICHŌ
CHITOSECHŌ
KODAMACHŌ
Hashin
Commandant Quarters
SAKUMACHŌ
RYŪKŌCHŌ
Ryūanha
Nishikichō
TAIHOKU RR
Hotarubashi
College
Koteichō
KAWABATACHŌ
TEN-KEI
RYŌKŌ CANAL

右｜Taihoku—Matsuyama（臺北—松山）｜臺北市是臺灣政治經濟中心，自然是盟軍轟炸的首要目標。松山因為有臺北機場、松山菸廠、松山機場，更是轟炸的目標。

上｜Takao（高雄）｜高雄港本身就是美軍重要的轟炸目標。1930年代起，日本政府為了將高雄發展成為南進基地，在港邊興建了一系列的重化、煉鋁、機械工廠，市區的火車站，陸軍醫院也都是盟軍垂涎的轟炸目標。

左｜高雄市鹽埕區被空襲後，升起無數朵濃煙。愛河對岸的法院也被擊中。

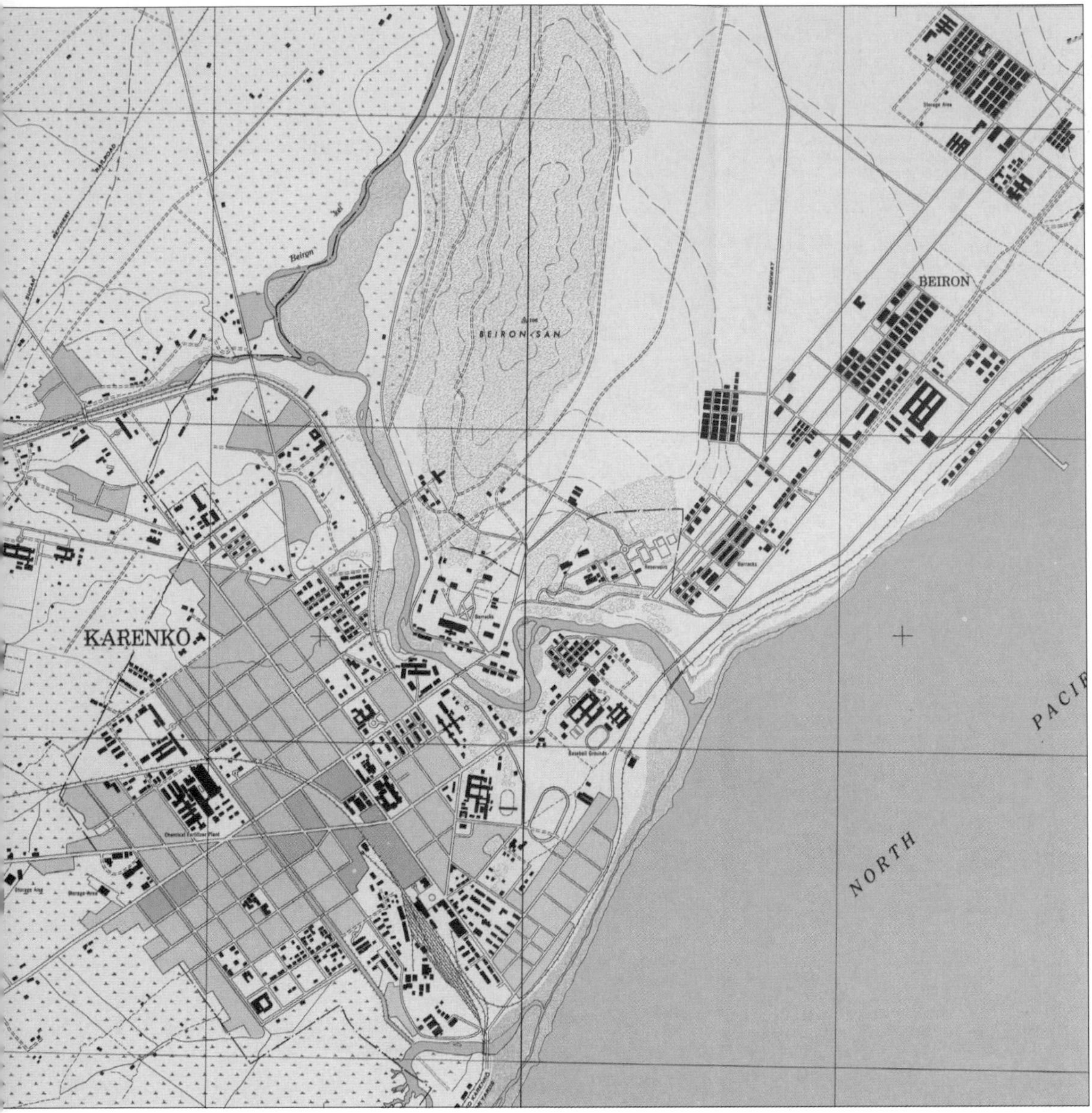

右上｜Karenko（花蓮港）｜港口、火車站是花蓮最主要的轟炸目標。
左上｜Mako（馬公）｜1901年日本政府指定馬公港為海軍要港，隸屬於佐世保鎮守府。後於測天島設立馬公要港部，下轄港務部、防備隊與海軍病院，成為臺灣南部最重要的海軍基地，所以也成為美軍的轟炸目標。
左下｜執行轟炸臺灣任務的美軍B24重轟炸機。

BŌKO-KO
(HOKOKO)
Administration and Barracks Area
Probable Weather Station
Coal
Power Plant
Shipyard
Warehouse Area
MAKO
(MAKYU)
Kobokutei
Barracks
Tower
Munitions Storage Area
Barracks Area
Radio Station
Fuel Tanks
Dry Dock
Power Plant
Ship Yard
Coal
Probable Water Plant
SOKUTEN-TŌ
ANSON
NAVAL
BASE
MAKŌ-KŌ
(BAKŌ-KŌ)
Daianzan
OLD AIRPORT
PUUTON-SAN
Radar Station
Oil Tanks
Barracks
Parade Ground
Zenryo
Headquarters or Personnel Bldgs.
SABO-SAN
Oil Pipe Line
Munitions Storage Area
Fuel Tanks

921

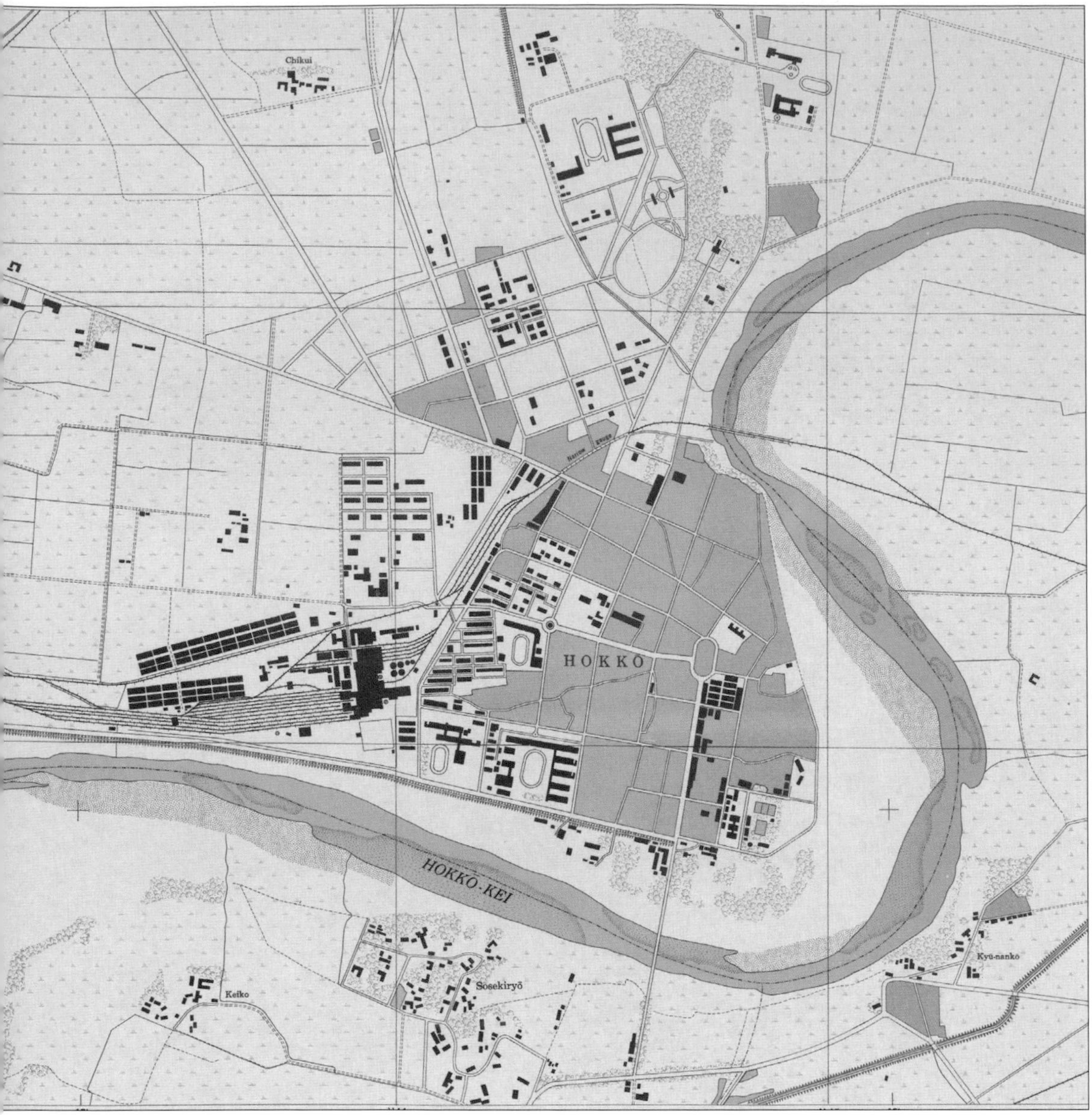

上｜Hokko（北港）｜北港只因為當地有座小糖廠，也成了美軍轟炸的目標，大概是怕日本人把糖蜜拿去提煉酒精吧！

空襲大事記

昭和19年｜1944

5月1日	臺灣已被盟軍列為空襲目標，總督府召開全臺防空會議。
6月18日	總督府頒布《過大稠密之都市住民疏散要綱》，指定於臺北、基隆、臺南、高雄實施。
8月22日	臺灣全島進入戰場狀態，總督府召開警備、防空會議。
10月7日	因頻遭空襲，開始疏散學童。
10月10日	臺灣防衛本部積極督促疏散，以避免空襲。
10月12日	盟軍戰機千餘架次分數波對全臺各地展開空襲。
10月13日	盟軍戰機持續空襲。
10月14日	盟軍戰機由航空母艦起飛450架次對各地實施空襲。美、日雙方戰機在臺灣東方海上空域展開激戰。三日在各地造成281人死亡，358人受傷。
10月19日	美、日雙方戰機持續在臺灣東方空域展開激戰。
10月23日	臺北圓山臺灣神宮的新神殿被失事的日本客機撞毀。
11月8日	臺北市實施強制疏散。
11月15日	美、日雙方戰機在臺灣空域展開三日激戰。

昭和20年｜1945

1月3日	盟軍戰機數百架次分數波對全臺各地展開空襲。
1月4日	盟軍戰機400架次分數波對全臺各地展開空襲。
1月9日	盟軍戰機400至500架次分數波對全臺各地展開空襲。
1月14日	盟軍戰機50架次對中南部展開空襲。
1月15日	盟軍戰機200架次對全臺各地機場、交通設施展開空襲。造成30人死，高雄數處發生大火。
1月17日	盟軍80架B29轟炸機對全臺各地展開空襲，新竹州死傷40人。
1月21日	盟軍戰機由航空母艦起飛450架次對全臺各地機場實施空襲。美、日雙方戰機在臺灣東方空域展開激戰。
2月12日	盟軍戰機35架空襲臺東。
2月14日	盟軍由菲律賓起飛30架戰機空襲高雄、臺南、臺中、新竹。
2月15日	盟軍由菲律賓起飛戰機分三波空襲全臺交通設施，臺中、彰化市街被炸。
2月12日	盟軍戰機空襲高雄、臺東。
2月17日	盟軍戰機50架空襲全臺各地。
2月18日	盟軍戰機120架空襲中南部工廠、交通設施等目標。
2月19日	盟軍由菲律賓起飛150架次戰機分四波空襲高雄、臺南、臺中、臺東各地軍事機構與工廠設施。
2月22日	盟軍90架次戰機空襲高雄、臺南、臺東、花蓮港各地軍事、交通設施、市街等目標。
2月25日	盟軍80架戰機空襲高雄、臺南、臺中各地軍事、交通設施、市街等目標。
2月27日	盟軍60架戰機分三波空襲高雄、臺南、臺中、新竹、臺東各地軍事、交通設施、市街等目標。
3月3日	盟軍由菲律賓起飛150架次戰機分數波空襲各地。

3月4日	盟軍20架次戰機空襲各地。
3月5日	盟軍35架次戰機分三波空襲高雄。自2月27日以來高雄、臺南兩地死傷500餘人。
3月13日	盟軍70架次戰機空襲全臺各地。
3月15日	盟軍數架戰機空襲高雄、臺南。
3月17日	盟軍80架次戰機分數批空襲全臺各地，新竹、臺南損失較大。
3月18日	盟軍百餘架次戰機空襲南部地區機場，臺南市區成災。
3月22日	盟軍70架次戰機空襲臺南、高雄。
3月25日	高雄岡山軍事基地被炸毀。
3月27日	盟軍40架戰機分數波空襲臺南、臺中、新竹各地目標。
3月30日	盟軍23架B24、17架B25轟炸機為主之150架大型編隊分數波空襲臺北、新竹各地，造成損失較大。
4月1日	盟軍40架戰機分數波空襲宜蘭、花蓮港、高雄各地目標。
4月3日	盟軍35架次戰機分三波空襲高雄、臺南、臺中等地目標。另從由菲律賓起飛65架次戰機分數波空襲嘉義、花蓮港等地，造成損失較大。
4月7日	盟軍60架戰機分數波空襲臺南、嘉義、彰化、臺中各地目標。
4月11日	盟軍50架戰機空襲高雄、臺南各地目標。另一批空襲花蓮玉里、新竹海岸地區。
4月12日	盟軍80架戰機空襲北部地區長達數小時，另一波由菲律賓起飛空襲臺南、臺東各地目標。
4月13日	盟軍70架戰機空襲北部機場，另一波36架空襲臺南、臺中、彰化各地目標。
4月15日	盟軍60架戰機空襲中南部各地目標。
4月15日	盟軍由菲律賓起飛70架次戰機空襲臺中、彰化、新竹各地軍事目標。
4月16日	盟軍由菲律賓起飛130架次戰機分數波空襲全臺各地長達數小時，進行疲勞轟炸。
4月18日	盟軍戰機90架空襲臺中、花蓮港各地軍事目標。
4月19日	盟軍戰機百餘架空襲新竹地區。
4月20日	盟軍戰機30架空襲高雄、臺南地區，夜間在臺北市區投下燒夷彈，引發數處大火。
4月22日	盟軍戰機30架空襲臺中，市區被毀。
4月23日	盟軍戰機70架空襲臺北，另一批空襲新竹、花蓮港、臺東。
5月6日	盟軍由菲律賓起飛百餘架次空襲臺北、臺南、臺東等地。臺北市區多數引發大火。
5月11日	盟軍由菲律賓起飛百餘架次空襲各地。
5月12日	盟軍數架空襲臺東新港。
5月13日	新竹、淡水等地遭空襲。
5月15日	盟軍由菲律賓起飛百餘架次空襲臺中、彰化、新竹、臺北各地。
5月16日	盟軍戰機分數波空襲臺中、新竹、臺南、玉里、宜蘭各地。
5月17日	盟軍戰機70架分數波空襲全臺各地，進行疲勞轟炸。
5月18日	盟軍戰機百餘架分數波空襲全臺各地，主要目標為臺中。

5月19日	盟軍戰機近兩百餘架分數波空襲全臺各地。
5月20日	盟軍戰機數架空襲基隆、高雄、花蓮港。
5月31日	盟軍戰機大舉空襲臺北，多處引發大火，總督府亦中彈，災情慘重，混亂狀況持續數日。
6月17日	盟軍戰機百餘架分數波空襲全臺各地。
6月18日	盟軍戰機60架空襲基隆。另百餘架分數波空襲臺中、新竹、臺南各地。
6月19日	盟軍戰機80架以基隆為主要空襲目標。另一批空襲中部地區。
6月20日	盟軍戰機70架分數波空襲全臺各地。
6月20日	盟軍戰機10架空襲臺中、臺南、新竹各地。
6月22日	盟軍戰機百餘架空襲高雄、臺南。
6月23日	盟軍戰機40架空襲主要目標為臺南，全臺其他各地亦有損失。
6月27日	盟軍戰機50架空襲主要目標為臺中，另一批空襲臺南地區。
6月29日	盟軍戰機35架空襲主要目標為新竹。
6月30日	盟軍戰機40架空襲主要目標為高雄、屏東。
7月2日	盟軍戰機40架空襲主要目標為臺中。
7月19日	盟軍轟炸機20架編隊轟炸臺北。之後盟軍戰機僅以少數飛機作環島偵察飛行，不再進行轟炸。

光復篇 陳儀也算是「哈日族」？

民國三十五年臺灣行政長官公署出版的《臺灣省主要魚類產量及分布圖》、《臺灣森林圖》、《臺灣農田灌溉區分布圖》可能是臺灣行政長官公署最早出版的臺灣地圖。這幾張地圖是我最珍視的地圖收藏之一。

這三張地圖的繪製、印刷、紙張都很簡陋，之所以視之為珍藏，主要的原因，是這幾張地圖是臺灣進入了另一個歷史時代的具體見證。雖然這幾張地圖是由臺灣行政長官公署繪製、出版，但仍帶有濃厚的日本色彩，我懷疑根本是出自留任的日籍技術人員之手。

如果仔細研讀這些地圖，會發覺根本就是臺灣總督府出版的同類型地圖的簡易版。例如《臺灣森林圖》和大正四年（一九一五）臺灣總督府民政部殖產局出版的《臺灣森林圖》不但比例尺相同，連設色也幾乎如出一轍，只是整體而言，兩者的精緻度差別極大，如果真是出自留任的日籍技術人員之手，只能說是敷衍了事之作。

不僅是這幾張地圖，臺灣行政長官公署出版的其他各類地圖，乃至民國五十年之前的農林漁牧及各類公共建設的地圖都具有明顯的日本時代風格，原因很簡單，繪圖的參考資料都是日本時代遺留下來的，有些根本就是出自留用日籍技術人員之手。看到這些地圖，我常常想到陳儀受人爭議的留用日籍技術人員的政策。

左｜臺灣森林圖｜臺灣省行政長官公署農林廳｜民國35年（1946）｜此圖應該是摹寫自1930年代臺灣總督府殖產局繪製的臺灣森林地圖，但是畫得很粗糙，可見留用的日籍人員也是馬馬虎虎應付了事。

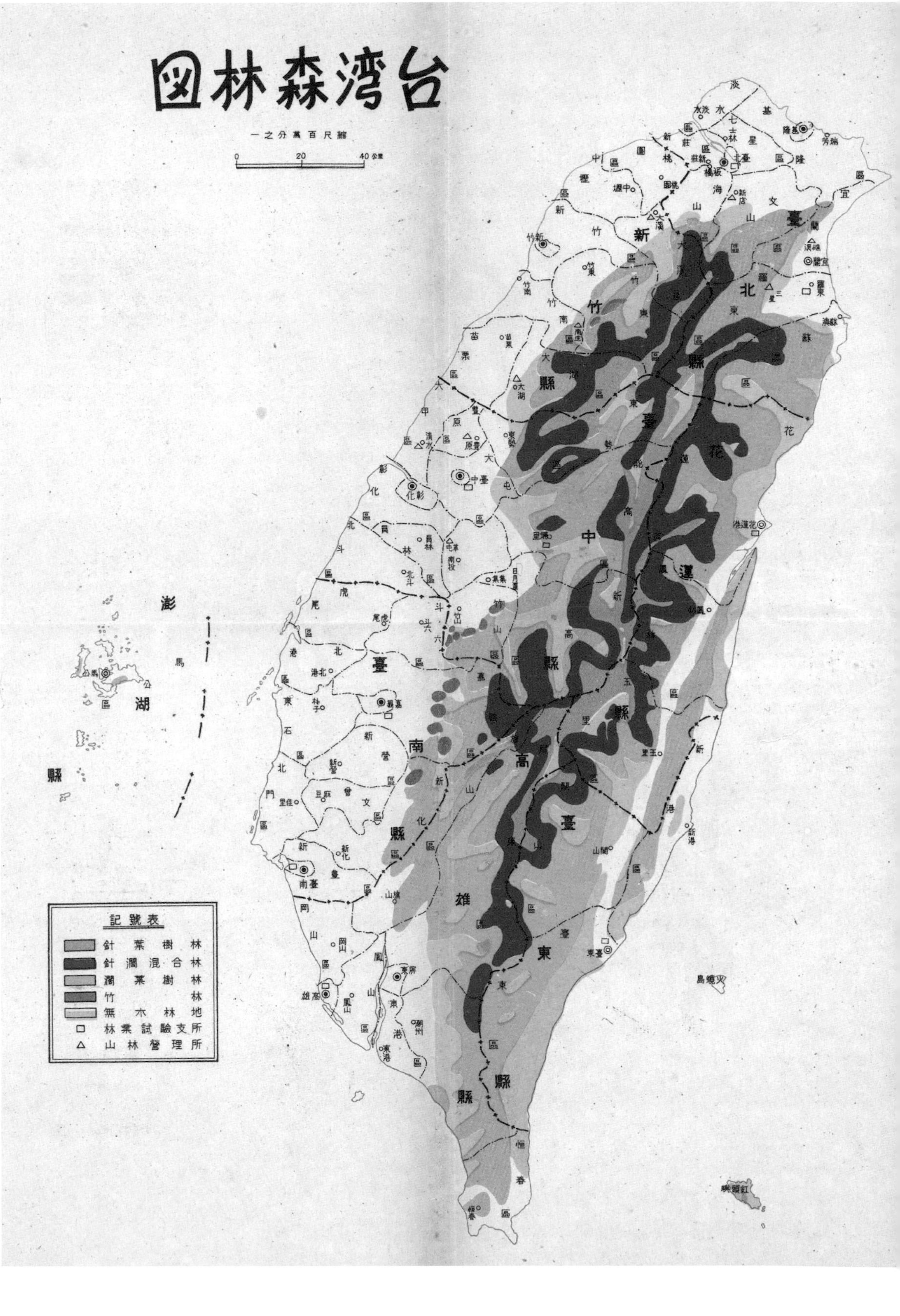
台湾森林図
縮尺百萬分之一
0 20 40公里
記號表
針葉樹林
針闊混合林
闊葉樹林
竹林
無木林地
林業試驗支所
山林營理所

國民政府與日本抗戰八年，和日本人可謂是「苦大仇深」，卻「不計前嫌」，留任了不少技術官僚，繼續為臺灣各級政府部門服務。主要的原因當然不是以前常宣傳的「以德報怨」，而是自己人才儲備不足，許多關鍵職位還得依靠「戰敗國」的殖民政府官員，才能遂行政府的職能。歷史有時候真像一齣荒謬劇，讓人哭笑不得。

據說「二二八事件」發生後，臺灣民意代表組成的處理委員會，曾對臺灣行政長官公署長官陳儀抱怨，說他留用了太多日本人，有些職位臺灣人就可以擔任，並不需要日本人。還有人認為陳儀太過「親日」，因為他不但畢業於日本陸軍士官學校（日文士官相當於中文軍官的意思），還娶了日本女子為妻。

甚至還有人說，民國二十五年陳儀擔任福建省主席時，曾應邀來臺參觀臺灣總督府舉辦的「始政四十周年臺灣博覽會」。當時陳儀還直誇日本人把臺灣建設得很不錯，言外之意，似乎是說如果臺灣還是中國的一部分，未必能有如此水平的物質建設。當年陳儀究竟說的是場面話？還是媚日的「漢奸言論」？這是真實的情節？還是「欲加之罪」？陳儀真的是「親日派」嗎？

根據許育銘撰寫的《戰後留臺日僑的歷史軌跡》，臺灣行政長官公署原本打算留用兩萬八千名日籍技術人員，繼續在原本的崗位上服務。兩萬八千名日籍技術人員再加上家屬總數達到九四、二三八人，約占原先在臺日人總數的四分之一。由此可見陳儀對日籍技術人員應該是相當倚重的。

如果這九萬多名日本人真的留下來，對臺灣本地人在政府部門的發展必然造成重大的影響。可見當時臺灣人對陳儀的抱怨並非是無的放矢。當然，後來並沒留用那麼多。

日本敗戰後，在臺日本人希望留居臺灣的比例相當高。臺灣總督府曾在民國三十四年十月進行在臺日人歸國志願調查，結果志願留臺者約有十四萬餘人，而希望歸國的有十八萬餘人。之所以如此，主要有兩個原因，一是日本戰敗，本土廢墟一片，返回日本，生計無著，前途茫茫，如果被國民政府留用，至少還能保證最基本的生存。另一個原因是，在臺已有生意、房產的，如果一旦被遣返，一切將付諸流水。

後來國民政府軍事委員會，根據何應欽的建議，致電行政院作出指示：「近據各方報告，在華日僑多希望歸化中國。查此等僑民因感日本目前生活困難，糧食缺乏，不願回國，或仍留華經商，藉此可以保持資產，然於難免利用機會以有計畫之深入我國民間，除已分復俟和平條約成立後由政府核辦。現在所有日僑凡非經許徵用之技術人員，一律不准留華。」

臺灣行政長官公署原本打算留用兩萬八千名日籍技術人員的方案，因為不被美國方面及國民政府的支持，幾經波折，最後核定留用的人數只有七、一三九人，含家屬為二七、二二七人。但是這二萬八千人的留用，也是有期限的，必須在民國三十五年底完成。

第二期核定留用的日籍技術人員為一、〇九四人，含家屬三、八四三人。原本這些留用人員也要在民國三十六年四月底之前悉數遣返日本，經各方面協商，最後決定留用高級技術人員約二六〇人，含家屬共七〇〇餘人。此後至民國三十八年八月，又陸陸續續進行了四次的遣送。

如果真按原先的想法，大量留用日籍技術人員，「二二八事件」是否得以避免？或者釀成更大的災難？陳儀是不是「二二八事

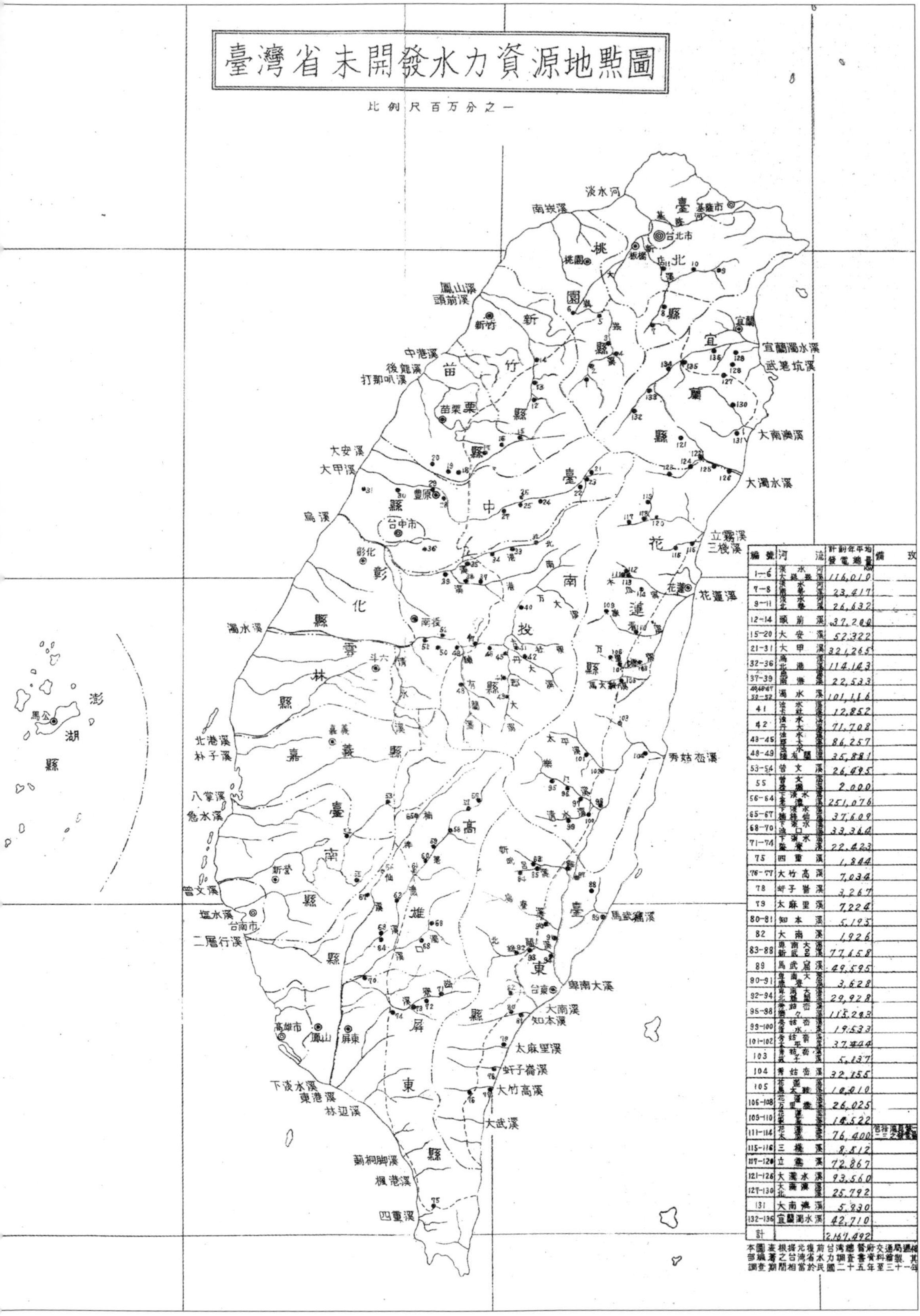

編數	河流	計劃年平均發電總量 KW	備攷
1—6	淡水河 大嵙崁溪	116,010	
7—8	淡水河 南勢溪	23,417	
9—11	淡水河 北勢溪	26,632	
12—14	頭前溪	37,200	
15—20	大安溪	52,322	
21—31	大甲溪	321,265	
32—36	烏溪 北港溪	114,143	
37—39	烏溪 南港溪	22,533	
40,46,47 50—52	濁水溪	101,116	
41	濁水溪 卡社溪	12,852	
42	濁水溪 丹大溪	71,708	
43—45	濁水溪 郡大溪	86,257	
48—49	濁水溪 陳有蘭溪	35,881	
53—54	曾文溪	26,495	
55	曾文溪 後堀溪	2,000	
56—64	下淡水溪 荖濃溪	251,076	
65—67	下淡水溪 楠梓仙溪	37,609	
68—70	下淡水溪 濁口溪	33,364	
71—74	下淡水溪 隘寮溪	22,423	
75	四重溪	1,844	
76—77	大竹高溪	7,034	
78	虷子崙溪	3,267	
79	太麻里溪	7,224	
80—81	知本溪	5,195	
82	大南溪	1,926	
83—88	卑南大溪 新武呂溪	77,658	
89	馬武窟溪	49,595	
90—91	卑南大溪 鹿寮溪	3,628	
92—94	卑南大溪 北絲鬮溪	29,928	
95—98	秀姑巒溪 樂樂溪	115,293	
99—100	秀姑巒溪 清水溪	19,533	
101—102	秀姑巒溪 太平溪	37,444	
103	秀姑巒溪 拔子溪	5,137	
104	秀姑巒溪	32,155	
105	花蓮溪 馬太鞍溪	10,010	
106—108	花蓮溪 万里溪	26,025	
109—110	花蓮溪 壽豐溪	14,522	
111—114	花蓮溪 木瓜溪	76,400	包括[illegible]第一二三之發電[illegible]
115—116	三棧溪	8,512	
117—120	立霧溪	72,867	
121—126	大濁水溪	93,560	
127—130	大南澳溪 北溪	25,792	
131	大南澳溪	5,930	
132—136	宜蘭濁水溪	42,710	
計		2,167,492	

本圖妻根据光復前台湾總督府交通局遞信部編著之台湾省水力調査書資料繪製，其調查期間相當於民國二十五年至三十一年

件」的元凶？

根據旅日經濟學者劉進慶的研究，「二二八事件」的起因是惡性通貨膨脹，民不聊生，而導致惡性通貨膨脹的原因則是國民政府不夠明確的匯率政策，導致上海的惡性通貨膨脹也隨之引入臺灣。而且為了應付國共內戰龐大的軍糧需求，又將臺灣生產的糧食大量轉運大陸，使得原本不應缺糧的臺灣，卻在戰爭結束後繼續飽受缺糧之苦。惡性通貨膨脹、缺糧才是導致「二二八事件」的元凶。在這兩個大「元凶」的壓迫下，陳儀即使是「大挪天仙」也難以挽回這場悲劇。

事實上，「二二八事件」發生之後，蔣介石並沒有懲處陳儀，反而將他調任浙江省主席。顯然這個任命不是貶抑，而是「榮昇」。因為浙江的地位比臺灣來得重要，而且還是蔣的老家，也是陳儀的老家。可見蔣並沒有因為「二二八事件」而對他「開刀」，反而讓他「榮歸故里」。

解放軍渡江之後，浙江省主席陳儀向京滬杭警備總司令湯恩伯發出「五項條款」，要求他停止一切軍事活動，結果卻被湯恩伯出賣，將他押解來臺接受軍法審判。民國三十九年六月十八日，陳儀被叛處死刑槍決身亡。

陳儀真的「通匪」？還是蔣隨便找個罪名，拿他當替罪羊，充當國民政府退守臺灣保住政權的犧牲品？我常常想，如果當時他堅持「漢賊不兩立」跟隨蔣來到臺灣，蔣又該如何處置他呢？

右｜臺灣省未開發水力資源地點圖｜民國40年（1951）｜圖上文字說明：「本圖表根據光復前臺灣總督府交通局遞信部編著之臺灣省水利調查書資料繪製，其調查期間相當於民國二十五年至三十一年。」可見這張地圖是利用日本時代的資料繪製的。

太陽帝國的最後一塊拼圖

日本人從占領臺灣開始，便開始測繪臺灣
從日清作戰圖、臺灣堡圖、蕃地地形圖
到二萬五千分之一地形圖、五萬分之一地形圖
直到一九四四年才完成山地地區的測繪
根據全臺五萬分之一的地形圖
改繪成《二十萬分之一帝國圖——臺灣》
總算在日本總崩潰前
完成了太陽帝國的最後一塊拼圖

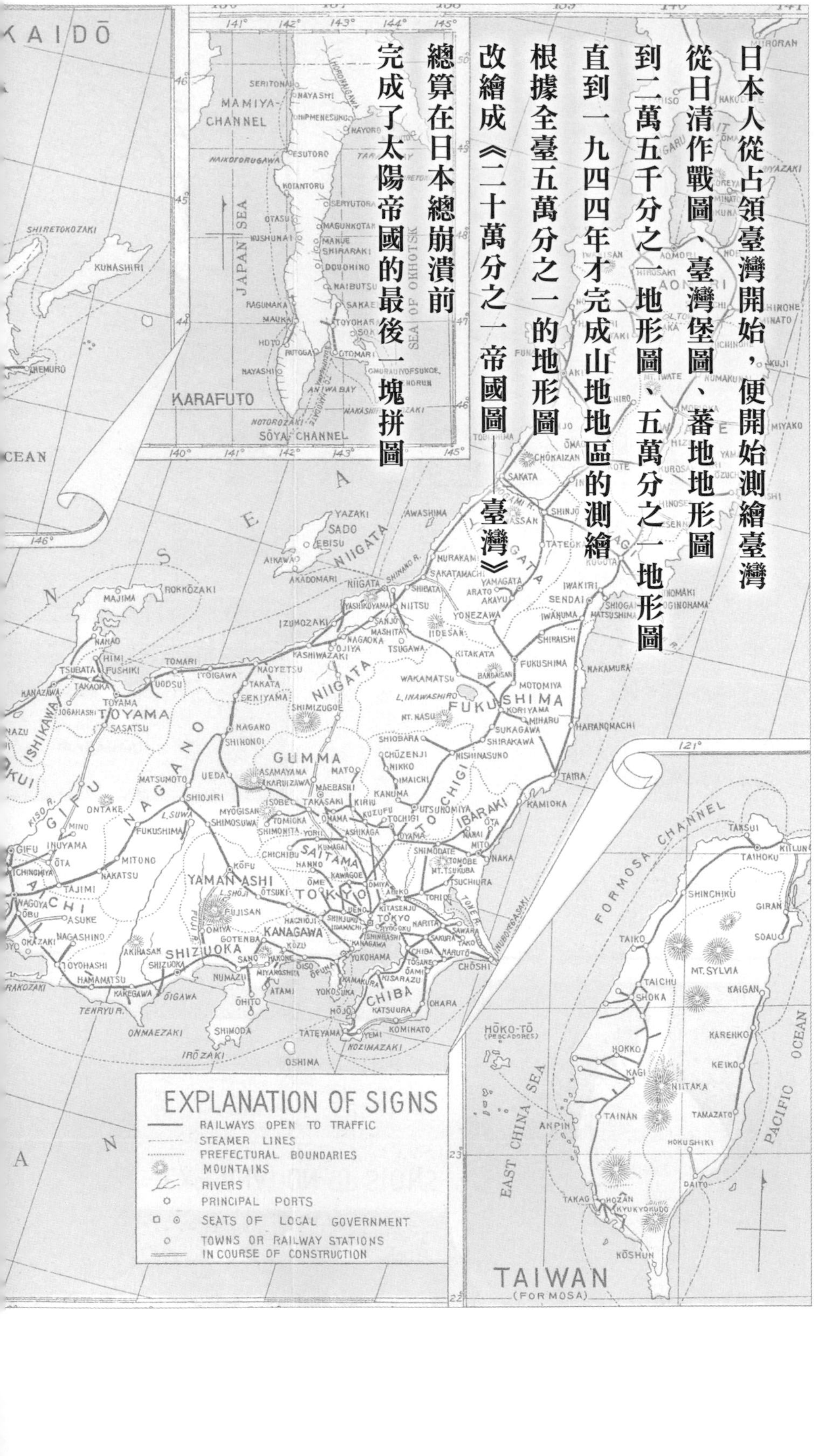

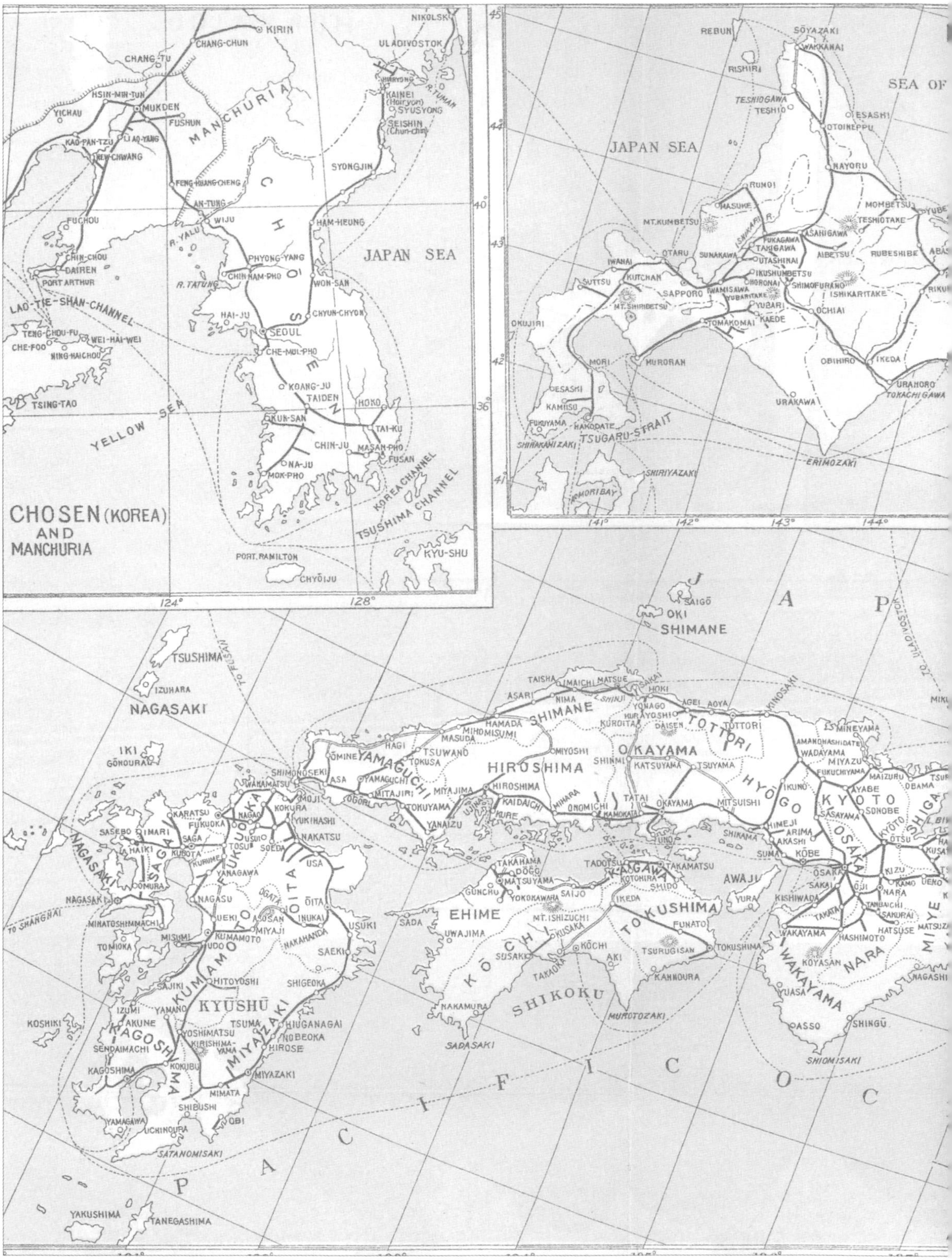

上｜General Map of Japan,Korea&Manchuria. 英文版《日本年鑑》(1933)

繪製精美的地圖是日本民族追求精緻工藝的表現之一，也顯現了日本人對精密物件、技術不可自拔的迷戀。

早在現代三角測繪技術傳入之前，日本人便以傳統的辦法繪製了不少精緻的老地圖。和明清時代中國的老地圖相較，同時期日本人繪製的地圖精確多了，製版、印刷也較講究。

當時的中國，除了向帝王會報輿情、戰情的御覽地圖是由宮廷畫師精心繪製之外，一般方志上的地圖不但談不上地理位置的精確，更談不印刷製版上的美感。專供皇帝御覽的地圖，與其說是地圖，還不如說是一張畫。這種山水畫式的地圖，在用兵、平亂之後，也就束之高閣，深藏密府了。

古代中國繪製精密的地圖屬於至高無上的軍國機密，除了帝王將相，一般平頭百姓無緣得見。所以繪圖技術即使發展較早，也只在小範圍內流傳。古代如此，即使在一九八七年解除戒嚴之前，較精密的地圖在臺灣仍屬保密的範圍，不得公開發行。這對測繪技術的提升是相當不利的。

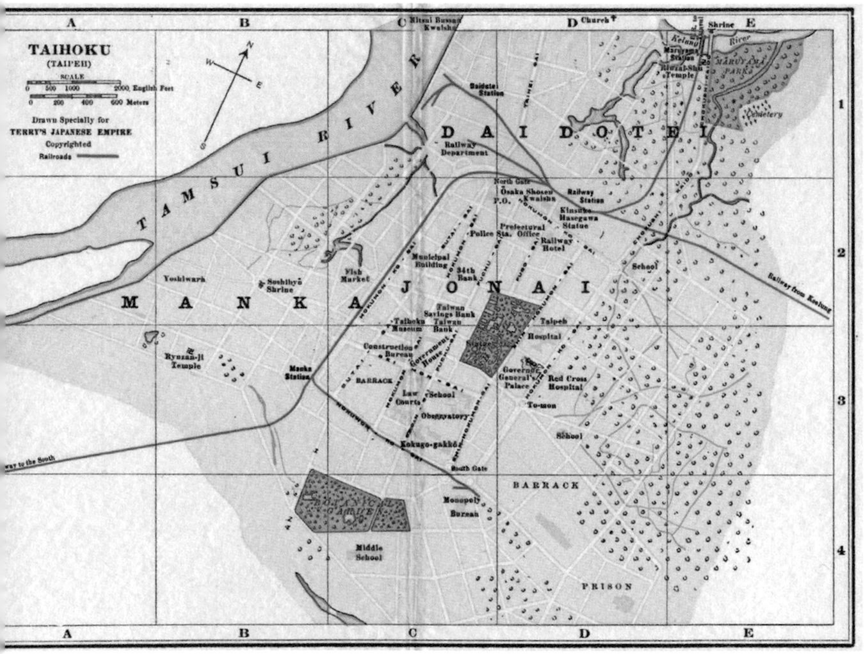

上｜TAIHOKU｜1926｜此圖臺北市分為城內、大稻埕、艋舺三個「大字」（相當於街庄級別）。日本時代除了高雄之外，其他四個州的州名，都採用「音讀」（漢音）發音。日語「北」的漢音為Hoku，所以「臺北」的拉丁字母拼寫為Taihoku，hoku雖然是漢音，但Taihoku在中國人聽來，倒像是個純日本地名。

左｜FORMOSA（TAIWAN）｜1926｜此圖於昭和元年（1926）出版，當時臺灣已經改制為五州二廳的行政劃分，但日本帝國的對外宣傳機構竟然在改制六年後，仍沿用十二廳時代的地圖。

FORMOSA
(TAIWAN)
0 10 20 30 40 50 English Miles
0 25 50 75 Kilometers
Heights in English Feet
Dotted circles show War-Zones
where photographing and sketching are forbidden
Drawn Specially for
TERRY'S JAPANESE EMPIRE
Copyrighted
Railroads
PESCADORES ISLANDS
Pescadores Channel
Rover Channel
FORMOSA CHANNEL
PACIFIC OCEAN
TAIHOKU
TOYEN
SHINCHIKU
TAICHU
NANTO
KAGI
TAINAN
AKO
TAITO
KARENKO
GIRAN
Bashee Channel
Garambi Cape
SAMASANA ISLAND
KOTO SHO
(BOTEL TOBAGO ISLAND)
SHO-KOTO-SHO
(LITTLE BOTEL TOBAGO)
TROPIC OF CANCER
A
B
C
120°
121°
122°
25°
24°
23°
22°

日本地圖為現代發展提供助力

一八九五年日本占領臺灣之後，基於統治與發展產業的需求，日本人繪製地圖的「癖好」得到大肆發揮的機會。雖然殖民統治為臺灣人民帶來巨大的傷痕，但光復後，日本人繪製的地圖與被美軍轟炸得殘破不堪的鐵公路、軍需產業、水利設施，仍為臺灣日後的發展與工業化提供了相當大的助力。

一九四五年日本戰敗退出臺灣，臺灣人民從廢墟中，逐步修復交通、產業基本設施，在往後的二十年間，基本上滿足了臺灣社會的需求。直到一九六〇年代中期進口替代產業的興起，發展遇到瓶頸，才有了一九七〇年代新一波「十大建設」的需求。同樣的，日本人遺留下來的地圖也在這二十年間繼續發揮「餘熱」，為生產建設與社會建設提供了不同程度的服務。其中各城鎮的都市計畫圖便

是最明顯的例子之一。

一般說來，日本現代化的地圖繪製，和其他的現代化技術一樣，都是起源於明治維新時代。當時日本派遣留學生到歐美國家學習新式的三角測量技術，奠定了日本測量技術現代化的基礎。其實，日本學習西方測量技術應該可以推到更早的時期。

十七世紀初，隨著荷蘭東印度公司在長崎開設商館，從事三角貿易。荷蘭人使用早期三角測量技術繪製的地圖，和精緻的繪圖工具便引起日本人的驚艷，進而起而效仿，當時日本將荷蘭人傳過來的新技術稱之為「蘭學」。

開創新視野的南蠻系世界地圖

約在同時，義大利傳教士利瑪竇也來到中國，憑藉著《坤輿萬國輿圖》，打開了中國

下 |**坤輿萬國輿圖** |利瑪竇將西方繪製的《坤輿萬國輿圖》傳到中國來，這幅地圖後來也傳到日本，對日本也造成相當的影響。

乾坤萬國全圖古今人物事跡
古。無以盡經理之妙。好古而不窮夫遠。無以盡格致之功。是以禹貢之書。歷乎九州。職方之載。罄乎四海。班氏因之而作地理志。則圖史之從來久矣。考古証今者所必資也。此圖舊無善版。雖有廣輿圖之刻。亦且掛一而漏萬。故近覩西泰子之圖說。歐邏巴氏之鏤版。白下諸公之翻刻有六幅者。始知乾坤所包最鉅。故合衆圖而考其成。統中外而歸于一。內而中華山河之盛。古今人物之美。或政事之有益於生民。或節義之有裨於風化。或理學之有補於六經者。則註於某州某縣之側。外而窮荒絕域。北至北極。南越海表。東至汪洋。西極流沙。而荒外山川風土異產。則註於某國某島之傍。一省檢群書。稽徃牒。庶一覽。則乾坤可羅之一掬。萬國可納之眉睫。不必梯山航海。而能卧遊六合。不必廣蒐博採。而能智徹古今。格物致知之學。未必無少補也。

知識分子、官員的心防，與之交往。但當時中國知識分子、官員對《坤輿萬國輿圖》的興趣，似乎主要是圖中的地理訊息，對於測繪技術，中國的知識分子並不像日本人那麼熱衷。當然也有少數知識分子、官員對西方學術感到興趣的，如徐光啟等人便投入西方天文、幾何學上的研究，但並沒有擴及到地圖的繪製上。或許這和當時歐洲的地圖測繪技術並不比中國高明到哪裡，也有一定的關係。

利瑪竇雖然將西方繪製的《坤輿萬國輿圖》傳到中國來，但《坤輿萬國輿圖》中關於東亞的部分，因為缺乏實測資料，繪製得相當粗糙。利瑪竇等西方的早期傳教士不但將《坤輿萬國輿圖》傳到中國，也將中國繪製的東亞輿圖傳到西方，補足西方萬國輿圖的不足。在東西文化交流上，利瑪竇等西方的早期傳教士扮演了東西方地理資訊交流的角色，功不可沒。

從一五四九年法蘭西斯・札維爾抵達日本，到一六三九年江戶幕府對葡萄牙商船發出禁航令，其間近一世紀的時間中，基督教世界傳入日本的世界地圖與地球儀，對日本的地圖繪製帶來極大的影響。

早期西方傳入的世界地圖，為了和十九世紀中期以後傳入的西方地圖作區分，日本人稱之為「南蠻系世界地圖」。「南蠻」指的是從日本南方海域乘船而來的西方人。「南蠻系世界地圖」幾乎全是荷蘭發行，而荷蘭商人也是當時在日本經商的「南蠻」人種中最大的群體。

一六五四年在長崎出版的《萬國總圖》，是日本以西方測量方式繪製的世界地圖中，最古老的一幅。長崎是「南蠻」最活躍的區域，當時西方的商館（貿易商）也集中於長崎。這幅《萬國總圖》上面的地名和「南蠻系世界地圖」有許多地方是相同的，但整體的

右｜**乾坤萬國全圖古今人物事跡**｜在「南蠻」系地圖傳入日本前，中國地圖對日本的影響幾乎是「唯一」的。

ORMVS
BANTAM
MACAO
AMERICÆ PARS
Fretum Anian
OCEANVS
OCCIDENTALIS
OCEANUS
Tropicus Cancri
CHINENSIS
Philippinæ Insulæ
ARCHIPELAGVS
S. LAZARI
Borneo
Celebes
Ceiram
Iava maior
INDIA EXTRA GANGEM
BENGALA
Gangeticus Sinus
Arcticus
Desertum de Belgian
Iauani
Incolæ Moluccarum et Bando
Chinenses
Moscovitæ

CANDY
CALECUTH
GOA
DAMASCO
ASIA
noviter delineata
Auctore
Guiljelmo Blaeuw.
Syri
Arabes
Armenius. Perse
Balaguatæ
EVROPÆ PARS
NOVA ZEMBLA
Pontus Euxinus
MARIS MEDIT ERRANEI PARS
Candia
Cyprus
Mare de Sala vel Bachu
Chualensko more
ARABIA DESERTA
MARE RVBRVM
PERSIA
FARSIA
AYAMAN olim
ARABIA FELIX
Ormus
Aden
AFRI
ABISSINÆ
CÆ PARS
Zocotora
MARE
ARABICVM
et INDICVM
OCEANVS
Æquator
ORI
E N

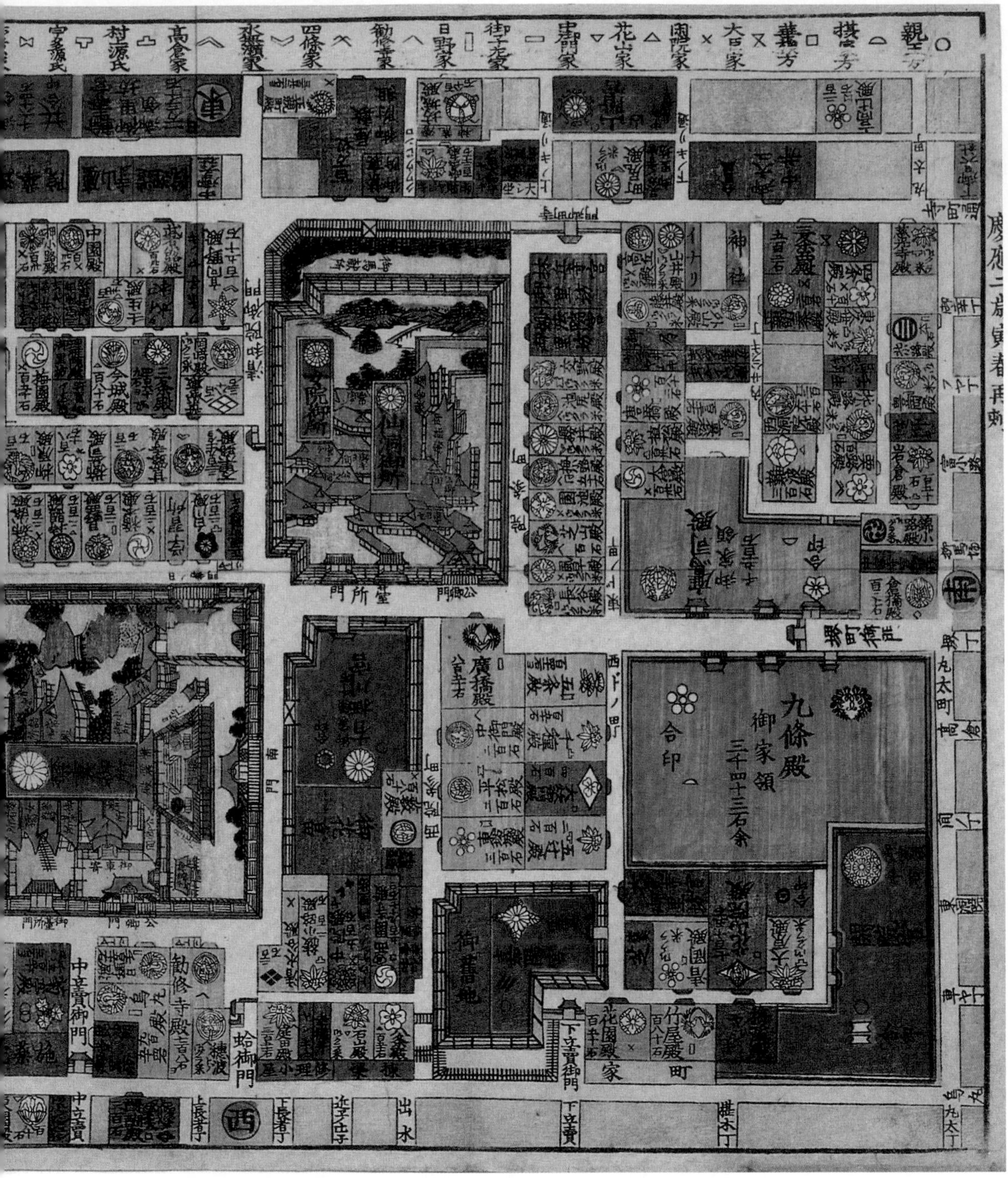

前頁｜亞洲新圖（Asia Noviter Delineata）｜Willem Janszoon Bleau繪製｜為了和19世紀中期以後傳入的西方地圖作區分，日本人將16、7世紀傳入日本的西方世界地圖稱之為「南蠻系世界地圖」。《亞洲新圖》便是所謂的「南蠻系世界地圖」。當時日本除了引進「南蠻系世界地圖」外，也學習西方的測量方式來繪製海圖。「南蠻系世界地圖」是屬於地理知識性的地圖，海圖則是以航海實用為目的的地圖。

上｜內裡細見之圖｜慶應2年（1866）｜日本江戶時期各類地圖的出版和「浮世繪」、春宮畫一樣，達到了氾濫的地步。但除了官方機構，民間的出版作坊，並沒有獨立的地圖測繪機構。民間的出版商幾乎全是以官方發行的地圖作為底本，改頭換面，重新包裝。

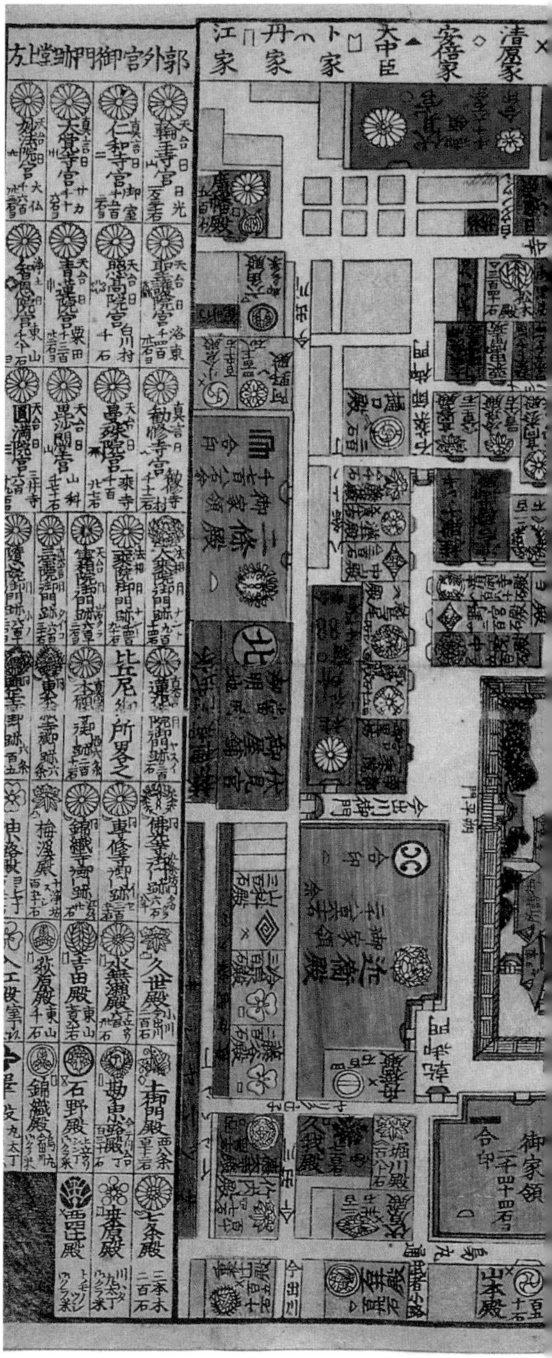

海陸分布與全圖分東西兩半球的畫法，則較接近利瑪竇的《坤輿萬國輿圖》。

當時日本除了引進「南蠻系世界地圖」外，也學習西方的測量方式繪製海圖。「南蠻系世界地圖」是屬於地理知識性的地圖，海圖則是以航海實用為目的的地圖。十七世紀日本的繪圖師根據葡萄牙人繪製航海圖摹寫了不少日本本地，甚至東南亞、南中國海的海圖，這說明當時日本學西方的測繪技術是從航海技術作為起點的，這和日本所處的地理環境和當時日本對臺灣的企圖有一定的關係。

明代開國不久，嚴格實施海禁政策，這對中日兩國的海上貿易造成很大的影響。兩國的海上貿易商在失業無奈之餘，一部分鋌而走險，成為海盜，一部分轉入地下，成為走私商人，其實兩者是很難區分。

當時中日兩國的走私商人，主要的交易地點就是臺灣。所以十五、六世紀起，日本對臺灣已經相當熟悉，甚至比明政府官方機構還要熟習，一度還企圖將臺灣收入版圖。

明末，豐臣秀吉一方面入侵朝鮮，另一方面又不斷的向中國與「南蠻」宣示，說將入侵臺灣，甚至南洋諸國。如果豐臣秀吉真想「南進」的話，東南亞、南中國海的海圖勢必不可缺的。所以當時日本學西方的測繪技術是從航海技術作為起點，有其國家戰略上的考慮。豐臣秀吉去世後，日本退出朝鮮，但對臺灣並沒有「忘情」。

十七世紀初，荷蘭東印度公司占領臺灣後，日本商人繼續來臺灣從事中日間的轉口貿易，期間爆發了日、荷之間的「濱田彌兵衛事件」。起因是日本人拒絕向荷蘭東印度公司繳納交易稅，荷方則扣留了日本商人與貨物，日商濱田彌兵衛趁隙劫持了荷蘭官員返回日本，最後以荷方讓步收場。「濱田彌兵衛事件」的本質是日本人自認在臺灣享有「特殊地位」，荷蘭東印度公司無權向其收稅。

十九世紀末，日本真正領有臺灣時，離「濱田彌兵衛事件」已將近三百年，但他們並沒有忘記這件事，在事件的發生地，熱蘭遮城（安平古堡）的廢墟上豎立了一方「濱田彌兵衛事件紀念碑」。

在這種思維下，日本從「南蠻」商人的手中獲得不少臺灣地理訊息的海圖。如今日本國內收藏的「南蠻系世界地圖」中都包含了臺灣的身影。

根據一七一七年出版，細井廣澤著作的《密傳地域圖法大全書》上記載，一六三九年江戶幕府下達鎖國禁令之前，日本已有專門研習西方測量技術、地圖繪製的學校。而與此同時的中國不但沒有類似的學校，更沒有《密傳地域圖法大全書》之類的著作。

十七世紀初，日本從西方引進的地圖測繪技術，在江戶幕府下達鎖國令之後，並沒有隨之被禁絕，反而仍有所發展。明治維新

左｜五千分之一東京圖｜田坂虎之助｜明治19年（1886）｜日本陸軍早期地圖作業規範，還不具備正規的三角測量技術，屬於迅速測量類地圖，作業較簡易，精緻度較差。直到明治15年（1882），工兵大尉田坂虎之助從德國學習正規的三角測繪技術回國之後，才改變了這個局面。此圖為田坂虎之助的代表作之一。此後，日本的地形圖也由法國式的彩圖，轉變為德國式的黑色線條地圖。

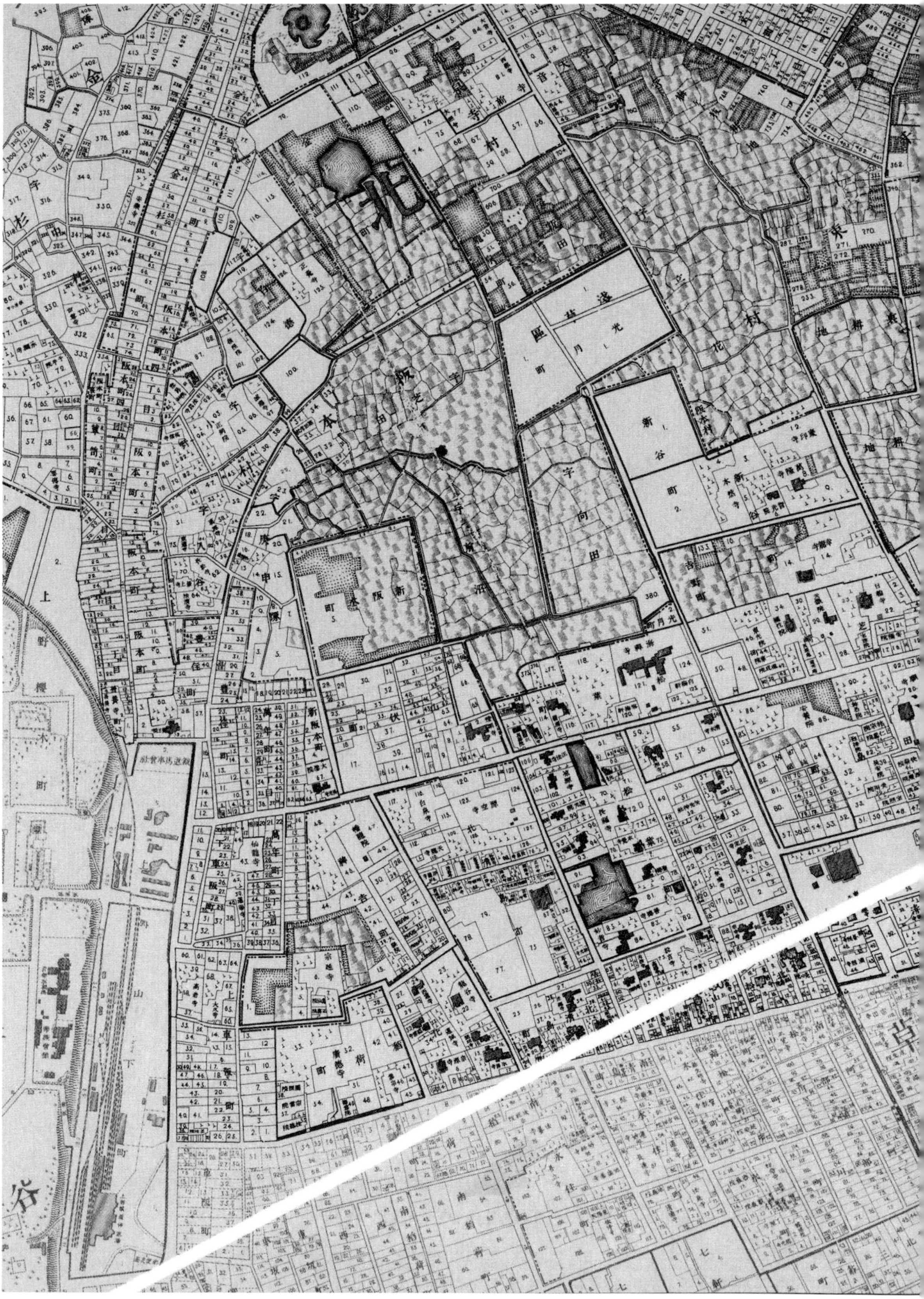

之前，從江戶幕府主持測繪的各類地圖中，可以看出，基本上仍是採用西式的測量技術測繪，有些甚至有所增進，並沒有因為鎖國，而將西方的測繪技術排斥在外。

一八一二年完成的《大日本沿海輿地全圖》便是明治維新之前的代表作。這套地圖包含三種不同的比例尺，最大一套為三萬六千分之一，由二一四張拼成，這是一份根據緯度的觀測值而繪製的日本全國地圖。

反之，中國在康熙末年完成西方傳教士主持的全國測繪、規模空前的《皇輿全覽圖》之後，再無西方實測技術地圖的出現。之後，不管是雍正朝「十排圖」、還是乾隆朝的「十三排圖」，雖然稍有增益，整體而言，不過是康熙《皇輿全覽圖》的餘唾、摹寫本而已，甚至每況愈下。所以，以地圖測繪而言，中國在明治維新之前，和日本相較，已處於落後狀態。

相較於中國知識分子、官員，日本的智識階層對繪圖技術與製圖工具的興趣似乎遠高於地圖所傳達的地理訊息。或許這也可以歸之於「民族性」的差別。

歷來「匠」在中國的知識分子的眼中並不是一個正面的字眼。現在的中國似乎已經接受「巨匠」為正面的稱呼，但是如果早在一百年前，讚美一位中國的藝術大師，稱呼他為「巨匠」，他肯定跟你翻白眼。例如評論一件藝術品，說它「匠氣太重」，是絕無褒揚之意的，而日本人卻將藝術大師稱之為「巨匠」。

「巨匠」之所以成為美稱，其實就在於對技術熟練者的推崇。日本人對精緻手藝的追求，幾乎達到宗教信仰般狂熱的程度。對日本而言地圖繪製也是一門精緻的手藝。

明清時代，中國的繪圖技術與理論明顯高於日本，但從現今中國留存下來的明清時代古地圖，和同時期的日本古地圖相較，好比拿當時中國販售於鄉間的年畫比之於日本江戶時期的浮世繪一樣，顯得粗劣且簡陋。所以即使在現代地圖測繪技術尚未傳入之前，由於日本人對精緻手藝有如狂熱宗教信仰般的追求，日本地圖的繪製，在質量上已明顯優於同一時期的中國，之所以如此，和地圖的商品化有絕大的關係。

至晚在一六二四年，日本便出現單張出版的地圖，現在可考的是《大日本國地震之圖》。此外江戶（東京）、京都的單張地圖也出現在此時，而且都是以商品的形式出現。

此後地圖發行量逐年增加，版面也由單色（黑色）發展到多色套色印刷，甚至到了江戶時代還出現昂貴的銅版印刷。地圖的種類也無所不包，有些甚至是為了滿足「尋芳客」的地圖指南。

民間的出版商幾乎全是以官方發行的地圖作為底本，改頭換面，重新包裝。這在當時的中國是不可想像的。

地圖商品化是中日間的差別

地圖作為商品，在同時期的中國是十分罕見的。有些學者認為地圖在早期中國之所以很少以商品的形式流通，主要是因為地圖在封建時代常被認為隱含軍事機密，所以禁止發行。

這個說法並不完全說得通，因為中國的明、清時代都有「一統志」的發行，質量也不差，而且大多數的志書也都附有地圖，甚至有些地圖還鐫刻在石碑上，出版商要取得這些地圖並不困難。地圖在日本很早便成為流通的商品，而中國卻十分罕見，真正的差異是，兩國人民對地圖的看法和使用有極大的差異。這種差異到今天也沒太大的改變，在華人世界，地圖一直都是屬於較冷門的出版

後頁｜LesPosition Sud&Sud-Est de Kelung No.9（1894）｜ Le Capitaine Garnot 引自L'exp'edition Francaise de Formosa 1884—1885｜光緒10年（1884）法軍遠東艦隊入侵基隆時，所繪製的彩色地形圖，可能是臺灣最早測繪的現代西式地形圖。明治維新初期，日本的地形圖主要是向法國學習。所以早期日本的地形圖是彩色的。明治15年（1882），工兵大尉田坂虎之助從德國學習正規的三角測繪技術回國之後，日本的地形圖也轉變為德國式的黑色線條地圖。

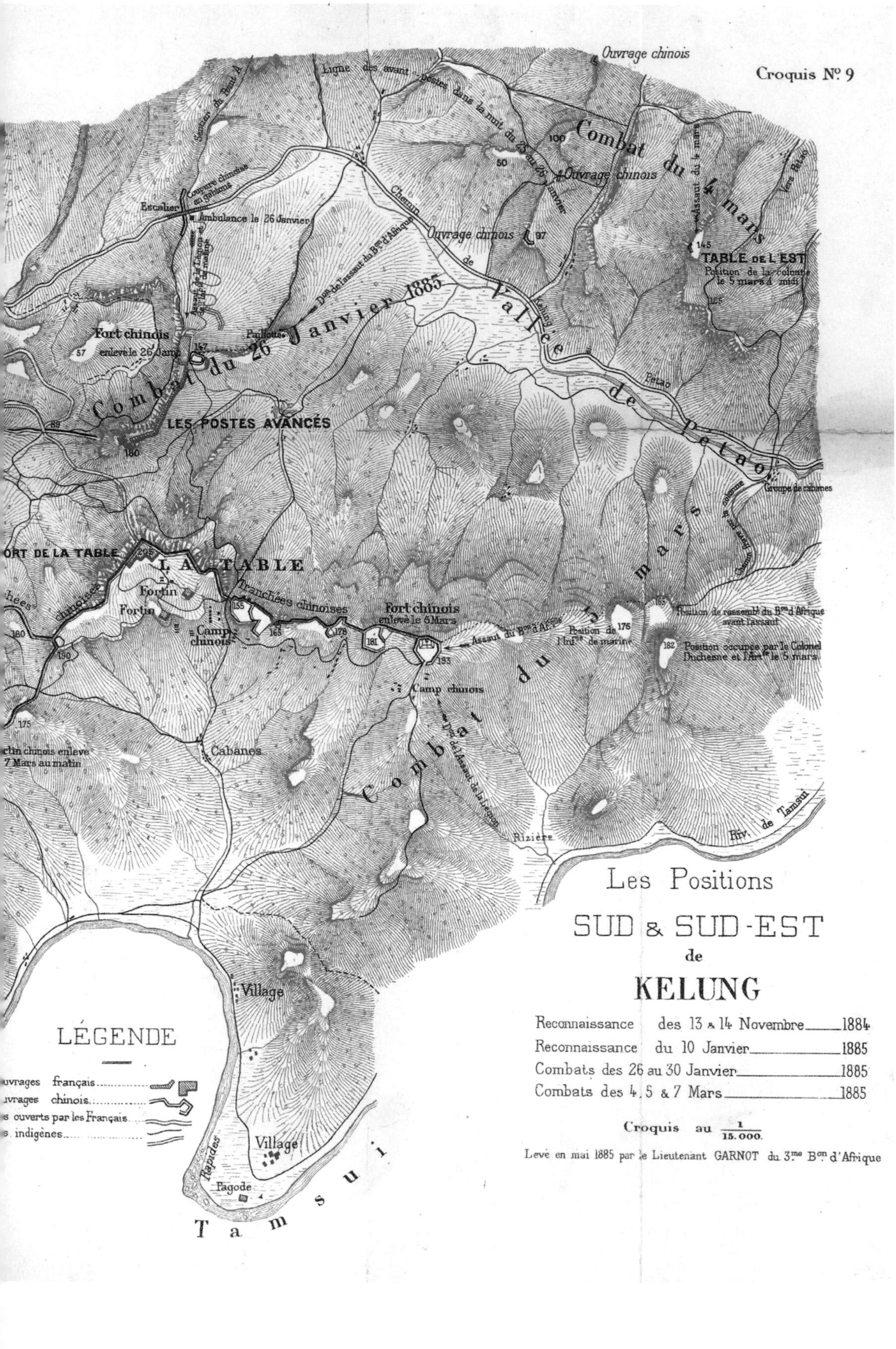
Croquis No. 9
Ouvrage chinois
Ligne des avant-postes dans la nuit du 25 au 26 Janvier
Combat du 4 mars
Assaut du 4 mars
Vers Pétao
Escalier
Ambulance le 26 Janvier
Ouvrage chinois
Chemin de Kelung à Petao
TABLE DE L'EST
Position de la colonne le 5 mars à midi
Fort chinois enlevé le 26 Janv.
Paillotes
Combat du 26 Janvier 1885
Vallée de Petao
LES POSTES AVANCÉS
Groupe de cabanes
FORT DE LA TABLE
LA TABLE
Fortin
Fortin
Tranchées chinoises
Fort chinois enlevé le 5 Mars
Camp chinois
Assaut du Bon d'Afrique
Position de l'Infie de marine
Position de rassembt du Bon d'Afrique avant l'assaut
Position occupée par le Colonel Duchesne et l'Artie le 5 mars
Camp chinois
Combat du 5 mars
Cabanes
Combat
Rizière
Riv. de Tamsui
Village
Village
Pagode
Rapides
Tamsui
Les Positions
SUD & SUD-EST
de
KELUNG
Reconnaissance des 13 & 14 Novembre 1884
Reconnaissance du 10 Janvier 1885
Combats des 26 au 30 Janvier 1885
Combats des 4, 5 & 7 Mars 1885
Croquis au 1/15.000
Levé en mai 1885 par le Lieutenant GARNOT du 3me Bon d'Afrique
LÉGENDE
Ouvrages français
Ouvrages chinois
Chemins ouverts par les Français
Chemins indigènes

KELUNG
Cantonnement de la Légion
Entrepot de la Douane
Chemin de Kelung
Pagode
PAGODE GRAMOISY
Dépôts de charbon
Dépôt de charbon
VALLÉE DES MINES
Les lignes Ber
Rizière
Route de Tamsui
Vallée Gramoisy
Reconnaissance du 10 Janvier
Bataillon d'Afrique
Position de la colonne dans la nuit du 13 au 14
Position de la colonne le 14 9bre au matin
Reconnaissance du 14 Novembre
NID D'AIGLE
la Dent
Camp chinois
Cascade
Travaux chinois detruits le 14 9bre
Naï-nin-ka
FORT BAMBOU
Poste de fusées
Tombes françaises
LE CIRQUE
Col
Camp chinois
FORTIN DE L'AIGUILLE
Tranchées chinoises
Assaut du Bon d'Afrique
Colonne de gauche
Tranchée couverte
Combat du 7 ma
Tranchees
Cabanes
Source
FORTIN ANNEXE
FORT DU SUD
Tombes franç.
Tranchées chinoises
Camp de l'état major chinois
Débarcadère des sampans
LOAN-LOAN
Vallée de
Riv. de Tamsui
Pagode
Rapides

臺灣地圖

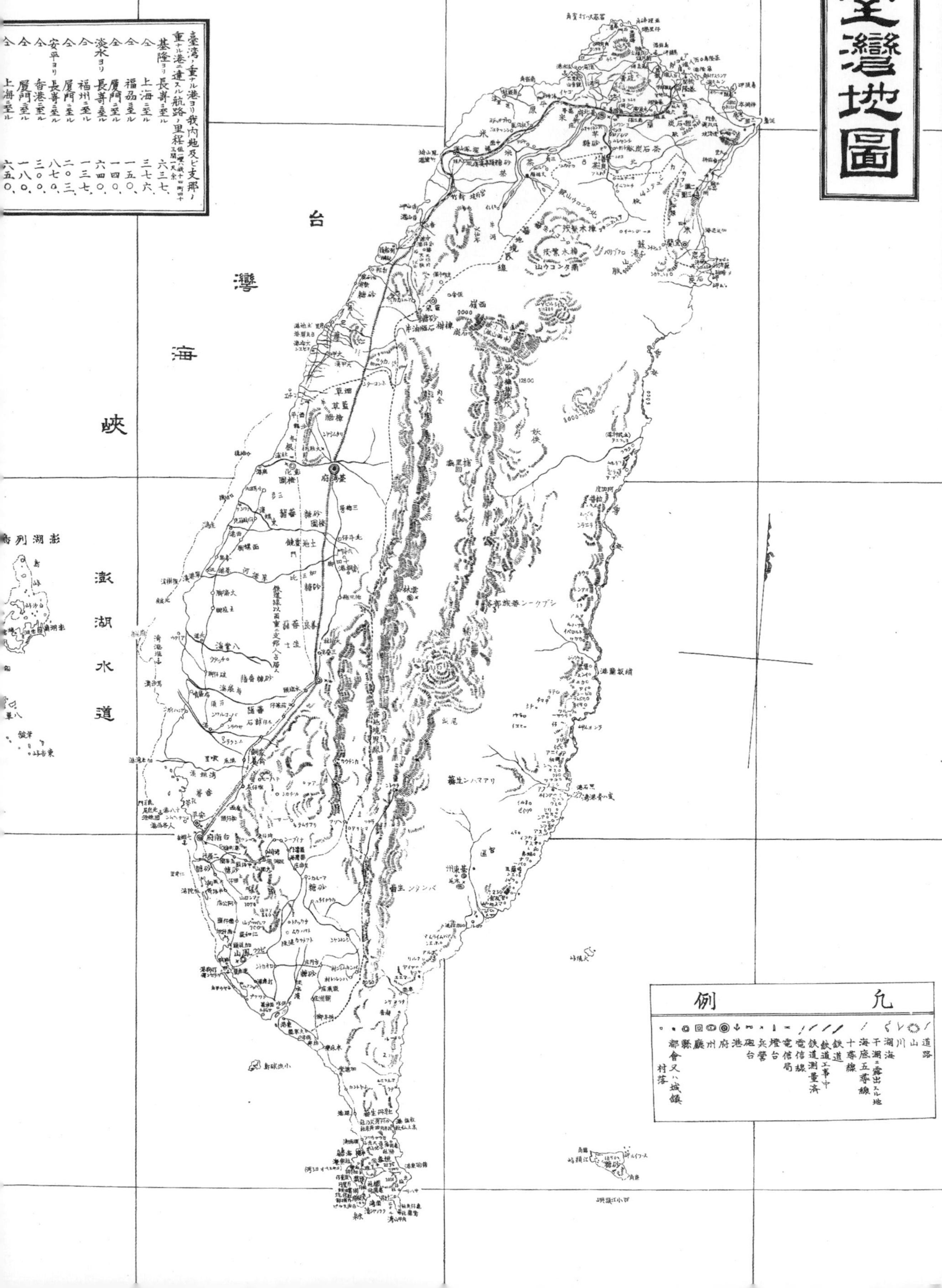
臺灣ノ重ナル港ヨリ我内地及ヒ支那ノ重ナル港ニ達スル航路ノ里程 但シ哩ニ換ヘ十四町四十三間一尺余
基隆ヨリ長崎ニ至ル 六三七、
仝 上海ニ至ル 三七六、
仝 福州ニ至ル 一五〇、
仝 廈門ニ至ル 一四〇、
淡水ヨリ長崎ニ至ル 六四〇、
仝 福州ニ至ル 一三七、
仝 廈門ニ至ル 二〇三、
安平ヨリ長崎ニ至ル 八七〇、
仝 香港ニ至ル 三〇〇、
仝 廈門ニ至ル 一八〇、
仝 上海ニ至ル 六五〇、
台灣海峽
澎湖水道
澎湖列島
凡例
道路
山
川
湖海
干潮ニ露出スル地
海底五尋線
十尋線
鉄道
鉄道工事中
鉄道測量済
電信線
電信局
燈台
兵営
砲台
港
府
州
廳
縣
都會又ハ城鎮
村落

品。

在引入現代化的地圖測繪技術上，中國並不比日本來得晚，結果日本的表現仍遠超過中國。一八八四年中法戰爭時，福州馬尾船政學堂的學員在法國教官的帶領下，曾來臺繪製了一幅臺南安平與府城的實測地圖。而現代化大比例尺地圖測繪，在日本是從海圖開始的。比較著名的是明治四年（一八七一）的《陸中國釜石港之圖》，是在荷蘭教官指導下由海軍傳習所學生完成的。

明治維新帶動地圖的現代化

明治維新之初，地圖的主管部門不斷更替，指導繪圖的外國技師也時常更換。最早由工部省的測量司主導，八名英國技師負責指導。明治七年（一八七四）後由內務省地理寮接管，明治十一年地理寮改稱地理局。軍方的地圖業務起先是兵部省陸軍部參謀局主管，由法國教官負責技術指導。後來廢兵部省，分設陸軍、海軍兩省，陸軍省參謀局改制為參謀本部繼續主管軍用地圖業務。

明治十七年（一八八四），基於預算的考量，將內務省地理局主管的地圖業務移交給參謀本部新設立的測量局。明治二十一年（一八八八），參謀本部陸、海軍分家，原來的測量局改稱「陸地測量部」。日本政府中主

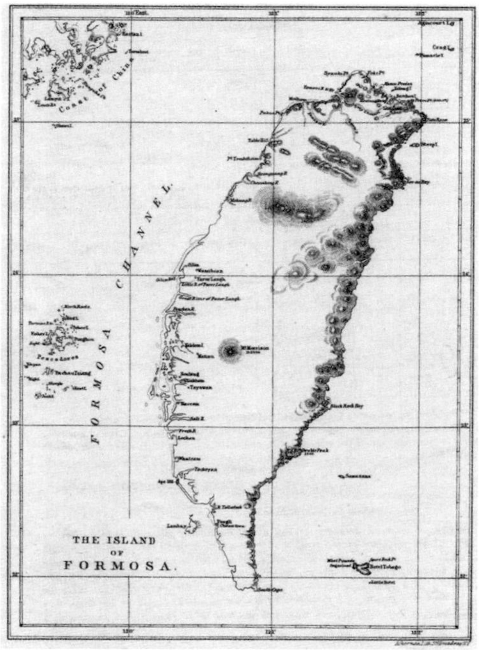

右｜臺灣地圖｜年代不明｜此圖繪於占領臺灣之前，底本是摹寫自1840年代英國海軍測繪的版本。圖中的地理訊息相當簡陋，甚至不少是錯誤的。傳說日本在占領臺灣之前作了大量的情報蒐集工作，以此圖而言，這個說法未必屬實。

左｜The Island of Formosa｜（1845）｜1840年代英國海軍繪製的臺灣地圖，除了日本，美國海軍、法國海軍也以之為底本繪製臺灣地圖。

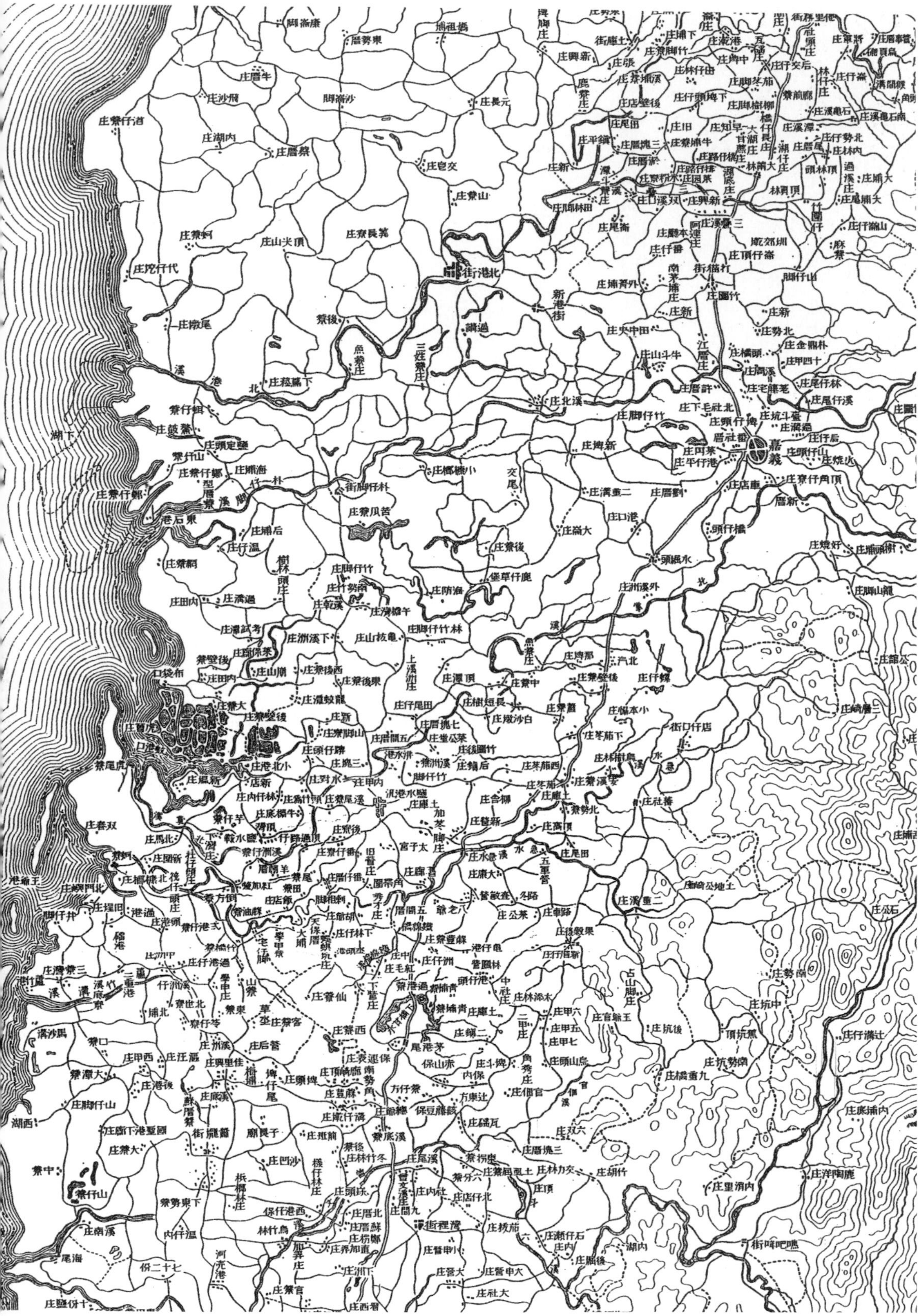
北港街
新港街
嘉義

管地圖業務的裁併，顯然不是完全以節省經費開銷作為考量的依據，這已經牽涉到「明治維新」的總體思維。

現代化對明治維新而言，只能算是手段而非目的。明治維新的核心是對外擴張。當時的日本人已清楚的認知，日本是一個地狹人稠、資源貧乏的島國，如果無法取得外部資源，日本不但無法成為強國，甚至連養活日本的百姓都成為問題。

陸、海軍分別成為政府中的兩大部門，不但是效法當時英國的作法，更是軍國主義的具體表現。在軍國主義為指導原則下，當政府的預算有所限制時，軍事部門優先考慮，也是「理所當然」的，日本陸軍參謀本部陸地測量部就是這個思維下的產物。明治二十八年（一八九五），日本陸軍執行占領臺灣的任務時，陸地測量部的測量人員也隨著作戰部隊轉戰各地，測繪地形圖支援作戰。臺灣最早的現代地形圖便是由日本陸軍參謀本部陸地測量部所測繪的。

測繪臺灣地圖的先聲

光緒二十年（一八九四）甲午戰爭，清政府在朝鮮，海、陸兩戰皆告失利，造成乙未

右｜臺灣南部作戰地地圖｜引自《日清戰爭（臺灣）圖》｜日本占領臺灣初期，日本陸軍陸地測量部臨時測圖部繪製的地圖雖屬迅速測量圖類，但在研究清末臺灣的城市與聚落形態、河川丘陵等地形地貌上，是一份難得的第一手資料。

上｜1895年日軍從橫濱登船，準備以武力接收臺灣。

割臺的慘劇。臺灣是日本明治維新後，遂行軍國主義的第一個戰利品。雖然日本在法理上已獲得臺灣合法的統治權，但當時臺灣人民反應異常激烈，立即成立獨立的「臺灣民主國」，準備以武力反抗。所以日本政府真正要接收臺灣時，必須派軍以武力強行占領。甚至在與清政府代表辦理交接手續時，雙方官員也只能在海上進行。

日軍幾乎是從一上岸起，便遭到臺灣民眾、義勇軍的頑強抵抗。但即便在如此混亂的情況下，日本陸軍陸地測量部卻已經成立臨時測圖部，跟隨登陸作戰部隊，同步進行地形圖的測繪，用以支援作戰部隊作戰的需求，在此同時，也開展了日本帝國在臺灣的地圖繪製事業的先聲。

從目前所能找到的資料，日本陸軍陸地測量部臨時測圖部至明治三十一年（一八九八）間，依據實測的地理資訊、數據，至少繪製了五套不同比例尺的地圖。分別是《日清戰爭（臺灣）圖》二九幅、《（臺灣）二萬分之一迅速測圖》一〇一幅、《臺灣五萬分之一圖》一〇三幅、《臺灣假製二十萬分之一圖》一四幅以及《十萬分之一東亞輿地圖——臺灣》等。

其中有些地圖，近年已由民間出版社複製出版，如遠流出版社複製了全套的《日清戰

右｜臺灣南部作戰地地圖｜引自《日清戰爭（臺灣）圖》｜此圖中描繪的是臺灣嘉義以南地區。平原上的村落幾乎全被標示出來，訊息量十分巨大，當然誤植之處不在少數。值得注意的是，這些村落的標示和《臺灣堡圖》有相當程度的差異，這是否能說明明治39年（1906）「庄」與「土名」確立之前的聚落分布形態？

左｜1895年日軍登陸朴子紀念碑。

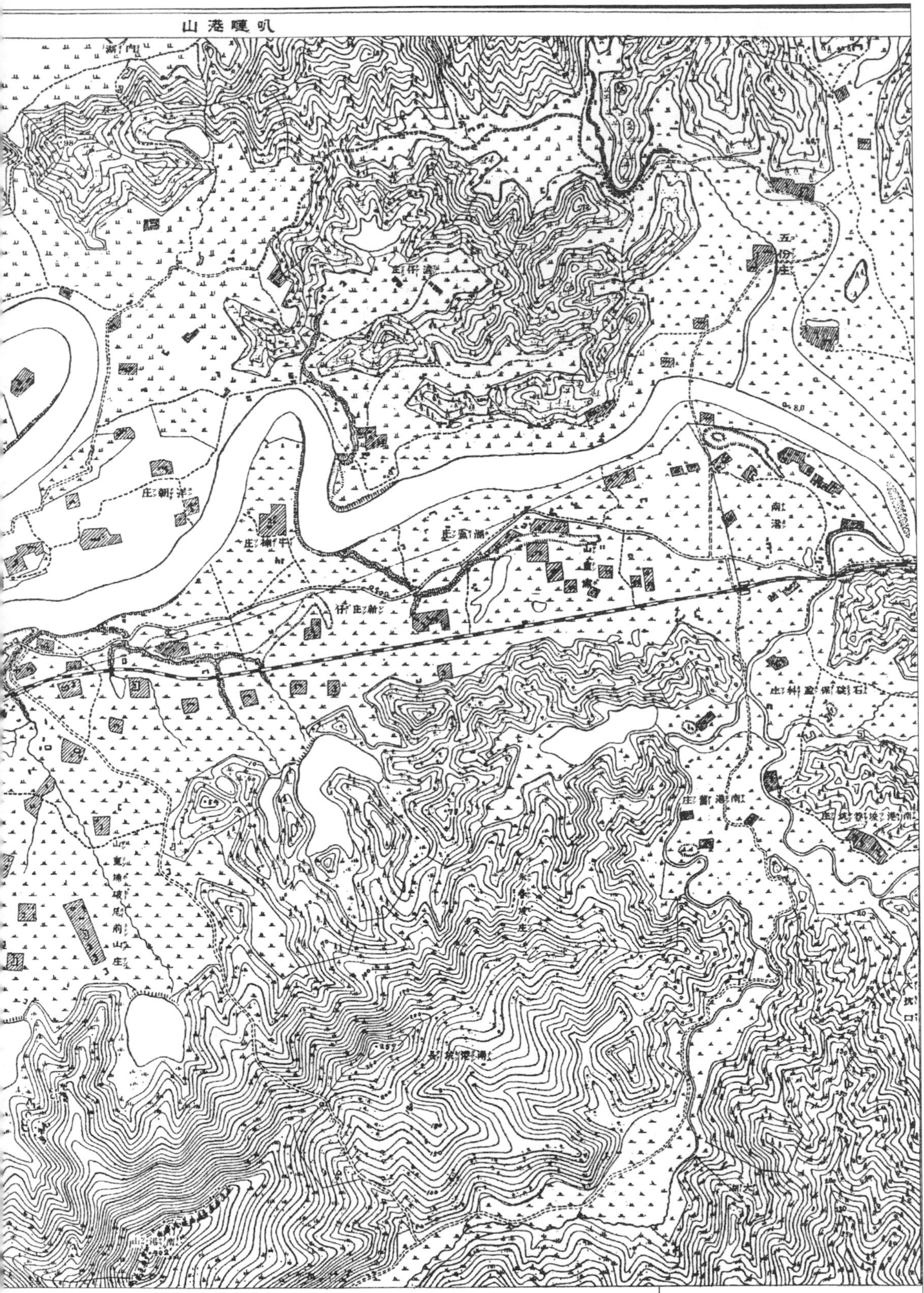
叭嗹港山

北投庄
公館街

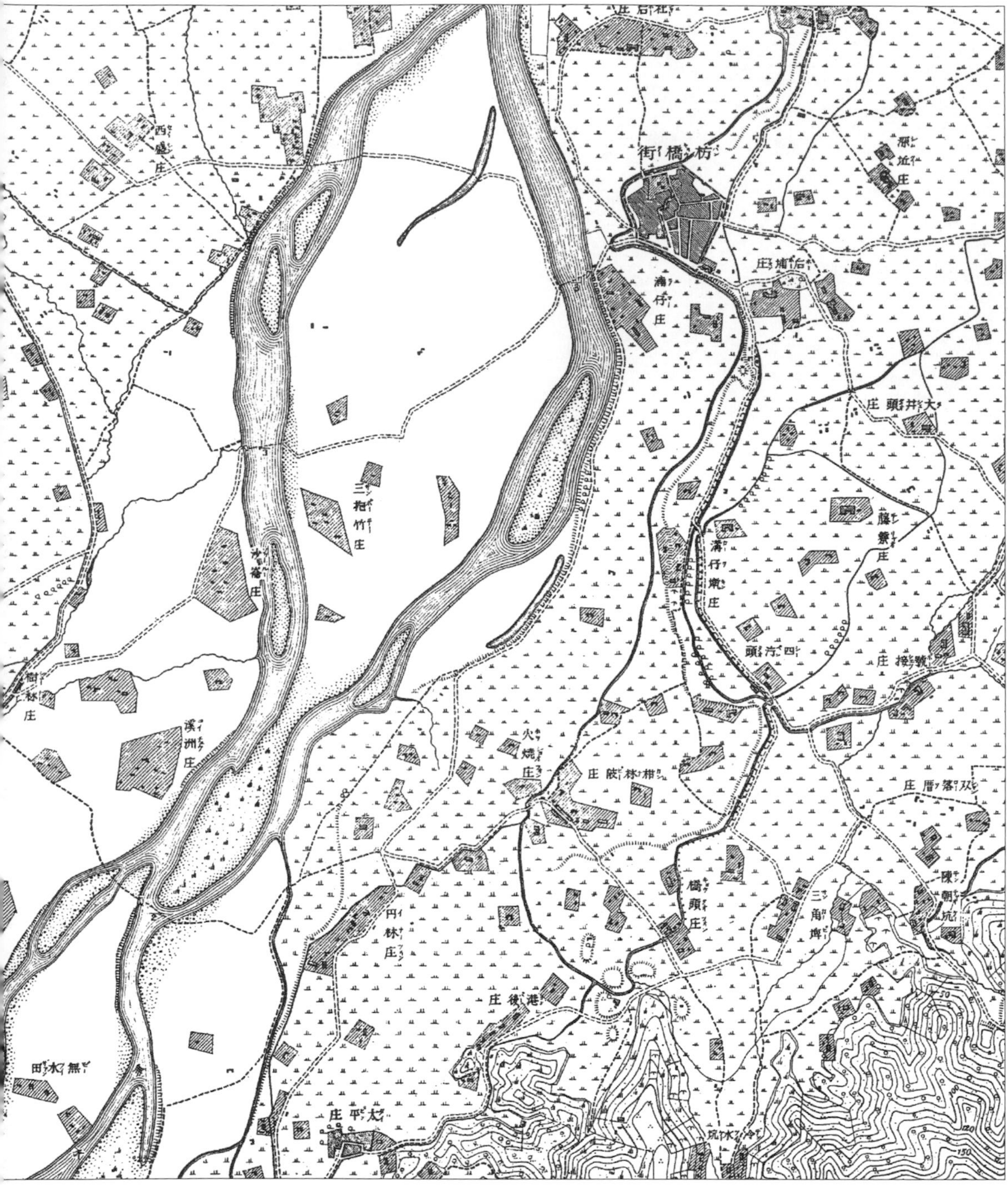

前頁｜錫口街；後頁｜枋橋街｜明治28年（1895）｜建築師黃武達從日本國會圖書館複製了一部分《（臺灣）二萬分之一迅速測圖》。這些一百多年前實測的地形圖，雖然屬於迅速測量圖類地圖，並非按照嚴格定義的基本地形圖測繪規範所繪製的，但在研究清末的聚落布局上，這些一百多年前繪製的地圖提供了十分寶貴的佐證資料。

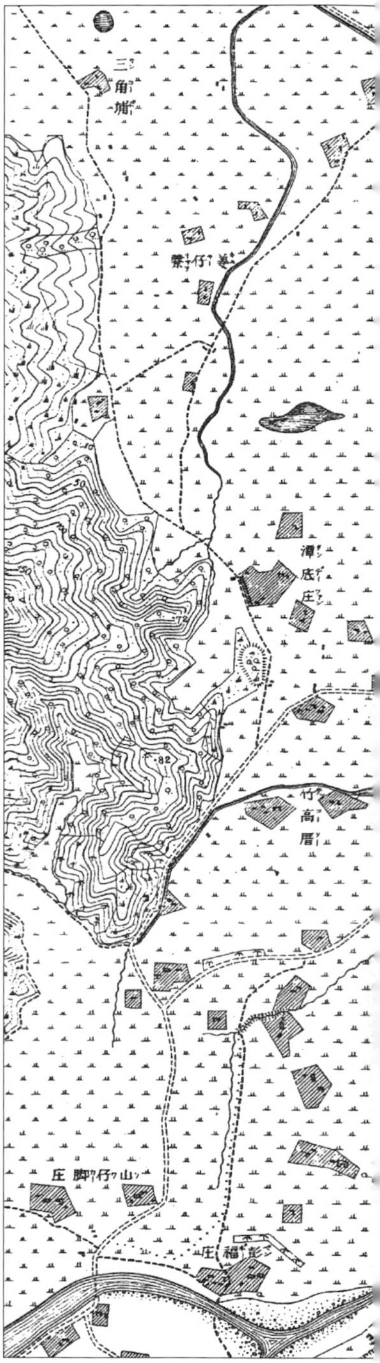

爭（臺灣）圖》，建築師黃武達則從日本國會圖書館複製了一部分《（臺灣）二萬分之一迅速測圖》。這些一百多年前實測的地形圖，雖然屬於迅速測量圖類地圖，並非按照嚴格定義的基本地形圖測繪規範所繪製的，但在作為臺灣人抗日戰爭的歷史事件上，這些一百多年前繪製的迅速測量圖類地圖提供了十分寶貴的佐證資料。

迅速測量地圖是日本陸軍早期地圖作業規範，起源於明治十一年（一八七八）參謀本部成立之時。當時日本軍方還不具備正規的三角測量技術，迅速測量地圖作業較為簡易，所以精準度較差，沒有經緯度的標示，套圖也沒經過完全接續性的規劃。直到明治十五年（一八八二），工兵大尉田坂虎之助從德國學習正規的三角測繪技術回國之後，才改變這個局面。

明治十九年（一八八六）繪製《五千分之一東京圖》便是田坂虎之助的代表作之一。此後，日本的地形圖也由彩色的法國式，轉變為德國式的黑色線條地圖。光緒十年（一八八四）法軍遠東艦隊入侵基隆時，也曾繪製一套彩色的地形圖，可能是臺灣最早測繪的現代西式地形圖。

迅測圖類蘊含歷史訊息

占領初期，日本陸軍陸地測量部臨時測圖部繪製的《（臺灣）二萬分之一迅速測圖》，在研究清末臺灣的城市與聚落形態、河川丘陵等地形地貌上，是一份難得的第一手資料。雖然有人會認為明治三十三年至三十八年繪製的《臺灣堡圖》，不但與之年代相近，繪製得也更加精確，而且《臺灣堡圖》所呈現的地理資訊也更加豐富，參考戰爭時代繪製的迅速測量地圖，實屬多餘之舉。這種看法是有一定的道理，但也不全然如此。

譬如，鐵路路線就是一個很大的差別。臺灣的鐵路建設始於劉銘傳時代，日本據臺時，臺灣鐵路縱貫線由基隆到延伸到新竹。日本據臺後曾對這段鐵路進行全面性的改造，除了調整工程質量外，在路線上，也幾乎作了全盤的改動，改變比較大的是臺北到桃園一段，其實這也是劉銘傳時代的規劃。當時因為艋舺居民擔心風水被破壞，路線才改道大稻埕、新莊。

迅速測量地圖中繪製的劉銘傳時代臺鐵，臺北到桃園段，是由大稻埕過淡水河，經三重埔、新莊、打類坑、龜崙嶺到桃園，到了《臺灣堡圖》繪製的時代，縱貫線已改由現在的路線南下。除此之外，鐵路縱貫線此時已由新竹延伸到苗栗的伯公坑。路線的改變與延伸，對新市鎮的形成、地形地貌的改變是有相當大的影響。

從某些迅速測量類地圖中我們可以發現，一些縣城，如新竹、嘉義等，除了城牆，城市的外圍還有數重不連續的土牆，明顯的是一種防禦設施，這些土牆到底是固定設施，還是為了抵抗日軍臨時堆築的？文獻上還找

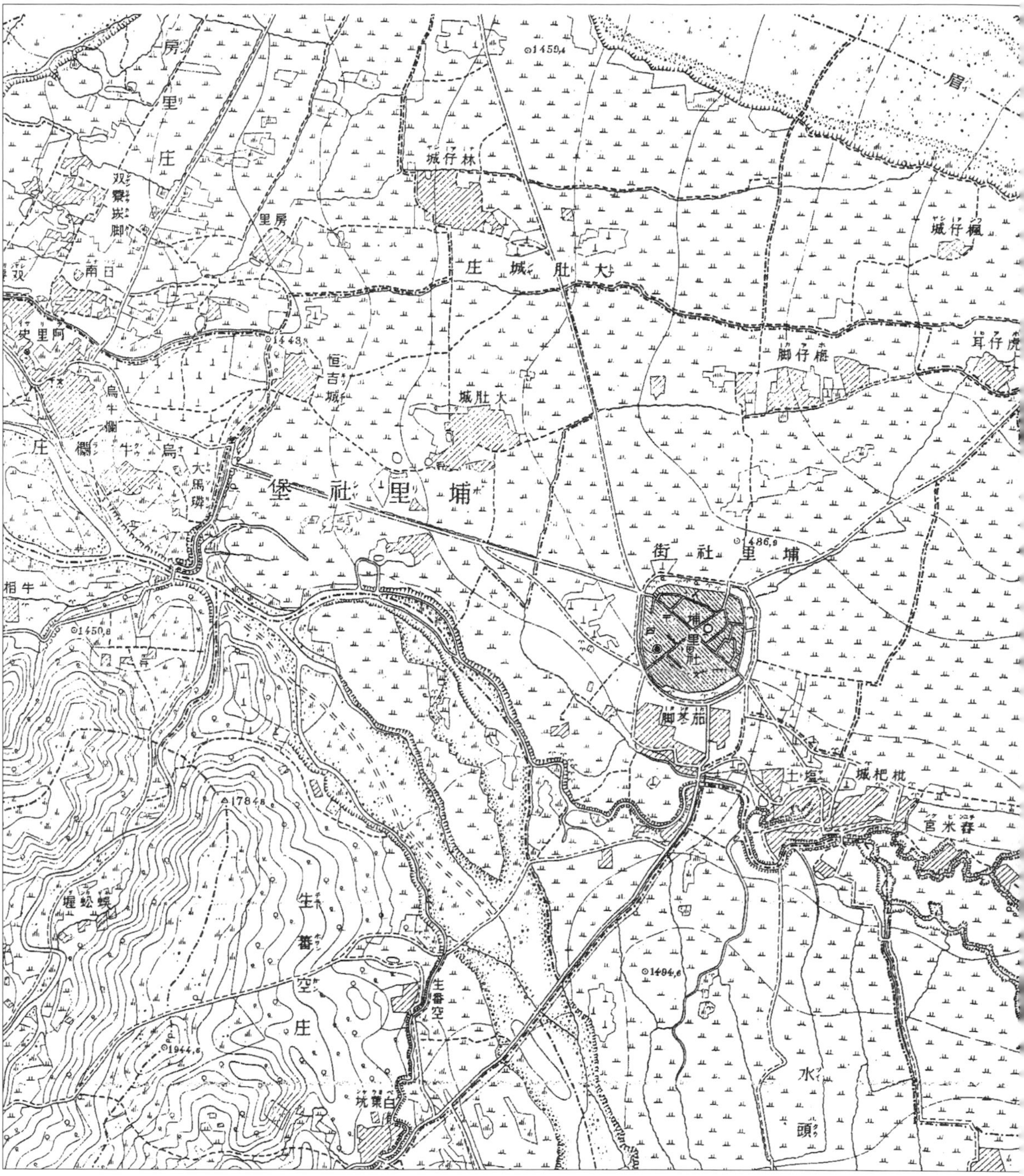

上｜臺灣堡圖139埔里社｜明治39年（1906）｜明治39年《臺灣堡圖》由臺灣日日新報公開發行。《臺灣堡圖》的測繪是日本殖民政府在臺灣進行殖民地改造工程的第一步，意義不同凡響。

不著這方面的資料。

《臺灣堡圖》中的這些縣城，不但土牆不見了，有的連城牆、城門樓都不見了，宜蘭市就是一個例子。可見經過戰爭的破壞與日本人的改造，才短短幾年，到了《臺灣堡圖》繪製的年代，有些城鎮已不復舊貌。所以，如果要研究清末臺灣城市與聚落的格局，戰爭時代繪製的迅速測量地圖是一份不可或缺的第一手資料，這也是建築師黃武達從日本國會圖書館複製了一部分《(臺灣)二萬分之一迅速測圖》的原因，但還不夠完整，希望有更多的出版社能複製這個時期繪製的地圖。

民國八十五年遠流出版公司出版的《臺灣堡圖》複刻本，在臺灣地圖出版史上是值得重重的記上一筆。雖然這套地圖在九十年前已經公開上市，後來臺灣省文獻會也曾經複製過，遠流之舉並非首創之舉，但此次複刻再版，的確是在臺灣史研究上開創了一個全新的境界。

世界罕見的臺灣堡圖

遠流此次複刻《臺灣堡圖》動員了相當大的人力與物力，令人遺憾的是，這還是一份有缺頁的地圖集。主要的缺頁是基隆、高雄、澎湖部分，因為這三處地方是重要的港灣與軍事要塞所在地，當年便沒有公開販售。

經過六年半的測繪，明治三十九年《臺灣堡圖》由臺灣日日新報公開發行。《臺灣堡圖》的測繪是日本殖民政府在臺灣進行殖民地改造工程的第一步，意義不同凡響，原本公私收藏應該非常普遍，但如今卻一套完整的《臺灣堡圖》都難以探尋，原因何在？二戰末期，日軍敗相已露，要求各公私機構，凡持有五萬分之一以上地形圖者，一律送往警政機關銷毀。所以至今除少數公立圖書館、大學外，民間幾乎罕有收藏者。

在遠流出版公司複刻出版《臺灣堡圖》之前，臺灣省文獻會曾複刻出版過《臺灣堡圖》，但這是一個「很壞」的版本。開本太小、印刷品質惡劣不說，不知道基於什麼理由竟然在許多地名上打上紅色的※※，更糟糕的是，這個版本缺頁也不少。當時公立圖書館、大學收藏的原版《臺灣堡圖》很難獲准借閱，學者研究早期的臺灣史地，只能參考臺灣省文獻會出版的複刻本，研究的成效可想而知，受到不小的限制。遠流出版公司全新複刻出版的《臺灣堡圖》終於改變了臺灣史地研究的局面。以下我們來談談日本殖民政府為什麼要花那麼大的力氣來繪製《臺灣堡圖》。

繪製《臺灣堡圖》並非興之所至，獨立為之的地圖測繪項目，簡單的說它是臺灣總督府「土地調查」的成果之一。

經過三年的強力鎮壓，明治三十一年（一八九八）臺灣人民反抗日本占領的戰爭終於平息了下來，殖民政府趁勝追擊，在成立「臨時土地調查局」專門負責，其具體的工作項目是地籍調查、三角測量及地形測量，藉此完成「土地臺帳」（即地籍清冊），以及一系列地圖（包括原圖、庄圖和堡圖）等具體的成果，為釐清土地權利、區分土地地目等提供了依據。

根據日本學者矢內原忠雄在其巨著《日本帝國主義下的臺灣》一書，對明治三十一至三十七年的臺灣土地調查提出他的看法：「……土地調查，竟為臺灣資本主義化，與日本資本之征服臺灣之必要的前提與基礎工事」。矢內原的說法有點拗口，簡單的說，就是為達到日本大資本家壟斷臺灣資源的目的，所進行的先期排查與障礙的掃除。

殖民政府經過此次「土地調查」，不但

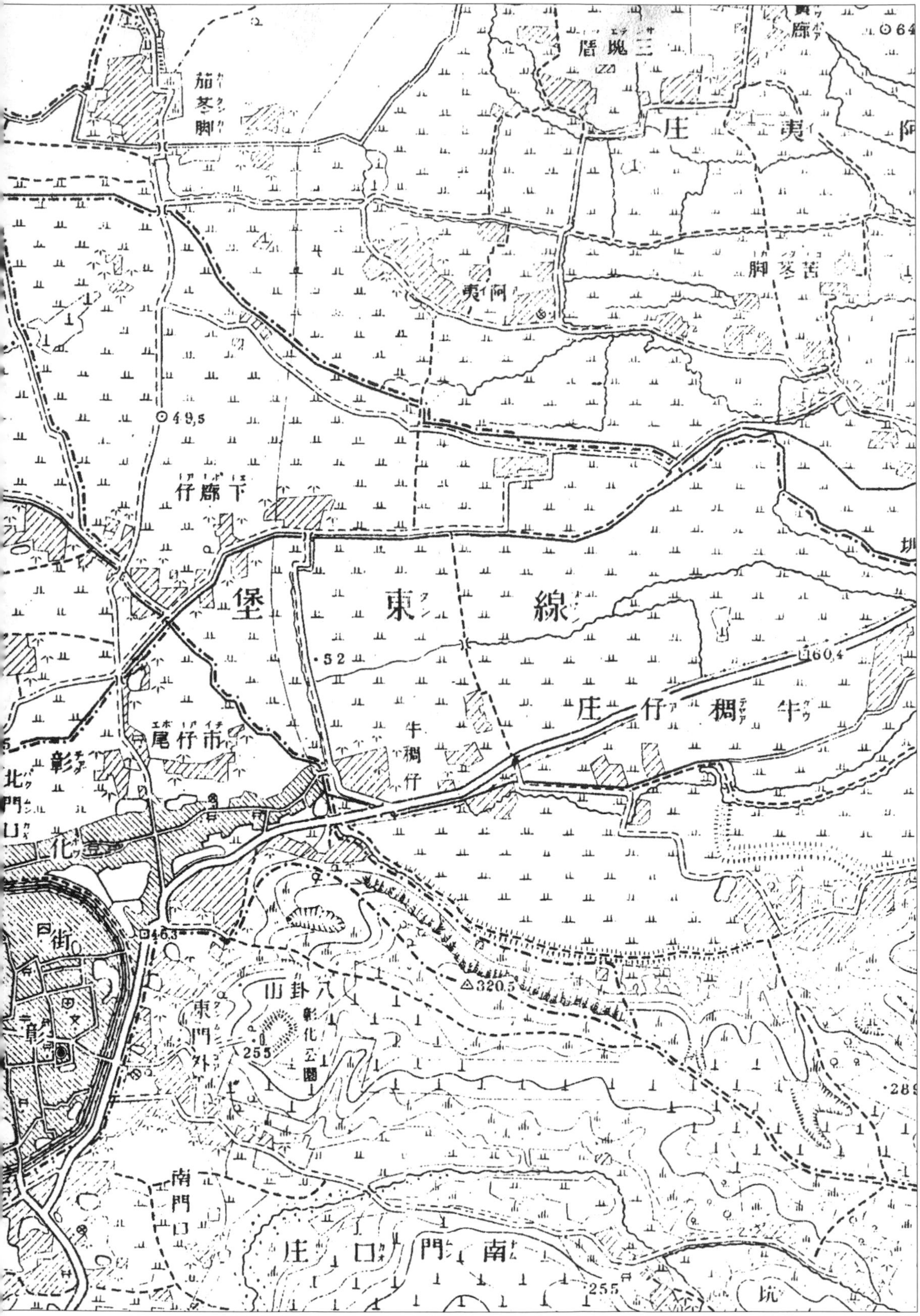
三塊厝
茄苳脚
阿夷庄
苦苳脚
阿夷
下廍仔
49.5
線東堡
52
60.4
牛椆仔庄
牛椆仔
市仔尾
彰化
北門口
街
46.3
八卦山
320.5
彰化公園
東門外
255
南門口
南門口庄
255
289

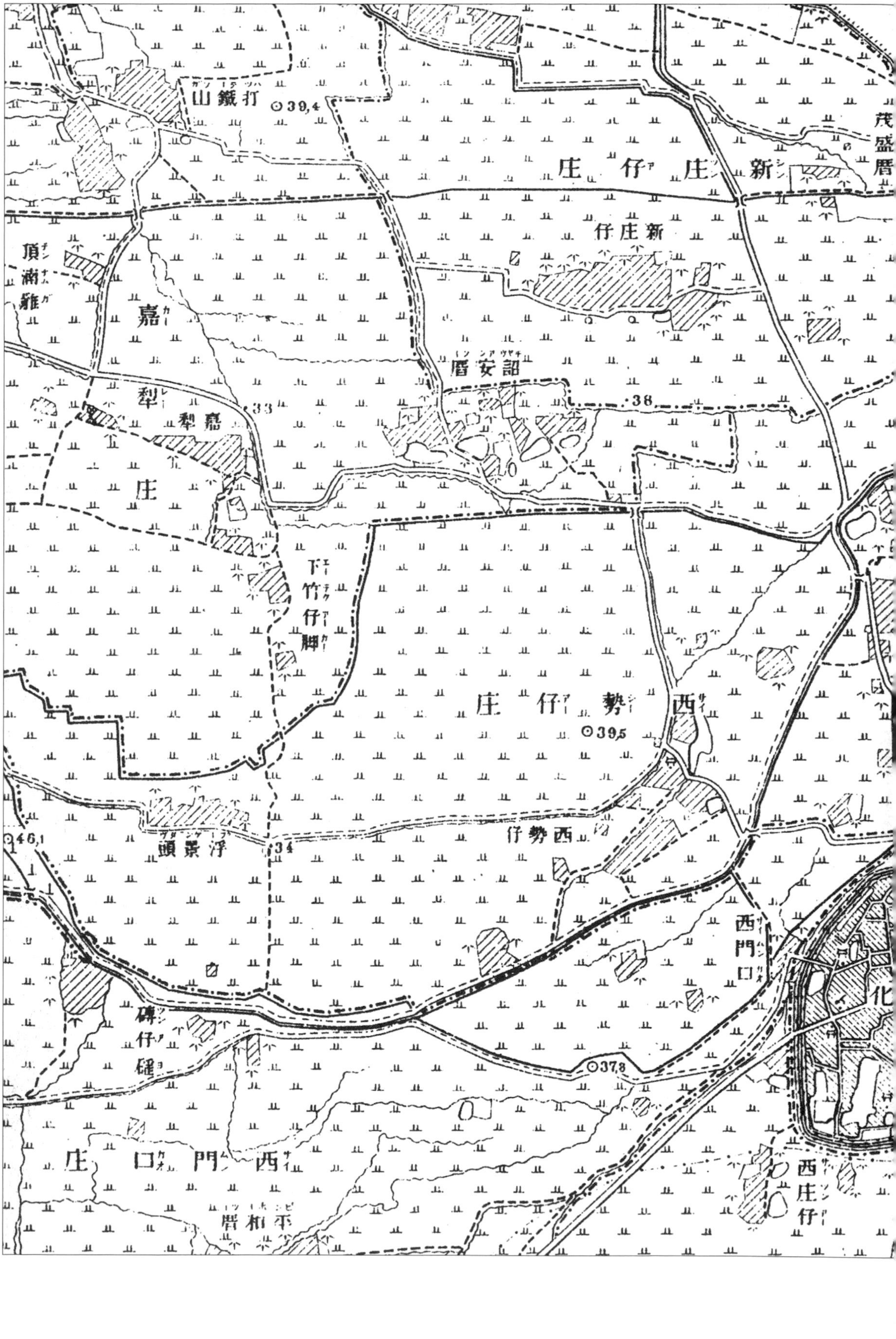
打鐵山
茂盛厝
新庄仔庄
新庄仔
頂湳雅
嘉犁
詔安厝
嘉犁庄
下竹仔腳
西勢仔庄
浮景頭
西勢仔
西門口
磚仔磘
化
西門口庄
西庄仔
平和厝

徹底掌握臺灣的農業資源與漢人農村社會狀態，更藉此剝奪了大租戶的土地所有權，以達到田賦財政增收的目的。另外還將所謂的「無主土地」、原野、山林的地權收歸官有，再將其廉價地出售日本的糖業資本。其實，許多「無主土地」原本是屬於抗日義軍的死難烈士所有。

《臺灣堡圖》作為此次「土地調查」的成果，其所承載的地理資訊，遠非一般地形圖所能相提並論。臺灣歷史地理學前輩施添福教授指出：「這一套原圖（《臺灣堡圖》）是臺灣有史以來第一套，也是唯一一套，恐怕也是世界唯一一套能夠結合土地調查、地籍測量和地形測量而製成的地形圖。」

《臺灣堡圖》的確很特別，首先它並非一般基本地形圖慣常採用的二萬五千分之一比例尺，而是稍大的二萬分之一，這或許是當時日本製圖的慣例。其次，它承載的地理資訊，除了一般基本地形圖該具備的基本資訊之外，它還詳細描繪了地上物、植被、農田耕作形態。更令人訝異的是其原圖根本就是地籍圖，可與「土地臺帳」（地籍清冊）相互參照，這大概就是施教授一連串「唯一」的關鍵所在。

臺灣堡圖延續劉銘傳的思維

此外，《臺灣堡圖》的名稱也十分怪異。《臺灣堡圖》雖然承載了大量的「人文地理資訊」，但基本上，它還是屬於地形圖的範疇，那麼為什麼不稱它為《臺灣地形圖》，而是《臺灣堡圖》？這可能得推到光緒十二年（一八八六）劉銘傳主持的臺灣土地清丈時代。施教授認為明治三十一年（一八九八）殖民政府進行的土地調查和《臺灣堡圖》的繪製其實是沿著光緒十二年（一八八六）劉銘傳的

前頁｜臺灣堡圖（彰化）｜明治39年（1906）｜作為「土地調查」的成果，《臺灣堡圖》所承載的地理資訊，遠非一般地形圖所能相提並論。臺灣歷史地理學前輩施添福教授指出：「這一套原圖（《臺灣堡圖》）是臺灣有史以來第一套，也是唯一一套，恐怕也是世界唯一一套能夠結合土地調查、地籍測量和地形測量而製成的地形圖。」

左｜Industrial Map of Formosa｜本圖是James W.Davidson根據臺灣總督府殖產局的資料所繪製的，關於經濟作物與礦產的分布概況，內容十分粗糙，沒有太大參考價值。但行政劃分上卻是少見的地圖，而且還是外文版本。此圖應該是明治31至34年（1898—1901）三縣三廳時代繪製的，這個時期官方出版的地圖並不多，外文版更是罕見。

思路進行的。

當時劉銘傳為了擴大稅基，在臺北、臺南兩地成立「清賦局」，開始清查丈量全臺的農地，但是後來受到經費、事權、技術上的限制，以失敗告終。事實上，真正導致劉銘傳全臺土地清丈事業失敗的原因，應該是來自大地主的抵制，當時臺灣的大地主富可敵國，聲息可直達「天聽」。劉銘傳的全臺土地清丈威脅到他們的既得利益。正因為這些大地主的反對，不但劉銘傳的土地清丈事業以失敗告終，也導致劉銘傳黯然去職。

既然日本的土地調查是沿著劉銘傳的思路進行，而劉銘傳「『以圖統地』的理念也被日本殖民政府充分吸納，並轉化成更為完善的土地調查和測圖方法，最後並調製成一套具有特殊意義和功能的《臺灣堡圖》。」施教授如是說。

作為土地調查成果之一的《臺灣堡圖》，其名稱也受到劉銘傳土地清丈地圖的影響。當時丈量土地先要繪製庄圖、區圖、總圖。再根據三圖繪製成「堡圖」。「堡」是清代縣以下的基層行政單位，甚至到了明治三十七（一九〇四）日本完成土地調查的年代，

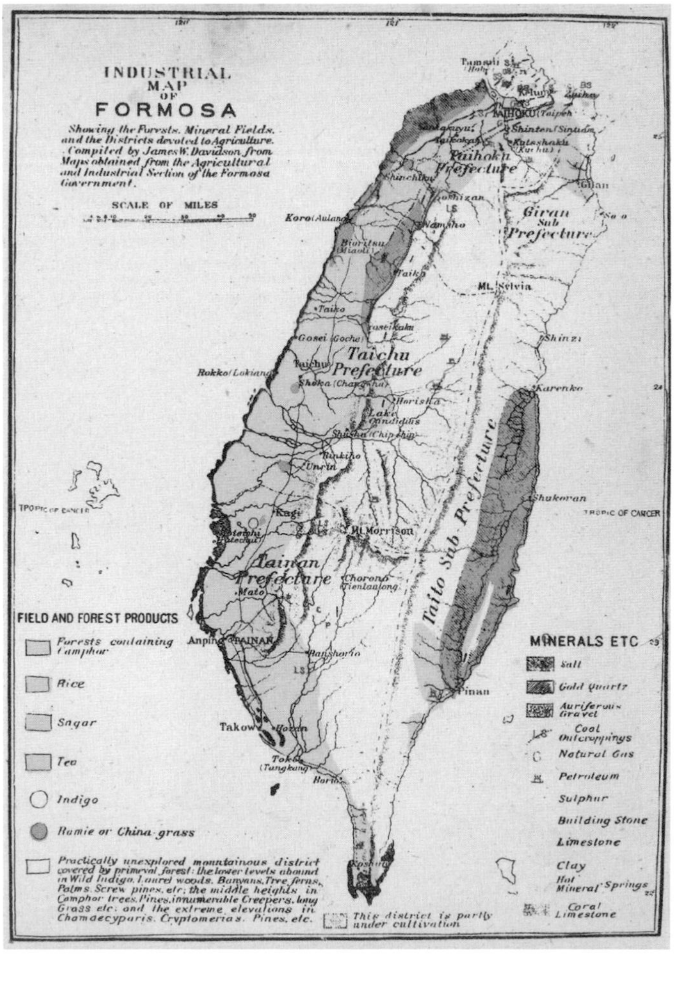

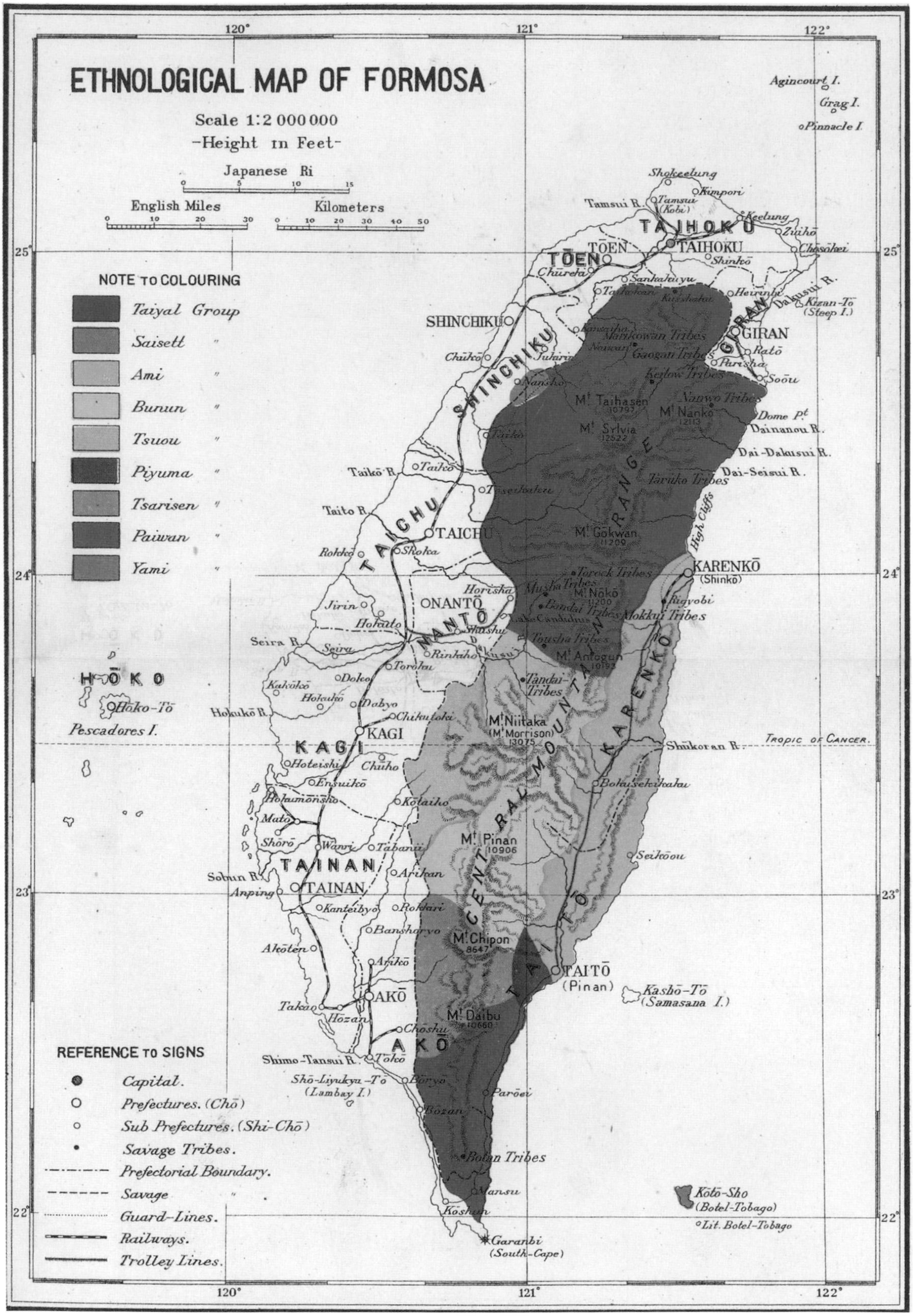
ETHNOLOGICAL MAP OF FORMOSA
Scale 1:2 000 000
-Height in Feet-
Japanese Ri
English Miles
Kilometers
NOTE TO COLOURING
Taiyal Group
Saisett
Ami
Bunun
Tsuou
Piyuma
Tsarisen
Paiwan
Yami
REFERENCE TO SIGNS
Capital.
Prefectures. (Chō)
Sub Prefectures. (Shi-Chō)
Savage Tribes.
Prefectorial Boundary.
Savage
Guard-Lines.
Railways.
Trolley Lines.
120°
121°
122°
25°
24°
23°
22°
Agincourt I.
Crag I.
Pinnacle I.
Shokeelung
Kimpori
Tamsui R.
Tamsui (Kobi)
Keelung
Zuihō
Chōsokei
TAIHOKU
TŌEN
Chūreki
Shinkō
Sankakuyu
Heirinbi
Dakusui R.
Kizan-Tō (Steep I.)
GIRAN
Ratō
Parisha
Soōu
SHINCHIKU
Chūkō
Jukirin
Nansho
Marikowan Tribes
Gaogan Tribes
Keilow Tribes
Nanwo Tribes
Mt Taihasen 10797
Mt Nankō 12113
Mt Sylvia 12522
Dome Pt
Dainanou R.
Dai-Dakusui R.
Dai-Seisui R.
Taikō
Taikō R.
Taiko Tribes
Taito R.
TAICHU
Shoka
Rokko
Mt Gokwan 11209
RANGE
High Cliffs
Torock Tribes
KARENKŌ (Shinkō)
Musha Tribes
Bandai Tribes
Mt Nōkō 11200
Mokkui Tribes
Riyobi
Horisha
NANTŌ
Jirin
Hokato
Seira R.
Seira
Rinkaho
Tousha Tribes
Mt Antogun
Torokau
Tandai Tribes
HŌKO
Hoko-Tō
Pescadores I.
Kakōkō
Dokō
Hokuko R.
Dabyo
Chikutoki
Mt Niitaka (Mt Morrison) 13075
KAGI
Hoteishi
Chuho
Ensuikō
TROPIC OF CANCER
Shūkoran R.
CENTRAL MOUNTAIN
KARENKO
Kōtaiho
Mato
Shōrō
Wanri
Tabanii
Mt Pinan 10906
Seikōou
TAINAN
Sobun R.
Anping
Arikan
Kanteibyo
Rokkiri
Banshoryo
Mt Chipon 8647
TAITŌ
TAITŌ (Pinan)
Akōten
Ariko
AKŌ
Kashō-Tō (Samasana I.)
Takao
Hōzan
Mt Daibu 10660
Chōshu
Shimo-Tansui R.
Tōkō
Shō-Liyukyu-Tō (Lambay I.)
Bōryo
Paroei
Bōzan
Botan Tribes
Mansu
Kōshun
Garanbi (South-Cape)
Kōtō-Sho (Botel-Tobago)
Lit. Botel-Tobago

「堡」仍是縣、廳以下的基層行政單位，所以稱之為《臺灣堡圖》便不奇怪了。

《臺灣堡圖》另一大特色是，經過現代技術的測繪，和地籍的排查，第一次將清初以來漢人移民形成的聚落，城鎮界線明確的描繪出來。過去的兩百多年間，清政府出版的方志與地圖，也作過或多或少的記載，但多語焉不詳，地圖則過於簡略，有的連基本的方位都分不清楚。《臺灣堡圖》不但測繪準確，更重要的是圖中大小地名、土名標示得一目了然，可以大大補足清代志書上的缺漏與不足。這也是現今臺灣史地學者最常引用《臺灣堡圖》的部分。

土地調查與《臺灣堡圖》等一系列地圖的繪製共歷時六年半，耗費五二〇萬圓，前後動用人力達一四七萬餘人次，從此臺灣總督府得以全面掌控臺灣的土地與社會，並據此對臺灣的社會與自然環境進行全面的改造，以致一百多年後的今天，仍可感受殖民統治為臺灣社會所烙下難以磨滅的印記。《臺灣堡圖》不但在臺灣地圖發展的歷史上占有不可撼動的地位，它也是研究殖民統治時期，乃至清代歷史地理學術領域不可替代的地圖資料。

《臺灣堡圖》的完成，代表殖民政府全面掌控平原、丘陵的漢人與平埔族。《臺灣堡圖》中間的空白，說明當時對高山地區的原住民族是採取「綏靖政策」，以懷柔撫慰的方式，避免與其發生衝突。但這並不表示殖民政策中，對原住民族有所優惠，這不過是一時的權宜之計。

即便如此，早在水野遵擔任第一任總督府民政局長時，就已經透過法令將「無主」的林野國有化。根據明治二十八年（一八九五）九月頒布的《官有林野及樟腦製造業區取締規則》，只要沒有官方開具的證明文件，所謂

右｜Ethnological Map of Formosa｜Scale 1:2,000,00｜這是一幅十二廳時代總督府出版的英文版地圖，依人種學（Ethnology）劃分的原住民族分布圖。Ethnology一詞帶有濃濃的殖民主義、帝國主義的色彩。此圖應該是臺灣總督府第五任總督陸軍大將佐久間左馬太完成血腥的「理蕃事業」後，以英文向國際間進行宣傳的地圖。此圖的民族別，將魯凱族稱為Tsarisen，不知何所指？

大正十年一月調製

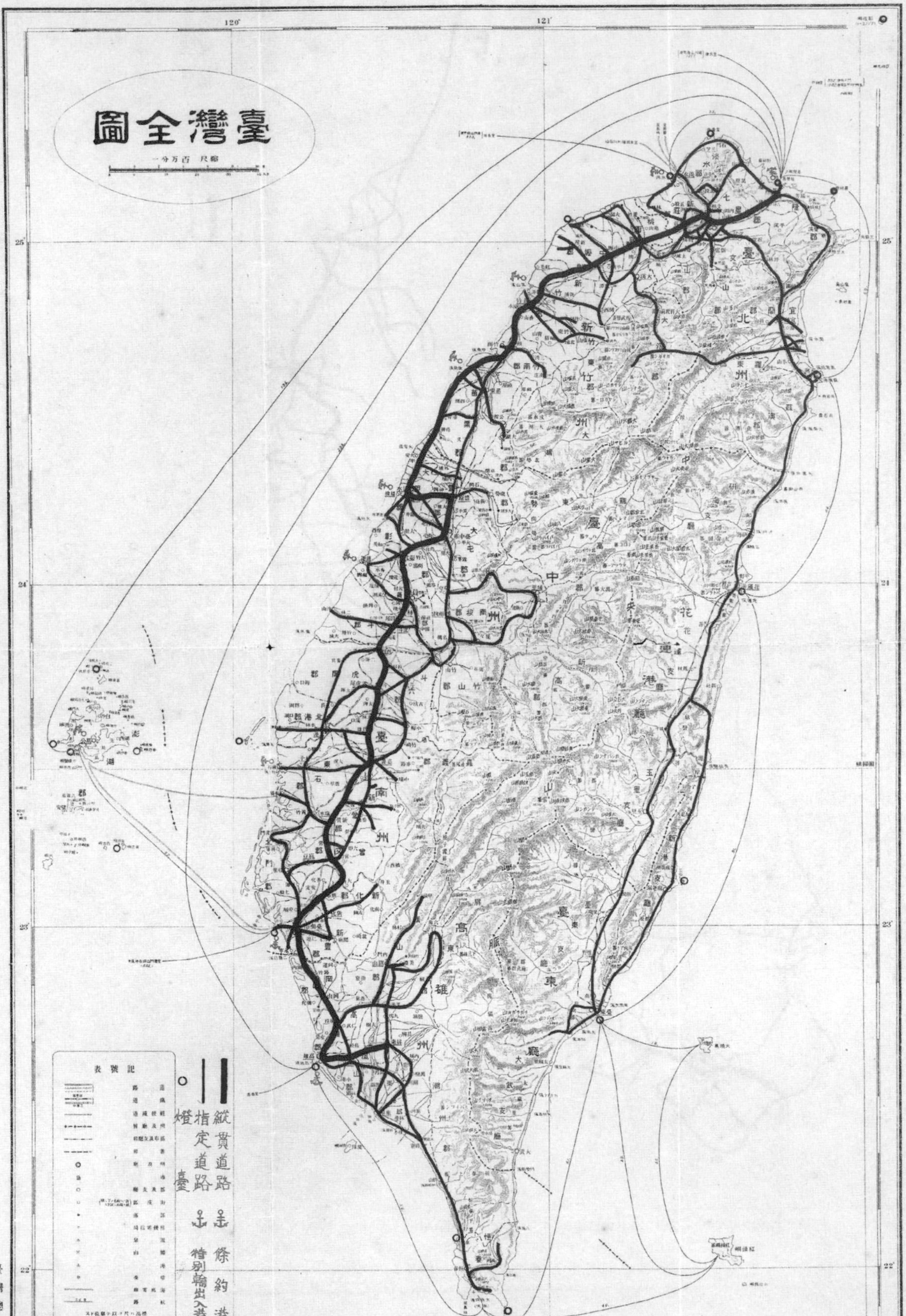

臺灣總督府

的「無主」林野便歸殖民政府所有，官方得允許業者進入山區開採樟腦與林業資源，而且無須與當地的原住民協商。高山地區，在清代根本是化外之地，怎麼會有官方開具的土地證明文件？這項法令為日後殖民政府與原住民間，長達十餘年的戰爭埋下了伏筆。

殖民政府在平原、丘陵地實施的土地調查，固然是為資本化與資源掠奪鋪路，但這是一件細緻的政治工程，投資巨大，回收緩慢。但山地地區蘊含的林業資源與樟腦，卻是本小利大的暴利事業，尤其當時臺灣出產的樟腦，占全球產量的百分之九十以上，而樟腦在當時即為化工、製藥業不可或缺的原料，單單是樟腦一項，每年的利潤高達四、五百萬日圓，日本資本極為垂涎這塊大餅。

所以平地地區的「土地調查」甫一完成，殖民政府便迫不急待的展開「理蕃事業」，第五任總督佐久間左馬太一上任便展開「掃蕩

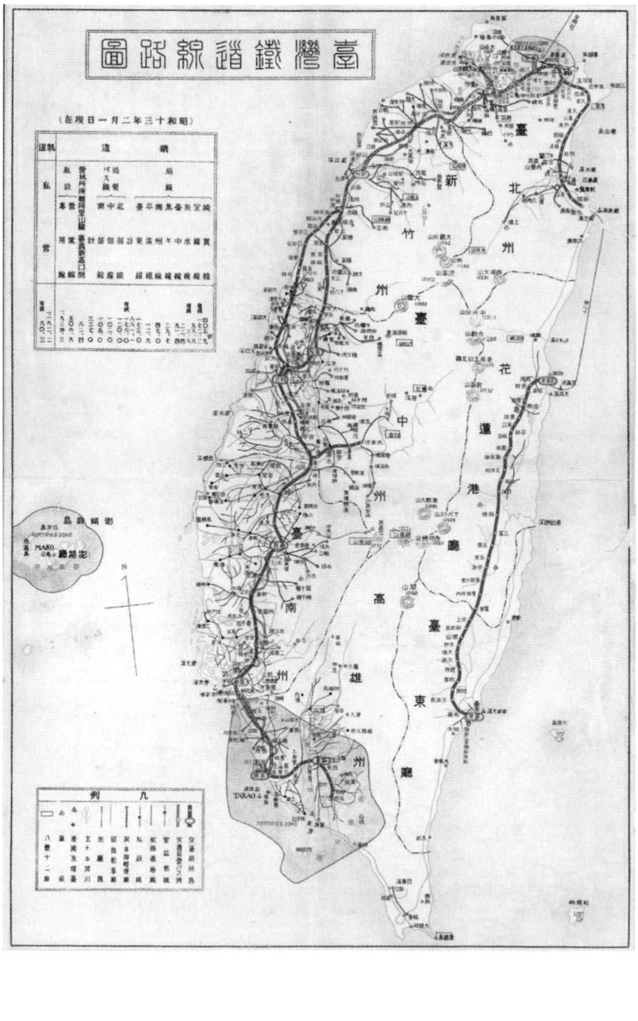

右｜臺灣全圖｜縮尺百萬分之一｜大正10年（1921）｜本圖是臺灣總督府出版的官定版本地圖，是實施五州二廳制實施後之後，最早印製的官版地圖。本圖的特點是公路路線、海港的標示較凸出。另外，當時澎湖被撤去廳級政府，併入高雄州，成為高雄州的一個郡。直到大正15年澎湖才又成為總督府屬下的廳級行政單位。

左｜臺灣鐵道路線圖｜昭和13年（1938）｜此圖應該是日本時代最完整的臺灣鐵道路線圖之一。

ISLAND
OF
FORMOSA
TO ACCOMPANY
MACKAY'S
"From Far Formosa."
FORMOSA
OR
TAIWAN
PEKING
COREA
YELLOW SEA
TUNG HAI OR EASTERN SEA
PACIFIC OCEAN
SHANGHAI
WEN-CHOW
FU-CHOW
AMOY
FORMOSA
CHE-FOO
PESCADORES ISLANDS
PESCADORES CHANNEL
KE-LUNG
TAI-PEI
Port of Tamsui
HSIN CHU
TAI-NAN
An-ping
Ta-kow
Tai-tung
Mt. Sylva 11300
Mt. Morrison 12850
Yün-lin
Chia-i
Feng-shan
Lambay I.
Samasana
Botel-Tobago
Lit Botel Tobago
Forest Belle Rk
South Cape
West of the pecked line is chiefly inhabited by Chinese
East of the pecked line is inhabited by the Savages.
Sibucoon Tribes
Bantan Tribes
The Camphor tree & other useful timber abound in this range
Densely wooded Mountains 6000 to 7000 ft. high rising abruptly from the sea
Reef on which Sea breaks reported to extend 2½ miles
Var. n 0°5' W.
MAGNETIC
COPYRIGHT 1895 BY
FLEMING H. REVELL COMPANY, PUB. N.Y.

生蕃」的作戰。

高山地區臺灣原住民的反抗激烈程度超乎殖民政府預期的，尤其是花蓮太魯閣地區。其間耗費的軍費相當驚人，後來無以為繼，直到大正三年（一九一四）獲得日本國會撥下的特別預算，才在總督佐久間左馬太親自率領下，軍警大隊人馬攻克太魯閣地區。

理蕃事業與蕃地地形圖

「掃蕩生蕃」作戰的同時，《蕃地地形圖》的繪製也隨之展開。和「掃蕩生蕃」的作戰一樣耗費時日，人力、物力經費，開支龐大，但這也是開發山林必要的基本投資，必不可少。

明治四十年至大正五年間，共完成一五、五九三平方公里的測繪，因為中央山脈南段地勢過於陡峭，許多地方仍被原始森

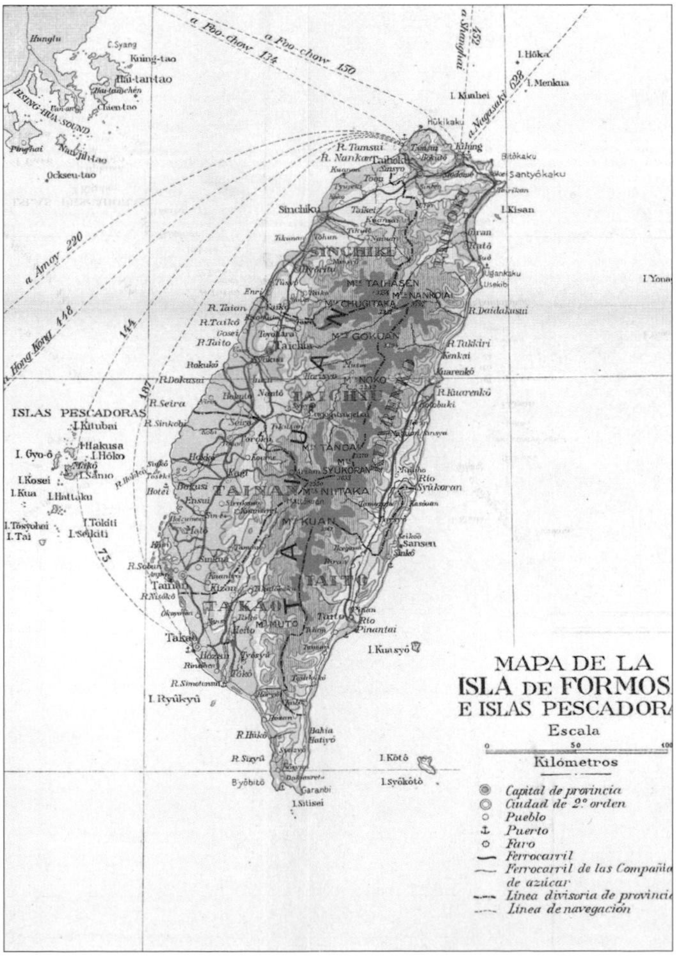

右｜ISLAND OF FORMOSA｜"*From Far Formosa*"是馬偕牧師離臺後的著作，書中除了照片外，還附錄了數張地圖，《ISLAND OF FORMOSA》是其中一幅，其行政區劃是採取清末的劃分。其中臺灣府（臺中）被誤植為臺南。另外雲林縣城的位置也標示在林圯埔的雲林坪，不在斗六。

左｜Map De La ISLA De FORMOSA E Islas Pescadoras 本圖引自1930年出版的一本關於西班牙17世紀初殖民臺灣歷史的著作，是極為罕見的日本時代西班牙文版本臺灣地圖。

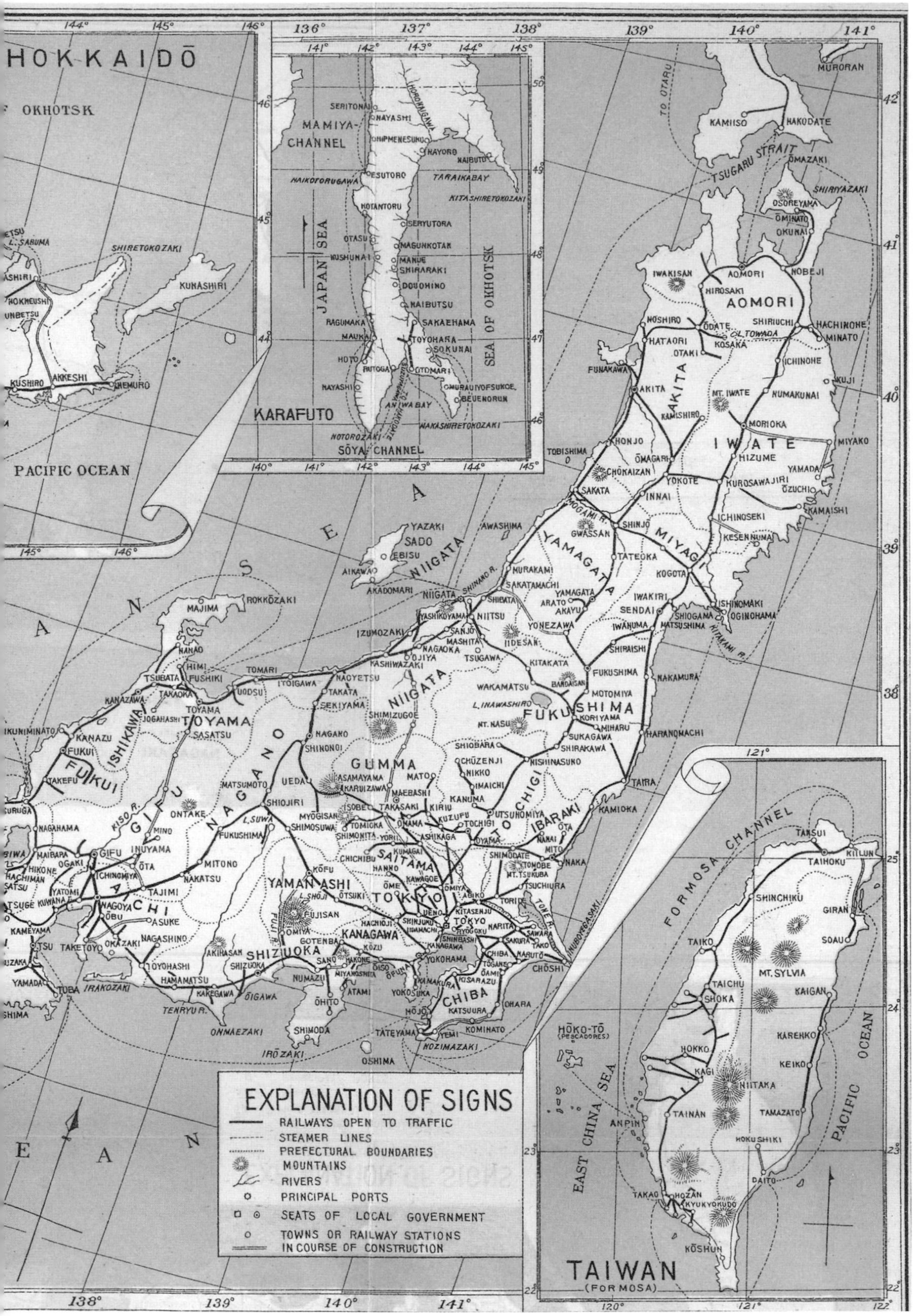
HOKKAIDŌ
KARAFUTO
MAMIYA-CHANNEL
JAPAN SEA
SEA OF OKHOTSK
SŌYA CHANNEL
PACIFIC OCEAN
TSUGARU STRAIT
AOMORI
AKITA
IWATE
YAMAGATA
MIYAGI
NIIGATA
FUKUSHIMA
TOCHIGI
IBARAKI
GUMMA
NAGANO
TOYAMA
ISHIKAWA
FUKUI
GIFU
AICHI
YAMANASHI
SAITAMA
TOKYO
KANAGAWA
SHIZUOKA
CHIBA
TAIWAN
(FORMOSA)
FORMOSA CHANNEL
EAST CHINA SEA
HŌKO-TŌ
EXPLANATION OF SIGNS
RAILWAYS OPEN TO TRAFFIC
STEAMER LINES
PREFECTURAL BOUNDARIES
MOUNTAINS
RIVERS
PRINCIPAL PORTS
SEATS OF LOCAL GOVERNMENT
TOWNS OR RAILWAY STATIONS
IN COURSE OF CONSTRUCTION

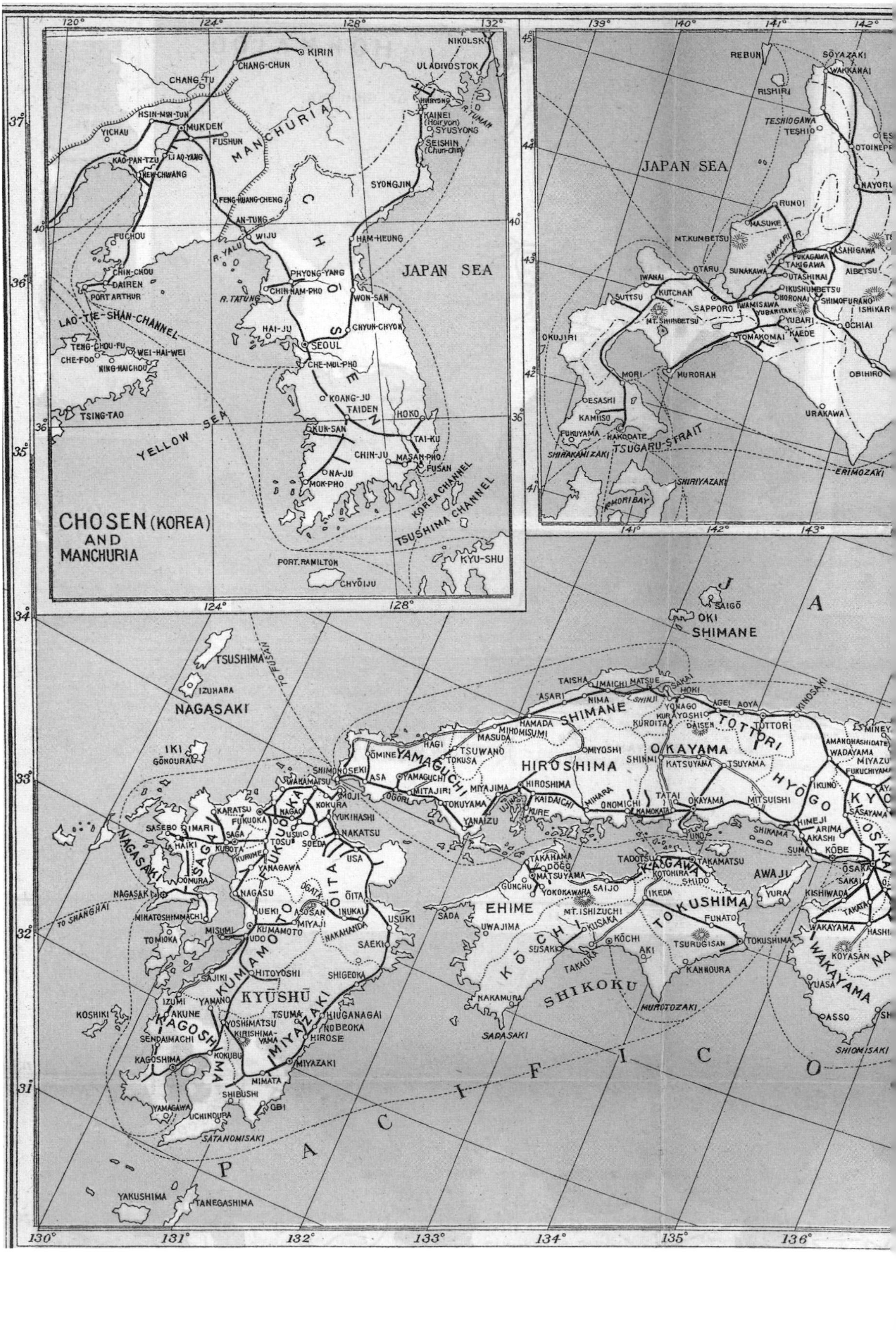
CHOSEN (KOREA)
AND
MANCHURIA
JAPAN SEA
YELLOW SEA
LAO-TIE-SHAN-CHANNEL
KOREA CHANNEL
TSUSHIMA CHANNEL
MANCHURIA
CHOSEN
KIRIN
CHANG-CHUN
CHANG-TU
HSIN-MIN-TUN
MUKDEN
YICHAU
FUSHUN
KAO-PAN-TZU
LI AO-YANG
NEW-CHWANG
FENG-HUANG-CHENG
AN-TUNG
WIJU
R. YALU
FUCHOU
CHIN-CHOU
DAIREN
PORT ARTHUR
TENG-CHOU-FU
WEI-HAI-WEI
CHE-FOO
NING-HAICHOU
TSING-TAO
NIKOLSK
ULADIVOSTOK
KAINEI
(Hoiryon)
SYUSYONG
SEISHIN
(Chun-chin)
R. TUMAN
SYONGJIN
HAM-HEUNG
PHYONG-YANG
CHIN-NAM-PHO
R. TATUNG
WON-SAN
HAI-JU
CHYUN-CHYON
SEOUL
CHE-MUL-PHO
KOANG-JU
TAIDEN
HOKO
KUN-SAN
TAI-KU
CHIN-JU
MASAN-PHO
FUSAN
NA-JU
MOK-PHO
PORT HAMILTON
CHYÖIJU
KYU-SHU
JAPAN SEA
REBUN
SÖYAZAKI
WAKKANAI
RISHIRI
TESHIOGAWA
TESHIO
OTOINEPP
NAYORU
RUMOI
MASUKE
MT. KUMBETSU
ISHIKARI R.
FUKAGAWA
ASAHIGAWA
TAKIGAWA
AIBETSU
SUNAKAWA
UTASHINAI
IWANAI
OTARU
IKUSHUMBETSU
HORONAI
SHIMOFURANO
SUTTSU
KUTCHAN
SAPPORO
IWAMISAWA
YUBARITAKE
MT. SHIRIBETSU
YUBARI
OCHIAI
KAEDE
OKUJIRI
TOMAKOMAI
MORI
MURORAN
OBIHIRO
ESASHI
KAMIISO
URAKAWA
FUKUYAMA
HAKODATE
TSUGARU-STRAIT
SHIRAKAMIZAKI
SHIRIYAZAKI
ERIMOZAKI
AOMORI BAY
JAPAN
SAIGŌ
OKI
SHIMANE
TSUSHIMA
IZUHARA
TO FUSAN
NAGASAKI
IKI
GŌNOURA
TAISHA
IMAICHI
MATSUE
SAKAI
ASARI
NIMA
SHINJI
HOKI
YONAGO
AGEI
AOYA
KINOSAKI
SHIMANE
KURAYOSHI
TOTTORI
HAMADA
KUROITA
DAISEN
MINEYAMA
HAGI
MASUDA
MIHOMISUMI
MIYOSHI
AMANOHASHIDATE
WADAYAMA
MIYAZU
TSUWANO
OKAYAMA
SHINMI
TOKUSA
FUKUCHIYAMA
ŌMINE
YAMAGUCHI
HIROSHIMA
KATSUYAMA
TSUYAMA
SHIMONOSEKI
ASA
YAMAGUCHI
MITAJIRI
HIROSHIMA
HYŌGO
IKUNO
MIYAJIMA
WAKAMATSU
MOJI
OGORI
TOKUYAMA
KAIDAICHI
KURE
MIHARA
ONOMICHI
TATAI
OKAYAMA
MITSUISHI
SASAYAMA
KYOTO
FUKUOKA
NAGAO
KOKURA
YUKIHASHI
YANAIZU
MAMOKATA
HIMEJI
KARATSU
SASEBO
IMARI
SAGA
NAKATSU
ARIMA
SHIKAMA
AKASHI
OSAKA
HAIKI
KUBOTA
TOSU
SOEDA
UNO
SUMA
KOBE
SAGA
KURUME
USA
TAKAHAMA
DOGO
TADOTSU
KAGAWA
TAKAMATSU
YANAGAWA
OITA
MATSUYAMA
KOTOHIRA
AWAJI
SAKAI
NAGASAKI
OMURA
NAGASU
SHIDO
YURA
KISHIWADA
TAKATA
FUKUOKA
GUNCHU
YOKOKAWARA
SAIJO
NAGASAKI
TO SHANGHAI
UEKI
OGATA
ŌITA
EHIME
IKEDA
TOKUSHIMA
WAKAYAMA
MINATOSHIMMACHI
MIYAJI
INUKAI
MT. ISHIZUCHI
FUNATO
USUKI
HASHI
TOMIOKA
MISUMI
KUMAMOTO
UDO
NAKAHANDA
SADA
UWAJIMA
KUSAKA
KŌCHI
TSURUGISAN
TOKUSHIMA
SAEKI
SUSAKI
AKI
KOYASAN
KUMAMOTO
HITOYOSHI
SHIGEOKA
TAKAOKA
KŌCHI
KANNOURA
WAKAYAMA
YUASA
KYŪSHŪ
MIYAZAKI
YAMANO
IZUMI
AKUNE
TSUMA
HIUGANAGAI
NOBEOKA
SHIKOKU
NAKAMURA
MUROTOZAKI
ASSO
KOSHIKI
YOSHIMATSU
KIRISHIMA YAMA
HIROSE
SENDAIMACHI
KAGOSHIMA
KOKUBU
MIYAZAKI
SADASAKI
SHIOMISAKI
KAGOSHIMA
MIMATA
SHIBUSHI
OBI
YAMAGAWA
UCHINOURA
SATANOMISAKI
PACIFIC O
YAKUSHIMA
TANEGASHIMA
120°
124°
128°
132°
139°
140°
141°
142°
143°
130°
131°
133°
134°
135°
136°
31°
32°
33°
34°
35°
36°
37°
40°
41°
42°
43°
44°
45°

林覆蓋，根本無法進入，並沒有完成測繪，留下部分空白，幾使如此，《五萬分之一蕃地地圖》六八張仍於大正十三年至昭和三年間陸續出版。後來又根據這套地編繪五幅拼成的《二十萬分之一臺灣蕃地圖》。

其實不管是《臺灣堡圖》還是《蕃地地形圖》都不算是真正的基本地形圖，而且這些地圖只是由殖民政府的測繪部門所完成，並非帝國的中央測繪機構所認可的基本地形圖。

基本地形圖有其基本的規範與定義，是現代國家政府機構掌握土地地理訊息的基本工具。有了完整的基本地形圖，各類的基本建設、生產建設才得以展開，各類的主題地圖也才有可靠的底本。最早從事大比例尺基本地形圖測繪的是路易十四時代的法國，在一六六九至一六七一年進行全國範圍的三角測量。一七八四年完成本初子午線（經度〇度）與巴黎之間的控制網測量，一七九二年法國大革命之後完成了全國的五萬六千分之一地形圖。

國家工程：基本地形圖

全國基本地形圖的測繪，需要龐大的經費、先進的測繪技術以及組織健全的測繪機構。基本地形圖的測繪可說是一項只有國家機構才有能力從事的國家工程。即使富如美國，因為幅員廣大，從十九世紀末開始測繪二萬分之一地形圖，到了一九四〇年代，也才完成全部國土百分之四〇的覆蓋面。

日本的行政部門自明治十五年（一八八二），開始全國的地形圖的測繪，其間進行的並不順利，歷經多次的失敗，到了明治二十五年（一八九二）才決定以較小的比例尺，五萬分之一的基本圖作為繪製標準，即使如此，也是用了三十餘年，到大正十四

前頁｜General Map of Japan,Korea&Manchuria.英文版《日本年鑑》｜1933｜1933年出版的英文版《日本年鑑》附圖，將臺灣、朝鮮、滿洲、庫頁島南部納入日本版圖。臺灣、朝鮮、是日本從中日甲午戰爭奪得的戰利品，滿洲、庫頁島南部則得自於日俄戰爭。1945年，二戰日本戰敗，臺灣、朝鮮、滿洲、庫頁島南部全部脫離日本，回復甲午戰爭前的狀態。

年（一九二五）才完成日本本土的測繪。

占領臺灣的初期，隸屬於日本陸軍參謀本部陸地測量部的臨時測量部雖然已經繪製了不少地形圖，但都是屬於「迅速測量類地圖」，標準較低，不符合基本地形圖的規範。再者，除了具體的物質建設需求外，基本地形圖也是國家主權的體現。所以，即使臺灣當時只是屬地，並非真正的本土，但是在帝國中央看來，單單是《臺灣堡圖》與《蕃地地形圖》並不能充分體現日本帝國對臺灣殖民地的主權，而且這些地圖也無法與日本本土繪製的基本圖進行接合，用以拼接成完整的《帝國圖》。所以，在臺灣施行一套嚴格規範，由帝國機構主導測繪的基本地形圖，勢在必行。

當時日本帝國中央主導全國帝國圖測繪的機構是日本陸軍參謀本部陸地測量部，因此臺灣的基本地形圖也是由其主導進行。比較特別的是，在臺灣，二萬五千分之一地形圖的測繪比五萬分之一的地形圖還早。

如果要與日本本土對接，五萬分之一的地形圖繪製應該要早於二萬五千分之一地形圖，才較為合理，為什麼陸地測量部卻反其道而行？

二十世紀初，國際間通用以二萬五千分之一的比例尺作為全國地形圖的繪製標準，當初日本本土也是有二萬五千分之一地形圖的測繪項目，但受限於經費與技術，才由五萬分之一的地形圖繪製先行。陸地測量部測繪臺灣基本地形圖，對平原與山地的測繪採取不同的策略。平原與丘陵地區，環境條件較佳，可以先行二萬五千分之一地形圖的測繪。至於治安、地形環境惡劣的山區則先進行五萬分之一的地形圖測繪。

明治三十九年（一九〇六）將埔里虎子山定為臺灣的地理中心。明治四十二年（一九〇九）起著手選定一等三角網，並完成三角點造標、測定水準點、基線測量等準備作業。大正十年（一九二一）開始進行平板與照相測量，到昭和四年（一九二九）共完成二萬五千分之一地形圖一七三幅。測繪的區域主要是臺灣的東北部與西部平原地區。

至於山地部分，雖然採用五萬分之一的地形圖的標準進行測繪，但即使如此，陸地測量部遲至一九四四年才完成山地地區的測繪，再加上由二萬五千分之一地形圖轉畫的五萬分之一的平原地區地形圖，陸地測量部總算在日本帝國總崩潰前，完成帝國版圖的測繪。陸地測量部根據全臺五萬分之一的地形圖改繪成《二十萬分之一帝國圖——臺灣》二〇幅，以及《五十萬分之一帝國圖——臺灣》五幅。

陸地測量部又根據臺灣與日本本土、朝鮮、庫頁島南半部以及千島群島、小笠原群島等太平洋島嶼的五萬分之一的地形圖拼湊成《五十萬分之一輿地圖一覽圖》。至於日本本土的二萬五千分之一地形圖則是直到戰後，一九八三年才得以完成。

有了這些基本的地形圖，殖民政府在臺灣的物質建設與行政統治得以有效展開，從而也衍伸出各式各樣的主題地圖，這些主題地圖充分顯示殖民政府在臺灣進行的統治進程、基礎建設與生產建設的方方面面。有些地圖比字面資料更能說明日本政府統治臺灣五十一年的真實狀況。

文字述說的歷史常自覺或不自覺的夾帶撰述者的意識形態，地圖的繪製不能說可以完全避免這方面的問題，但是繪製地圖需要一定的技術條件與成本考量，單單是為了態度與意識形態的宣揚，以地圖的形式呈現，不僅不經濟，有時也未必可行。所以地圖的可信度常常超過單純的文字資料，這也是本書出版的考量之一。

左｜臺灣省政區圖｜引自《臺灣省縣市行政區域圖》｜比例尺二百萬分之一｜民國44年（1955）｜《臺灣省縣市行政區域圖》是光復後最早出版的臺灣省分縣地圖集，其中有些縣市地圖的村級地名，仍採用日本時代的「字」，新的村、里名還沒出現。

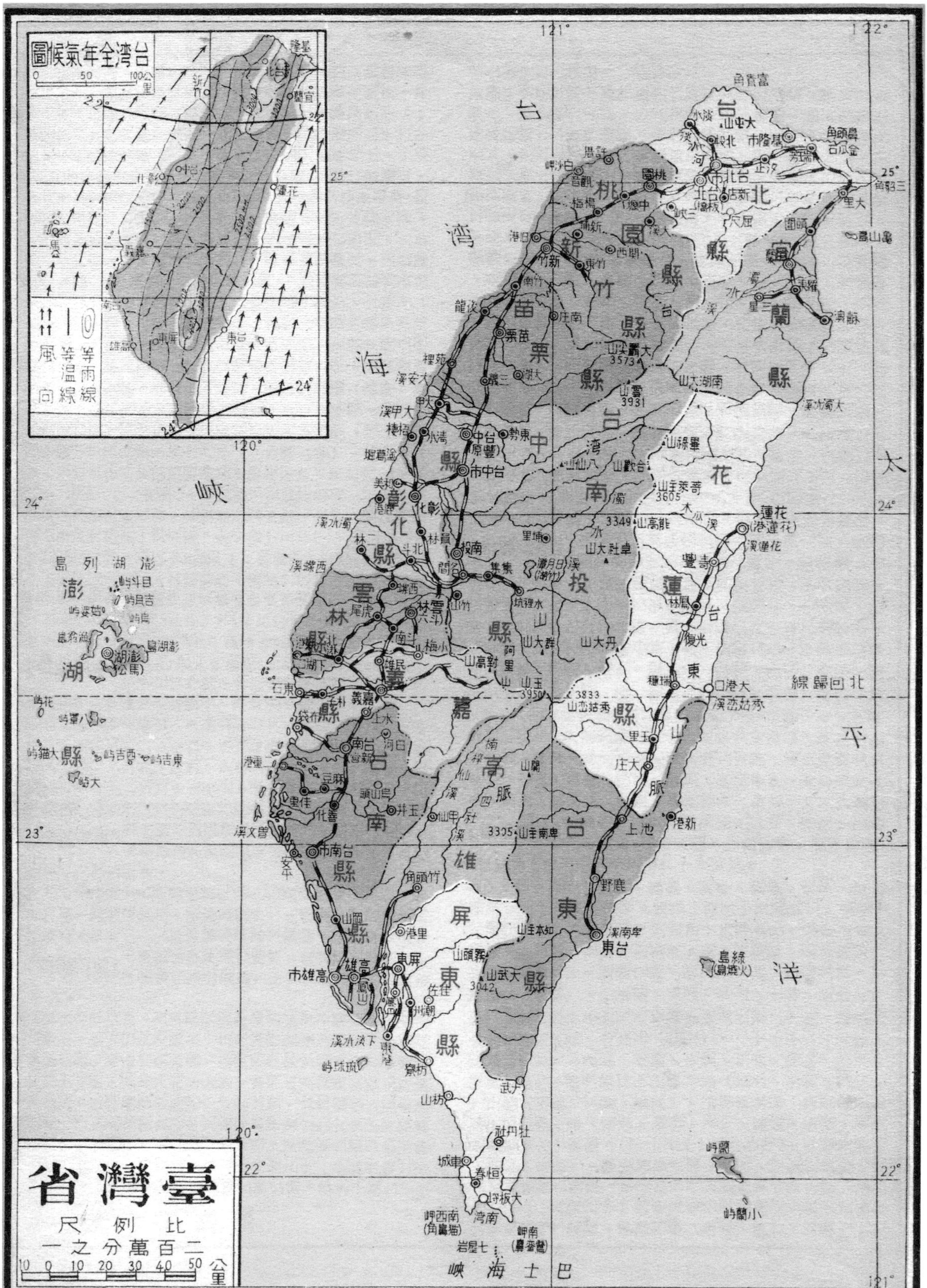
臺灣省
比例尺
二百萬分之一
公里
台湾全年氣候圖
等雨線
等温線
風向
台湾海峽
太平洋
巴士海峽
北回歸線
澎湖列島

以當時的技術條件與日本的國力而言，能夠在短短的數十年間完成規模如此宏大的基本地形圖測繪事業，不能不令人感到佩服。除了強烈的殖民拓殖企圖心之外，在此不得不再次「推崇」日本人對精密技藝的執著。

當然和西方先進國家相比較，當時日本的地圖測繪技術和規範仍有一定的距離。例如二十世紀初期美國繪製的基本圖為例，不論是整體規範的完備性、圖例的豐富度，繪製的精緻度，甚至印刷的精美程度，都不是日本陸地測量部繪製的地圖所能向背。

後來，美軍在二次大戰末期，為了轟炸臺灣的軍工、交通設施，以空拍的方式，繪製了一套臺灣地圖。這套地圖雖然沒經過實際的測繪，不屬於地形圖，但繪製的精密度並不低於陸地測量部繪製的地圖，不僅繪製的精緻度，印刷的精美程度也非日本地圖可以比擬。

地圖遺產與復原建設

但是對於當時物質條件落後的臺灣，甚至日本本土，這種水平應該是已經夠用了。二戰結束後，臺灣光復，經過八年抗戰的國民政府根本還沒儲備足夠的技術官僚接收團隊，來臺的接收大員面對臺灣因戰爭破壞而一片狼籍的殘破局面，也只能留用日籍的技術官員，維持政府的基本運轉。甚至因為留用的日籍技術官員人數不少，從而影響了臺籍公務員的升遷，據說這也是「二二八事件」的民怨之一。

但是這些留用的日籍技術官員，和日本時代繪製的地圖資料，陪同臺灣一起度過光復初期，復原建設的艱辛歲月，還是值得我們深深的感念。這樣的局面直到一九五〇年代中期，美國顧問隨著美國援助資金與物資的到來才有所改變。

左｜臺灣省縣市行政區域圖（彰化縣）｜民國44年（1955）｜光復初期繪製的地圖，村里名還未更新，仍沿用日本時代的大字。

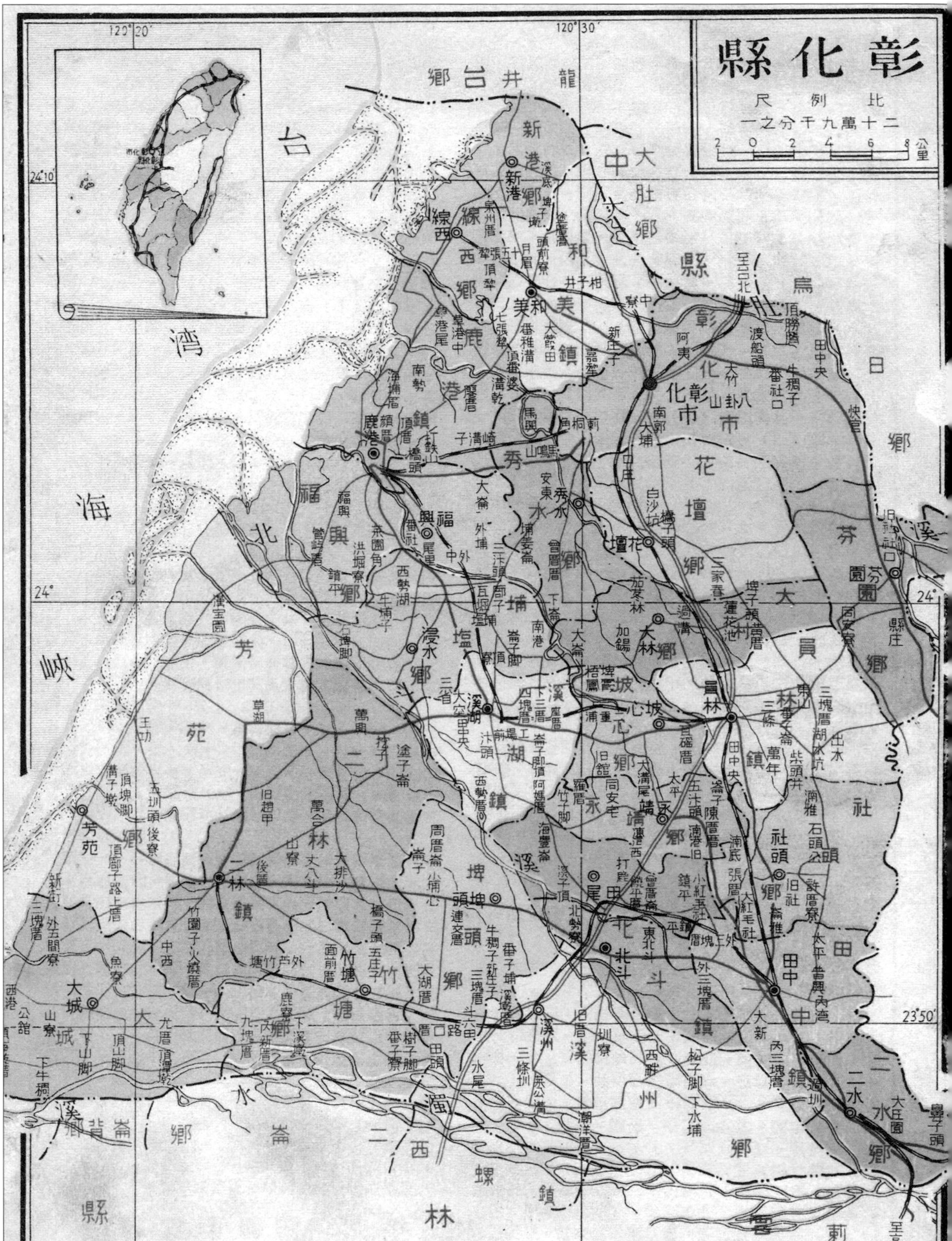
彰化縣
比例尺
二十九萬分之一
2 0 2 4 6 8 公里
120°20′
120°30′
24°10′
24°
23°50′
台灣海峽
龍井台鄉
大肚鄉
大中縣
烏日鄉
芬園鄉
員林鎮
彰化市
花壇鄉
大村鄉
秀水鄉
和美鎮
線西鄉
伸港鄉
鹿港鎮
福興鄉
埔鹽鄉
溪湖鎮
埔心鄉
永靖鄉
社頭鄉
田中鎮
二水鄉
北斗鎮
田尾鄉
埤頭鄉
溪州鄉
竹塘鄉
二林鎮
大城鄉
芳苑鄉
西螺鎮
二崙鄉
莿桐鄉
林縣
至台北
至高雄

太陽帝國的最後一塊拼圖：
隱藏地圖中的日治臺灣真相【典藏修訂版】

作　　者　陸傳傑
圖　　片　陸傳傑、遠足資料中心

責任編輯　賴虹伶
封面與內頁設計　鄭宇斌
內頁排版　關雅云
行銷企劃　張偉豪、張詠晶、趙鴻祐
行銷總監　陳雅雯
副總編輯　賴譽夫

出　　版　遠足文化事業股份有限公司
發　　行　遠足文化事業股份有限公司（讀書共和國出版集團）
地　　址　231新北市新店區民權路108之2號9樓
郵撥帳號　19504465 遠足文化事業股份有限公司
電　　話　(02) 2218-1417
信　　箱　service@bookrep.com.tw

法律顧問　華洋法律事務所 蘇文生律師
印　　製　呈靖有限公司
出版日期　2024年7月 三版一刷
定　　價　650元
I S B N　9789865083014（紙本）
　　　　　9789865083021（PDF）
　　　　　9789865083007（EPUB）
書　　號　1NWT6034

國家圖書館出版品預行編目（CIP）資料

太陽帝國的最後一塊拼圖：隱藏地圖中的日治臺灣真相 / 陸傳傑著. -- 三版. -- 新北市：遠足文化事業股份有限公司, 2024.07
256 面 ;18.3 x 25.8 公分
ISBN 978-986-508-301-4（平裝）

1. CST: 歷史地圖 2.CST: 古地圖 3.CST: 臺灣史

733.35　　113008745